Hans-Werner Wahl
Psychologie für die Arbeit mit Menschen höheren Lebensalters

Psychologie für Soziale Berufe

Herausgegeben von
Eva Wunderer | Christiane Heigermoser

Psychologie ist die Lehre vom Verhalten, Erleben und den mentalen Prozessen des Menschen. Sie schaut auf das Individuum, begreift den Menschen jedoch auch in seinen sozialen Zusammenhängen, als aktiven Teil eines größeren Systems. Psychologie beschreibt und erklärt, wie Menschen denken, fühlen, handeln und sich in Gruppen und Systemen bewegen; wie sie Probleme zu lösen versuchen und sich daraus möglicherweise Störungsbilder ergeben. Sie entwickelt Interventionen und versucht Vorhersagen über zukünftiges Verhalten zu treffen.
In Sozialen Berufen Tätige haben mit Menschen zu tun – was also liegt näher als die Psychologie? Sei es in der Diagnostik, in der Erklärung von Erleben, Verhalten, Problemen und Störungen, in der Beratung und Behandlung, in der Anwendung von Forschungsmethoden oder bei der professionellen Selbstsorge, überall fließt psychologisches Wissen ein.
Neben der Lebenslage nehmen Soziale Berufe die Lebensweise ihrer Klient*innen in den Blick. Diese Reihe führt beide Sichtweisen gewinnbringend zusammen und macht die Psychologie für Soziale Berufe nutzbar. Dies geschieht durch die Auswahl der Bände der Reihe wie auch durch didaktische Mittel: Anknüpfungen an die Praxis, Fallskizzen und Handlungsempfehlungen als Grundlage für Reflexionsanstöße für in Sozialen Berufen Tätige.

Und so hoffen wir als Reihenherausgeberinnen, dass Sie als Leser*in psychologische Sachverhalte, die Sie aus dem Berufs- oder Studienalltag kennen, einordnen können, zugleich aber neue entdecken und neugierig werden, Menschen zu verstehen; dass Sie Erlebnisse und Ereignisse aus verschiedenen psychosozialen Perspektiven betrachten, reflektieren und hinterfragen; dass Sie Ihre „professionelle Brille“ durch eine psychologische Färbung anreichern.

Hans-Werner Wahl

Psychologie für die Arbeit mit Menschen höheren Lebensalters

Der Autor

Prof. Dr. Hans-Werner Wahl ist Psychologe, Seniorprofessor und Projektleiter am Netzwerk Alternsforschung der Universität Heidelberg. Zuvor leitete er von 2006 bis 2017 die Abteilung für Psychologische Alternsforschung am Psychologischen Institut der Universität Heidelberg. Seine Forschungsschwerpunkte umfassen die Untersuchung von Wechselwirkungen zwischen Altern und Technologien, psychologische Anpassungsprozesse im späten Leben und die Rolle subjektiven Alternserlebens und Altersstereotypen.

Dieses Buch ist erhältlich als:
ISBN 978-3-7799-6201-4 Print
ISBN 978-3-7799-5501-6 E-Book (PDF)

1. Auflage 2023

Herstellung: Ulrike Poppel
Satz: text plus form, Dresden
Druck und Bindung: Beltz Grafische Betriebe, Bad Langensalza
Beltz Grafische Betriebe ist ein klimaneutrales Unternehmen (ID 15985-2104-100)
Printed in Germany

Weitere Informationen zu unseren Autor:innen und Titeln finden Sie unter: www.beltz.de

Inhalt

II RESSOURCEN FÜR GELINGENDES PSYCHISCHES ALTERN

V GELINGENDES ALTERN PROFESSIONELL FÖRDERN: PSYCHOLOGISCHE INTERVENTIONSGERONTOLOGIE

Einleitung

Dieses Buch geht von der Annahme aus, dass im Zuge des Älterwerdens unserer Bevölkerung den sozialen Berufen heute, aber erst recht in der Zukunft, eine gesellschaftlich und individuell höchst zentrale Aufgabe zufällt. Die psychologische Alternsforschung, so die weitere grundlegende These dieses Buches, kann (muss!) dabei verschiedene wichtige Rollen spielen. So benötigen soziale Berufe unabdingbar auch das Rüstzeug der Psychologie, um mit ihrem Fachwissen, ihren Fachkompetenzen und Fachfertigkeiten das gesellschaftliche Älterwerden mindestens in zweifacher Weise mitzugestalten. Es geht zum einen darum, die Risiken des Älterwerdens heute zu erkennen und dafür Sorge zu tragen, dass z. B. sozial oder gesundheitlich schlechtergestellte Ältere nicht abgehängt, sondern verbliebene Potenziale nutzbar gemacht werden. Ebenso wichtig ist es zum anderen, den eigenen Blick auch klar auf die verbliebenen Ressourcen – sozial, gesundheitlich und psychisch – von Menschen im fortgeschrittenen Erwachsenenalter zu richten, diese frühzeitig und umfassend zu erkennen und professionelle Fördermöglichkeiten anzubieten. Hierbei steht im Mittelpunkt, Gesundheit, Autonomie und Wohlbefinden so lange wie möglich zu erhalten bzw. die verletzliche Phase des sehr hohen Alters so vorzubereiten, dass sie nicht in Einsamkeit, Hilflosigkeit, depressiven Verstimmungen oder einem totalen Kontrollverlust endet. Soziale Berufe sind insofern in Bezug auf Menschen höheren Lebensalters nicht nur „Feuerwehr", wenn schwierige Lebenskrise bereits eingetreten sind, sondern sie können auch wichtige Aufgaben der Prävention und von „Empowerment" des Alters in unserer Gesellschaft übernehmen. Die Orte professionellen Handelns reichen dabei vom Allgemeinkrankenhaus (wo immer mehr Ältere auf den Stationen erscheinen) bis hin zu Pflegeheimen, Wohlfahrtsverbänden, Kommunen und Unternehmen mit immer mehr älteren Arbeitnehmer:innen. Nur wenn soziale Berufe ein genuiner und eigenverantwortlich handelnder Teil eines „professionellen" Umgangs unserer Gesellschaft mit dem immer größer werdenden Anteil der Älteren werden, dürfte der demografische Wandel am Ende unser Gemeinwesen nicht gefährden oder gar überfordern, sondern befruchten und, in einer positiven Zukunftssicht, sogar im Sinne einer Kultur des Miteinanders aller Generationen weiter anreichern.

Ich lade Sie nun herzlich ein, diese These einer zentralen Aufgabe sozialer Berufe in Bezug auf eine Mitgestaltung psychosozialer Fragen in Bezug auf Menschen höheren Lebensalters durch das ganze Buch hindurch mit mir zusammen mit Inhalt der psychologischen Alternsforschung zu füllen und auszudifferenzieren. Vier Rahmenaspekte sind mir dabei im Diskurs mit Ihnen besonders wichtig:

Erstens sollten wir (ich nehme mich hier keineswegs aus) immer wieder die in unseren professionellen Köpfen ablaufenden Altersbilder hinterfragen. Altern ist leider in unserer westlichen Kultur tief negativ kodiert, und ich habe es aufgegeben, Voraussagen dazu zu treffen, wann wir diesen Zustand endlich überwunden haben. Stattdessen müssen wir uns hier immer wieder positionieren, unser Handeln kritisch beobachten, auch unsere Stimme erheben, wenn wir selbst Zeuge von altersdiskriminierenden Äußerungen werden. Eines aber sei schon jetzt gesagt: Ein Defizitbild des Alterns, also die Vorstellung, dass Älterwerden primär und nahezu ausschließlich mit Verlusten verbunden ist, mit dem Tod als endgültigen Verlust des Lebens, werden Sie in diesem Buch nicht finden.

„Alt" – meine Positionsbestimmung

Vorsicht bei dem Begriff „alt": Wir sollten mit dem Wort „alt" bzw. „alte Menschen" vorsichtig umgehen. Wir wissen aus vielen Studien, die vor allem in der psychologischen Alternsforschung durchgeführt wurden, wie schnell selbst eine subtile Darbietung des Begriffs „alt" negative Altersbilder und -erwartungen auslösen kann. Ich bin sicherlich nicht davor gefeit – und Sie auch nicht. Immer wieder laufen wir in die Falle „alt" – mit den entsprechend unguten und oftmals pessimistischen Konnotationen. Aus diesem Grund versuche ich in diesem Buch, den Begriff „alt" möglichst zu vermeiden. Und spreche stattdessen von Menschen im höheren Lebensalter bzw. älteren Menschen. Das ist kein Etikettenschwindel, sondern eine ganz bewusste Wahl, die eben das kulturell überlernte Wort „alt" (nur „alt" besitzt die negativen Konnotationen) vermeidet.

Menschen höheren Lebensalters: Gibt es eine fest definierte Grenze für „höheres Lebensalter"? Die psychologische Alternsforschung würde sagen: Nein. Es gibt aber gesellschaftliche Einordnungen, denen wir uns alle nicht entziehen können. Und es gibt subjektive Sichtweisen zum eigenen und fremden Älterwerden. Alt sind die anderen, so eine immer wieder zu findende „Weisheit" des Älterwerdens. Die Deutschen selbst fühlen sich im Mittel nach einer Repräsentativerhebung im Auftrag des Deutschen Instituts für Altersvorsorge aus dem Jahr 2018 (→ Netz[1]) etwa ab dem Alter von 70 Jahren als „alt". Das Statistische Bundesamt

1 Mit dem Hinweis „→ Netz" möchte ich, hier beginnend, darauf aufmerksam machen, dass Sie im Internet problemlos weitere gute und abgesicherte Informationen und Details zu jeweils angesprochenen Personen und Sachverhalten finden. Es würde zu weit

legt seit einigen Jahren die Grenze bei 67 Jahren, weil dies gegenwärtig das gesetzliche Alter zum Übertritt in die nachberufliche Phase in Deutschland ist. Wir meinen in diesem Buch mit Menschen höheren Lebensalters Personen jenseits von 67 Jahren: Sie sind in der Regel nicht mehr im Job, und sie sind nahe an der Grenze, die unsere Gesellschaft derzeit als „alt“ betrachtet.

Menschen im hohen Alter: Ferner nutze ich die Begriffe „hohes Alter“ und „Viertes Alter“ immer dann, wenn es um Menschen jenseits von 80 oder 85 Jahren geht. Menschen hohen Alters zeichnen sich im Mittel durch besondere gesundheitliche und soziale Belastungen aus, aber es wäre auch hier völlig verkehrt, einer Defizitsicht freien Lauf zu lassen. Der Begriff des „hohen Alters“ meint die allerletzte Lebensphase, gekennzeichnet durch Verluste, aber auch Gewinne. Was können Gewinne in einer solch extremen Lebensphase sein, könnten Sie fragen. Die vorläufige Antwort, die später vertieft wird: Überhaupt „so“ alt geworden zu sein, positive Emotionalität zu bewahren, auch Humor, die Enkel und Urenkel aus vollem Herzen zu genießen, Grenzen des Lebens anzuerkennen, und das eigene Leben in seiner „unendlichen Größe“ und gleichzeitig, mit einem weiten kosmologischen Blick, seiner „unendlichen Kleinheit“ besser zu verstehen.

Zweitens möchte ich das gesamte Buch hindurch für eine Sichtweise lebenslanger Entwicklung werben. Das Argument ist, dass es gerade für soziale Berufe sehr bedeutsam ist, stets das gesamte Leben eines Menschen, seine Biografie und seinen Werdegang, im Blick zu behalten, und sich nicht vorschnell auf einen Lebensabschnitt zu konzentrieren. „Alter“ beginnt nicht mit 65 oder 85 Jahren, sondern ist Ausdruck eines bereits seit der Geburt laufenden Entwicklungsprozesses. Im höheren Alter müssen wir – frei nach dem Lebenslaufforscher E.H. Erikson – gewissermaßen das sein, was wir geworden sind. Wir können unserer Lebensgeschichte nicht entfliehen, sind ihr aber auch nicht komplett ausgeliefert. Solange wir leben, gibt es Zukunft, die wir gestalten können.

Deshalb wird *zum Dritten* in diesem Buch anhand von robusten Theorien und empirischen Ergebnissen der psychologischen Alternsforschung auch argumentiert, dass Menschen bis zum Tod immer auch „Agent:innen ihrer eigenen Entwicklung“ (frei nach Lerner & Ross-Buschnagel, 1981) bleiben, d.h. ihren weiteren Entwicklungsverlauf bis zu einem gewissen Grade selbst in der Hand behalten. Dass dies unterschiedlichen Menschen höheren Lebensalters unterschiedlich gut gelingt, ist selbstredend und gerade für soziale Berufe ganz entscheidend: Nicht alle älteren Menschen erkranken an Demenz (→ Netz),

führen, darauf in diesem Buch im Detail einzugehen. Sie sind dazu eingeladen. Ich verzichte auch auf die direkte Nennung von Links, die schnell veralten.

werden einsam oder verzweifeln an körperlichen oder sozialen Verlusten wie der Verwitwung, aber einer Untergruppe der über 65-Jährigen, etwa 20 %, gelingt es nur schwer, ihr psychosoziales Gleichgewicht aufrechtzuerhalten.

Und dies hat *viertens* auch mit Kontexten zu tun, denn Menschen höheren Lebensalters führen ja kein Inseldasein, sondern sie sind eingebettet in soziale Beziehungen, Familienbeziehungen, Nachbarschaften (Quartier), in Kommunen (eher ländlich oder urban), auch in die jeweils favorisierte Seniorenpolitik eines Landes und Sichtweisen und Erwartungen der Gesellschaft. So geht es in sozialen Berufen immer auch um die Umweltbedingungen von älteren Menschen, z. B. hoch belastete pflegende Angehörige, eine ungenügende gesundheitliche Versorgung, eine Wohnung etwa im vierten Stock ohne Fahrstuhl oder ein fehlendes WLAN im Pflegeheim. Umgekehrt sollte der Blick auch auf Schutzfaktoren in der Umwelt gerichtet werden, z. B. ein dichtes soziales Hilfsnetzwerk, eine intensive Beziehung zu Enkel:innen, eine gute verkehrstechnische Anbindung der Wohnung oder die Fähigkeit, das Internet zur Unterstützung des eigenen Älterwerdens sinnvoll zu nutzen.

Vor diesem Hintergrund bietet das vorliegende Buch einen gut verständlichen Überblick der aktuellen Alternspsychologie mit ihren vielfältigen Unterstützungspotenzialen für soziale Berufe. Gemäß den eben herausgestellten vier „Meta-Perspektiven" auf Altern geht es immer wieder um negative Altersbilder und -stereotype, vor denen leider auch soziale Berufe nicht gefeit sind, die lebenslange Entwicklungsperspektive wird immer wieder eingefordert, es geht immer wieder darum, wie ältere Menschen ihre Entwicklung selbst und gemäß ihren persönlich bedeutsamen Zielen mitgestalten können, und es zieht sich als roter Faden durch das Buch, Altern als kontextuelles Phänomen zu sehen und nicht nur als individuelle Aufgabe, individuellen Erfolg oder auch individuelles Scheitern. Diese Meta-Sichtweisen „hinter" („meta") dem eigentlichen Alltagsälterwerden und auch hinter konkreten Forschungsergebnissen werden angereichert mit neuesten Befunden der psychologischen Alternsforschung, z. B. zu kognitiver Entwicklung, zu Persönlichkeit und zu sozialen Beziehungen. Blicke auf von Befunden der Alternspsychologie getriebenen Interventionen runden das Bild ab.

Noch eine kleine „Warnung": Das Buch, ich als Autor, wir suchen ziemlich intensiv den Austausch mit Ihnen als Leser:innen.[2] So werden Ihnen vielfache Möglichkeiten angeboten, sich selbst, Ihr bisheriges Wissen zu Menschen höheren Lebensalters und Ihre Meinung zu Grundfragen des Älterwerdens einzubringen („Anregung zur Selbst-Reflexion"). Auch werden viele Praxistipps angeboten. Gleichzeitig bekommen Sie eventuell Lust, Ihr Wissen zu wissen-

---

2 Im Buch wird durch unterschiedliche Piktogramme auf diese und weitere Elemente hingewiesen.

schaftlichen Ergebnissen zum Thema Altern anhand einzelner Studien und/ oder eines vertiefenden Literaturstudiums zu erweitern („Forschungs-Highlight"; „Lesetipps"). Ferner zieht sich durch das gesamte Buch ein „Altersquiz", dessen richtige Lösungen am Schluss des Buches als Rückmeldung für Sie zu finden sind. Die zitierte Literatur ist zu einem größeren Teil in englischer Sprache. Das muss so sein, denn wir als Alternsforscher:innen publizieren heute unsere wichtigsten Ergebnisse international. Aber: Es gibt keine Empfehlung von meiner Seite, dies alles zu lesen. Das Buch selbst und die ausgewählten Literaturtipps genügen vollständig. Nur sollten Sie als Leser:in auch durch die ausführliche Zitation der englischsprachigen Literatur sicher sein, dass alles, was ich sage, auch belegt ist.

Abschließend noch ein Wort in eigener Sache. Zu Recht wird ja in den letzten Jahren viel über Plagiat und Selbst-Plagiat gesprochen. Ich möchte an dieser Stelle ganz offensiv mitteilen, dass ich an vielen Stellen des Buches auf Teile meiner früheren Texte zurückgegriffen habe, einfach weil ich denke, ich hab's damals gut ausgedrückt. Ich möchte mich nicht mit leicht und nicht zum Besseren veränderten Texten abquälen. Das fände ich albern. Positiv gewendet: Ich habe mit diesem Buch die Chance ergriffen, frühere Textteile aus meiner Feder nochmals zu neuen Ufern zu führen und in ganz neuer Weise für Sie zusammenzuführen.

I Altern heute und psychologische Alternsforschung

1. Altern in Veränderung – individuell und gesellschaftlich

1.1 Altern heute zwischen Gewinnen und Verlusten – Ihre Meinung ist gefragt

Haben Sie schon einmal einen älteren Menschen gesehen, der sein Glück kaum fassen konnte? Oder einen Älteren mit zwei Smartphones vor sich auf dem Tisch, mit beiden arbeitend? Oder in der U-Bahn fahrend? Oder auf der Techno-Party tanzend? Oder in einer digitalen Partneragenturwerbung? Oder im Fitnessstudio? Oder am Fahrkartenautomat? Oder in „Wetten, dass…“? Oder bei einer „Fridays for Future“-Demonstration? Falls ja, so war dies wohl alles andere als typisch für unsere immer älter werdende Gesellschaft.

Haben Sie schon einmal junge Menschen mit einem Rollator gesehen? Oder die örtliche Tageszeitung lesend? Oder persönlich am Bankschalter? Oder das laufende TV-Programm schauend? Oder im Taxi nach Hause fahrend? Oder auf einer Bank im Park sitzend? Oder im örtlichen Traditionscafé den guten Kuchen genießend? Oder im Akademiekonzert am Samstagabend einer Aufführung von Mozarts Schicksals-Sinfonie folgend? Falls ja, so war dies wohl alles andere als typisch für unsere „jugendliche“ Gesellschaft.

Alles ist möglich und in der Realität anzutreffen, aber die Welten unterschiedlicher Lebensalter trennen sich doch in unserer Gesellschaft ziemlich deutlich und die Überlappungen halten sich in engen Grenzen. Wo beispielsweise können sich jüngere und ältere Menschen im öffentlichen Raum begegnen *und* sich austauschen? Wohl nur an wenigen Orten. Das ist sehr schade, denn das Miteinander der Generationen scheint doch ein sehr wesentlicher Faktor eines gut funktionierenden Gemeinwesens zu sein. Stattdessen treffen wir immer noch häufig auf ein Bild, das nur die Jugendzeit positiv bewertet und idealisiert und das hohe Lebensalter als eine Art unguter und unfroher „Restlaufzeit“ behandelt, die wir halt leider auch durchlaufen müssen vor dem großen Schlusspunkt.

Wie sieht das bei Ihnen aus? Ich lade Sie ein, doch einmal die beiden folgenden Kästen mit Ihren Sichtweisen zu füllen. Welche Gewinne des Älterwerdens sehen Sie selbst?

Anregung zur Selbst-Reflexion:
Bitte schreiben Sie einmal für sich selbst fünf Sachverhalte auf, die Sie als klare Gewinne des Älterwerdens betrachten:

1. ______________________________

2. ______________________________

3. ______________________________

4. ______________________________

5. ______________________________

Und nun die andere Seite der Alternsmedaille: Was sind nach Ihrer Meinung die wirklich bedrohlichen Verluste des Älterwerdens?

Anregung zur Selbst-Reflexion:
Bitte schreiben Sie nun einmal für sich selbst fünf Sachverhalte auf, die Sie als die bedrohlichsten Verluste des Älterwerdens ansehen:

1. ______________________________

2. ______________________________

3. ______________________________

4. ______________________________

5. ______________________________

Nun möchte ich Sie fragen, wie Sie selbst in diesem Moment die Gesamtbilanz zwischen Gewinnen und Verlusten im Zuge des Älterwerdens sehen. „+3“ würde bedeuten, dass Sie Gewinne eindeutig im Übergewicht sehen; „−3“ würde bedeuten, dass Sie Verluste eindeutig im Übergewicht sehen; „0“ würde eine Balance zwischen Gewinnen und Verlusten signalisieren. Bitte notieren Sie Ihren Wert in der folgenden „Alterswaage“:

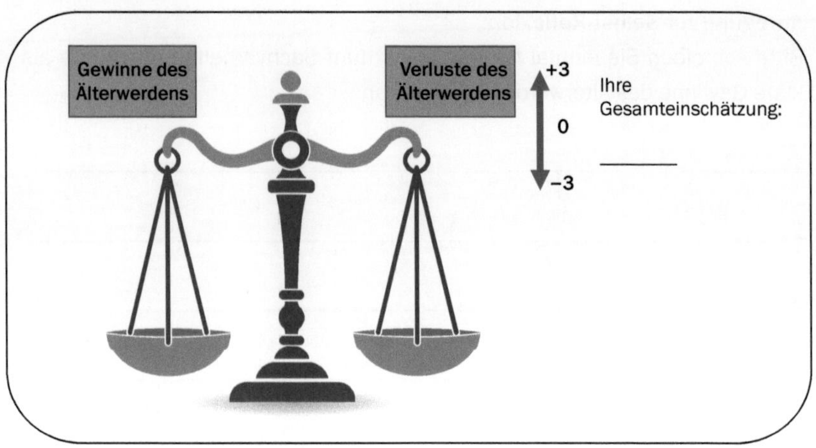

Und schließlich noch eine Frage im Hinblick auf Ihre eigene (vorgestellte) berufliche Zukunft, für den Fall, dass Sie auch mit älteren Menschen zu tun haben werden: Wo, würden Sie sagen, könnten Sie in einer solchen Situation besonders wichtige Beiträge leisten?

Anregung zur Selbst-Reflexion:
Bitte schreiben Sie nun einmal für sich selbst drei Sachverhalte auf, von denen Sie glauben, dass sie besonders wichtig in der professionellen Arbeit mit älteren Menschen sind:

1. ____

____

2. ____

____

3. ____

____

Ich weiß natürlich nicht, was Sie im Einzelnen aufgeschrieben haben. Ich könnte mir allerdings vorstellen, dass Ihnen die Verluste schneller aus der Feder flossen als die Gewinne des Älterwerdens, und Sie diese in höherem Maß mit dem Älterwerden verbinden würden. Ich könnte mir auch vorstellen, dass Sie in einer vorgestellten späteren Berufssituation des Arbeitens mit Menschen höheren Lebensalters eher an Verluste (z. B. Einsamkeit entgegenwirken, materielle Not verhindern oder lindern, Krankheitsfolgen abmildern) gedacht haben als an die Stärkung von Ressourcen (z. B. lernen, seine Rechtsansprüche noch besser durchzusetzen, digitale Kompetenzen verbessern, zu einer größeren Vernetzung von Älteren untereinander beitragen). Vielleicht sind Ihre Antworten aber auch ganz anders ausgefallen. Nehmen Sie Ihre Antworten nun bitte mit in die weitere Lektüre.

1.2 Wie sich Älterwerden verändert hat – und weiter verändert

Mediale Inszenierungen dahingehend, was heute Altern bedeutet, sind allgegenwärtig. Bitte überlegen Sie einmal, welche Darstellungen des Alterns Ihnen in Erinnerung geblieben sind oder Eindruck auf Sie gemacht haben.

Anregung zur Selbst-Reflexion:
Ihre Erinnerungen an Bilder/Fotografien/Karikaturen usw. von Menschen höheren Lebensalters in den Medien:

____

____

____

Wiederum weiß ich natürlich nicht, was Sie sich notiert haben, aber es könnte Überschneidungen mit den folgenden Überlegungen geben: Es könnten Ihnen zum Ersten Bilder eines leistungsstarken Alters in den Sinn gekommen sein. In diesen Bildern kommt zum Ausdruck, dass ältere Menschen zu Dingen fähig sind, die vor noch nicht allzu langer Zeit nicht denkbar waren.

- Nur ein Beispiel: Der Weltrekord im 100m-Lauf für 60-jährige Männer liegt derzeit bei 11,7 Sek., während der entsprechende Rekord der jungen Männer bei den ersten Olympischen Spielen der Neuzeit im Jahre 1896 mit 12,0 Sek. langsamer ausfiel.
- Ein zweites Bild könnte das selbstbewusste und gleichzeitig sich selbst als „alt“ negierende Alter sein. Ein besonders prägnantes Beispiel ist die in-

zwischen über 100-jährige Modedesignerin *Iris Apfel* – am 23.11.2019 im Spiegel-Titelthema mit den Worten zitiert: „Sterben? Ohne mich!".

- Ein drittes Bild könnte das umtriebige und „emsige" Alter sein, ein Alter, das mit unendlich vielen Gestaltungsideen daherkommt, vom Motorradfahren bis zum Englischkurs, vom Freiwilligenengagement bis zur Reise zweimal im Jahr auf einem Kreuzfahrtschiff, vom Theaterspielen bis zu Yoga.
- Ein viertes Bild könnte das innovationsfreudige und stetig nach neuen Aufgaben und Zielen suchende Alter sein – offen für Digitalisierung, neue Wohnformen, „späte" Existenzgründungen und vieles mehr. (Siehe dazu auch die *Broschüre „Aktiv in den Ruhestand", Wahl, 2018, Techniker Krankenkasse.*[3])

Diesem produktiven, selbstbewussten, umtriebigen und innovativen Alter gegenüber könnten Bilder des Verlusts und der Verletzlichkeit vor Ihrem inneren Auge auftauchen. Menschen höheren Lebensalters mit Demenz, in Pflegebedürftigkeit.

Aber: Sind dies nicht alles Zerrbilder des heutigen Alters, Ausnahmeerscheinungen? Vielleicht vergessen auch wir Wissenschaftler:innen bisweilen, ebenso wie viele Medien, das „stinknormale" Älterwerden ohne große Ausschläge in die eine oder andere Richtung. Das Altern vielleicht in bescheidenen Verhältnissen, ohne viele Ansprüche, völlig unauffällig?

Und schließlich könnte es sein, dass Sie auch an Altern in anderen Kulturen gedacht haben. Man kann sich ja durchaus fragen, ob Altern in anderen Ländern vielleicht deutlich anders aussieht als in „westlichen" Kulturen. Vieles spricht z. B. dafür, dass in asiatischen Kulturen älteren Menschen in selbstverständlicher Weise mehr Respekt entgegengebracht wird. Eine eigene Studie (Pinquart & Wahl, 2021) hat gezeigt, dass das in westlichen Kulturen, vor allem in den USA ausgeprägte „Sich-Jünger-Fühlen-als-man-ist" im asiatischen Raum deutlich weniger stark ausgeprägt ist. Dies könnte ein Indiz dafür sein, dass ältere Menschen im asiatischen Raum keine Notwendigkeit spüren, sich vom eigenen Alter zu distanzieren.

Kurz zusammengefasst: Altern heute besitzt viele Gesichter. Die Unterschiede zwischen Älteren sind enorm. Ja, Menschen höheren Lebensalters sind gar die in sich heterogenste und diverseste Altersgruppe in unserer Gesellschaft überhaupt – keine oder keiner wie der oder die andere, das gilt vor allem in Bezug auf

3 Kursiv gesetzte Literaturangaben sind *Open Access*, d. h. Sie können sie kostenfrei herunterladen.

ältere Menschen. Anders gewendet: „Die Alten" gibt es nicht, auch wenn sie immer wieder von Medien, Politik oder anderen Akteuren beschworen werden!

- Pinquart & Wahl (2021): Unsere Meta-Analyse zu subjektivem Alter im Lebenslauf, auf der Basis von 294 Studien und einbezogenen Personen zwischen 8 und 105 Jahren. Vgl. zur Methode der Meta-Analyse auch den Methodenteil des Buches (Teil 2.3).
- Wahl & Heyl (2015): Unser Lehrbuch zur Gerontologie in interdisziplinärer Herangehensweise.

1.3 Ein paar Zahlen zur heutigen Situation und Lage älterer Menschen

1.3.1 Lebenserwartung

Lebenserwartung meint die zu einem gegebenen historischen Zeitpunkt, in einem definierten kulturell-politischen Kontext und zu einem bestimmten Alter (z. B. bei Geburt, mit 65 Jahren) verbleibende mittlere Lebenszeit. Im Folgenden orientiere ich mich an Wahl et al. (2021). Die Lebenserwartung wächst weltweit – in reichen und in armen Ländern. Beispielsweise betrug im Senegal die Lebenserwartung bei Geburt 1990 bei Männern 56,8 Jahre, bei Frauen 60,9 Jahre. Im Jahr 2010 waren es dann schon 63,5 (M) bzw. 67,1 (F) Jahre *(Salomon et al., 2012)*. In Deutschland lag die Lebenserwartung in 1990 bei 71,9 (M) bzw. 78,4 (F) Jahre. Im Jahr 2010 waren es 77,5 (M) bzw. 82,8 (F) Jahre. In 2020 lag sie bei 79,1 (M) bzw. 84,1 (F) Jahren.

Ein großer Teil des mittleren Anstiegs der Lebenserwartung bei Geburt weltweit geht auf das Konto des gewaltigen Rückgangs der Kindersterblichkeit kurz nach der Geburt. Erreichten im Mittelalter etwa 30 % aller Kinder nicht das Alter von fünf Jahren, so sind es heute nur noch etwa fünf von 1 000 Kindern. Daneben sind Verbesserungen der Hygiene, Ernährung und der medizinischen Gesamtversorgung bedeutsame Faktoren des andauernden Anstiegs der Lebenserwartung. Der bislang eindeutig verifiziert älteste Mensch, die Südfranzösin Jeanne Calment (→ Netz), ist 122 Jahre und 164 Tage (122,4 Jahre) alt geworden und starb im Jahr 1997.

Dennoch: Es geht nicht nur ständig nach oben mit der Lebenserwartung. Selbst in den USA ist seit 2014 in Teilen die Lebenserwartung zurückgegangen. Dieser Rückgang ist fast vollständig durch die sinkende Lebenserwartung amerikanischer Männer verursacht (Wahl et al., 2021). Dahinter stehen ansteigende unbeabsichtigte Verletzungen (z. B. durch die allgegenwärtigen Schusswaffen), Suizidraten, Diabetes, Influenza und Pneumonie.

Klar ist in jedem Fall auch, dass der Anteil der über 67-Jährigen (das ist wie zu Anfang des Buches beschrieben die neue Grenze des Statistischen Bundesamts für die Abgrenzung „alter Menschen“) im Laufe der nächsten Jahrzehnte deutlich zunehmen wird. Für das Jahr 2040 wird von 21,4 Millionen Älteren ausgegangen. Derzeit sind es rund 18 Millionen.

1.3.2 Gesundheitliche Beeinträchtigungen und Lebensrisiken im Alter

Gesundheitliche Einbußen steigen durchgängig mit dem Älterwerden an (Wahl & Schilling, 2018). Dies zeigt sich besonders drastisch in den wesentlichen Funktionen, die zur Aufrechterhaltung einer selbstständigen Lebensführung bedeutsam sind:

- Während die 65- bis 84-Jährigen etwa in einer Größenordnung von 10 % schwere Seheinbußen zeigen, gilt dies für ca. 20–25 % der über 85-Jährigen.
- Noch drastischer stellt sich die Situation in Bezug auf das Hören dar: Etwa 20 % an Hörgeschädigten im Alter zwischen 65 und 84 Jahren stehen 40–50 % jenseits des 85. Lebensjahres gegenüber.
- In der Gehfähigkeit bzw. Mobilität stark eingeschränkt sind etwa 10 % der 65- bis 84-Jährigen gegenüber 25–30 % der über 85-Jährigen.
- Epidemiologischen Studien zufolge leidet in Deutschland ca. ein Viertel der über 65-Jährigen an einer psychiatrischen Erkrankung.
- Schwere Depressionen treten bei etwa 8 % der über 65-Jährigen auf, nehmen aber, entgegen nicht selten zu findenden Aussagen in den Medien, mit zunehmendem Alter nicht zu. Überhaupt entspricht die Rate von 8 % an behandlungsbedürftigen, depressiven Erkrankungen („Major Depression“) in etwa der Rate der unter 65-Jährigen, d. h. Ältere sind nicht depressiver als Jüngere.
- Allerdings berichten Ältere häufiger als Jüngere über depressive Verstimmungen, die aber noch keinen Krankheitscharakter besitzen. Die Verstimmungen sind oft verbunden mit Einsamkeitserleben und Verlusterleben (z. B. Partnerverlust, nicht mehr gut gehen können).
- Schwerwiegende Beeinträchtigungen der geistigen Leistungsfähigkeit wie die Alzheimer-Demenz treten bei den 60- bis 65-Jährigen zu unter 1 % auf, bei den über 85-Jährigen aber zu etwa 20 %, bei den über 90-Jährigen gar zu etwa 40–50 %.
- Die Suizidrate steigt mit zunehmendem Alter an, und zwar vor allem bei Männern, liegt aber insgesamt auf sehr niedrigem Niveau (ca. 120 von 100 000). Suizide werden im höheren Lebensalter fast immer vollendet, d. h. der Appellcharakter von Suizidversuchen bei jüngeren Menschen spielt im höheren Lebensalter keine große Rolle mehr.

- Die Rate an Pflegebedürftigkeit, also schwerwiegenden und dauerhaften Formen der Inanspruchnahme von fremder informeller (häufig: Familie) und professioneller Hilfe (Pflege, ärztliche Versorgung), liegt bei den über 65-Jährigen bei etwa 8 %, bei den über 80-Jährigen dann allerdings bei etwa 25 %.
- Die verletzlichste Untergruppe der Älteren sind die Menschen in Pflegeheimen. Etwa 60 % der Pflegeheimbewohner:innen leiden an einer dementiellen Erkrankung; auch die Rate an behandlungsbedürftigen depressiven Erkrankungen ist mit 15–20 % etwa doppelt so hoch wie bei den in Privathaushalten lebenden älteren Menschen.

Generell gilt, dass die verbleibende Lebenszeit, je älter wir werden, statistisch gesehen immer stärker durch sogenannte „inaktive“ Lebenserwartung „aufgefressen“ wird, d. h. die Wahrscheinlichkeit immer längerer Phasen an Hilfe- und Pflegebedürftigkeit wird immer größer, je älter wir werden.

Aber Nr. 1: Diese Aufzählung darf nicht als Bestätigung eines Defizitbildes des Älterwerdens bewertet werden! Sie ist wichtig, zeigt die Verletzlichkeiten des Älterwerdens, auch die Anforderungen an unterschiedliche Professionen: Ärzt:innen/Geriater:innen/Psychiater:innen, Sozialarbeiter:innen und Sozialpädagog:innen, Pfleger:innen, Psycholog:innen, Gerontolog:innen, Ergotherapeut:innen, Physiotherapeut:innen, um nur die wichtigsten zu nennen. Auch sollte uns gerade an dieser Stelle sehr deutlich werden, dass die Arbeit mit älteren Menschen eigentlich immer ein multiprofessionelles Geschäft ist.

Praxistipp: Überlegen Sie stets, welche anderen Berufsgruppen wichtig für Ihre Arbeit mit einem konkreten älteren Menschen mit einem konkreten Problem oder Bedarf sind bzw. werden könnten. Seien Sie offen, denken Sie multiprofessionell, gehen Sie auf andere Professionen unvoreingenommen zu. So ist es beispielsweise sehr wichtig, dass die kognitiven Einschränkungen eines älteren Menschen, die Sie vielleicht sofort bemerkt haben, gut fachlich abgeklärt werden, damit Sie wissen, was Sie für Ihre Arbeit mit dem betreffenden älteren Menschen erwarten können – und was eher nicht.

Aber Nr. 2: Wie wir später sehen werden, kommen die meisten Älteren mit ihren gesundheitlichen Herausforderungen relativ gut klar. Es gibt eine große Diskrepanz zwischen objektiven Einschränkungen (Leistungsmessung, ärztlicher Befund, sonstige objektive Parameter) und subjektivem Erleben.

Forschungs-Highlight: Auf der Grundlage sehr guter Daten zu Menschen im hohen Alter, der sog. „NRW 80+“-Studie *(Hansen et al., 2021)*, durchgeführt in Nordrhein-Westfalen anhand einer für dieses Bundesland repräsentativen Stichprobe von über 1 800 Menschen im Alter von 80 bis 102 Jahren, fanden sich die folgenden spannenden Diskrepanzen zwischen objektiver gesundheitlicher Lage und subjektivem Erleben bzw. subjektiven Bewertungen *(Plugge, 2021):* Während nur 9 % der Stichprobe die objektiven Kriterien eines Modells für „erfolgreiches Altern" (hohe funktionale Leistungsfähigkeit, hohe kognitive Leistung, hohe soziale Einbindung) erfüllten, bezeichneten sich 65 % selbst als erfolgreich alternd. Umgekehrt sahen 11 % der kleinen Gruppe, die objektiv die Kriterien für „erfolgreiches Altern" erfüllte, sich selbst nicht als erfolgreich alternd an. Solche Diskrepanzen gehören zum Altern wie ein Schlüssel zum Schloss. Wir werden darauf zurückkommen und uns auch das Thema „erfolgreiches Altern" noch genauer ansehen.

1.3.3 Sozialstrukturelle Ressourcen und Risiken

Ein sehr deutlicher Unterschied zeigt sich im hohen Alter bei Geschlecht und Familienstand. Das hohe Alter jenseits von 85 Jahren ist weiblich; bei über 90-Jährigen sind acht von zehn Personen Frauen. Personen hohen Alters sind zu einem größeren Teil verwitwet, wobei dies aufgrund der höheren Lebenserwartung vor allem für Frauen gilt. Etwa 60–70 % verwitwete Frauen über 85 Jahre stehen etwa 20–30 % im Alter von 65–84 Jahren gegenüber. Etwa 30–40 % verwitweten Männern im hohen Alter stehen etwa 10 % bei den 65–84 Jahre alten Männern gegenüber.

Leben von allen über 65-Jährigen rund 5 % in Pflegeheimen, so liegt der Anteil bei den über 90-Jährigen bei etwa 40 %. Im sogenannten Betreuten Wohnen, also in Wohnformen mit einem gewissen vertraglich vereinbarten Versorgungsgrad und einem eigenen Mietvertrag, leben heute ca. 1 % der über 65-Jährigen. Nicht wenige müssen aber später bei einem hohen Grad an Pflegebedürftigkeit noch in eine Pflegeeinrichtung übersiedeln.

Ein markierendes Feld sozialer Ungleichheit in jedem Lebensalter ist das Thema Armut. Damit ist Armut auch für soziale Berufe in den unterschiedlichsten Feldern und Lebensaltern ein großes Thema bzw. eine Herausforderung, so auch in Bezug auf Menschen höheren Lebensalters. Armut wird häufig definiert als Anteil an Personen mit einem Einkommen von weniger als 60 % des Medians (→ Netz) des Einkommens der gesamten Bevölkerung. Legt man eine solche Konzeption zugrunde, so betrug die Armutsquote von Menschen über 65 Jahre im Jahr 2021 in Deutschland 17,4 % (Abbildung 1; *statista, 2022*).

Alleinstehende Frauen, Personen mit geringer Bildung und von Langzeitarbeitslosigkeit Betroffene haben in Deutschland das höchste Armutsrisiko. Die ersten beiden Faktoren gelten auch für das höhere Lebensalter. Auffallend an der Zeitreihe in Abbildung 1 ist zudem, dass die Armutsquote der Älteren zwischen 2005 und 2020 immer stärker an den Wert insgesamt herangerückt

Abbildung 1: Armutsquote von Menschen über 65 Jahre zwischen 2005 und 2021 im Vergleich zur Armutsquote insgesamt in Deutschland (nach *statista, 2022;* Wiedergabe mit freundlicher Genehmigung von statista, erteilt am 15.12.2022)

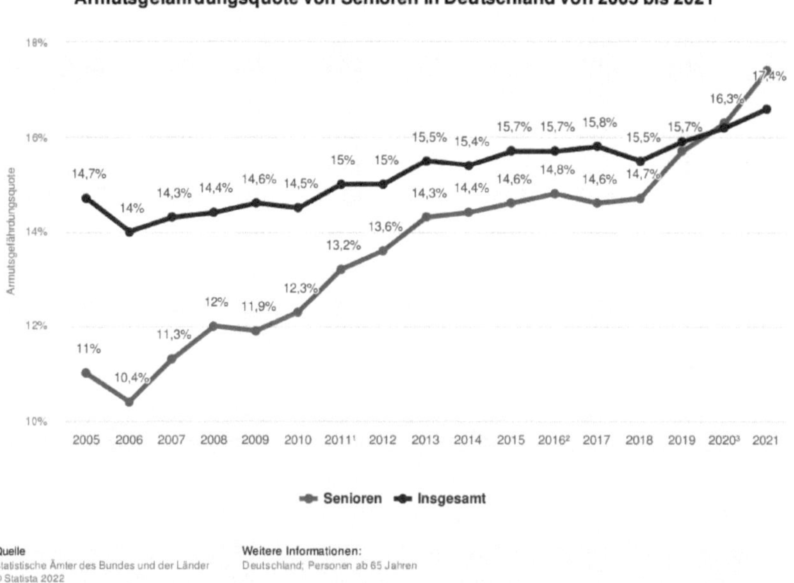

ist. In 2021 lag sie dann höher als der Durchschnitt, sodass zukünftig dieses Thema die Sozialarbeit mit Älteren eher mehr denn weniger bestimmen wird.

- Wahl, Förstl, Himmelsbach & Wacker (2021): In diesem bewusst schmal gehaltenen Band geben wir einen interdisziplinär ausgerichteten Überblick zu Altern und Alternsforschung.

Kurz zusammengefasst: Klar, bei älteren Menschen muss man mit höheren Beeinträchtigungsraten in einer Vielzahl von Lebensbereichen rechnen: Gesundheit, Alltagsfertigkeiten, kognitive Leistungen, emotionale Stabilität, wirtschaftliche Situation, soziale Einbindung. Gleichzeitig betrifft dies nur (bedeutsame!) Untergruppen von Älteren und selbst bei diesen sind viele durchaus in der Lage, sich eine hohe Lebensqualität zu bewahren. Vorsicht also vor Übergeneralisierungen und der Rede von „den Alten“, denen es angeblich allen schlecht geht. Das ist einfach Unsinn.

2. Psychologische Alternsforschung: Was sie will und anbietet

2.1 Gegenstand der psychologischen Alternsforschung

Im Folgenden orientiere ich mich an unseren früheren Arbeiten Elsässer et al. (2017) und Wahl und Heyl (2015). Psychologische Alternsforschung – gesprochen wird auch von Alternspsychologie, Psychologie des Alterns, psychologischer Gerontologie, Gerontopsychologie oder verhaltenswissenschaftlicher Alternsforschung – konzentriert sich vor allem auf alternsbezogene Veränderungen und Stabilitäten von Verhalten (z. B. der Gestaltung sozialer Beziehungen), Leistungen und Kompetenzen (z. B. der kognitiven Leistungsfähigkeit) und Erleben (z. B. von positivem Affekt und Depressivität) im höheren Lebensalter. Traditionell findet sich häufig der Übergang in den Ruhestand als Grenze zum höheren Lebensalter, jedoch wird in diesem Buch dafür plädiert, in der psychologischen Alternsforschung eine lebenslange Entwicklungsperspektive im Auge zu behalten. Unterschiede im höheren Lebensalter erklären sich vielfach zu einem guten Teil aus Unterschieden in früheren Lebensphasen, ja, wie neueste Langzeitforschungen zeigen, sogar nicht unerheblich aus Kindheitserfahrungen wie z. B. traumatischen Ereignissen oder Ungleichheiten in der ökonomischen Ausstattung. Warum beispielsweise bei der einen älteren Person kognitive Leistungen sehr rasch abfallen, bei der anderen hingegen relativ stabil bleiben, ist mit hoher Wahrscheinlichkeit nicht nur Veränderungen spät im Leben geschuldet, sondern zu einem gewichtigen Teil auch von lebenslang wirkenden Einflussfaktoren, wie etwa unterschiedlichen Bildungs- und Berufserfahrungen, und sicher auch einer unterschiedlichen genetischen Ausstattung abhängig. Zwei Fallgeschichten dazu in Tabelle 1.

Tabelle 1: Zwei Fallgeschichten – „gelungenes“ und „misslungenes“ Älterwerden

Herr A.: „Ein gelungenes Leben“ (?)	*Herr B.: „Ein misslungenes Leben“ (?)*
Herr A. ist als Kind eines Facharbeiters in der Metallindustrie und einer nicht berufstätigen Mutter 1938 in NRW geboren worden. In die Fußstapfen des Vaters einzutreten war gesetzt. So absolvierte Herr A. zunächst nach der Realschule eine Ausbildung als Schweißer in einer ortsansässigen Firma, kam dann schnell voran und hatte mit 28 Jahren seinen Meisterbrief in der Tasche. Da geschah etwas Unerwartetes: Er hatte einen schweren Arbeitsunfall und war für etwa sechs Monate mit Therapie und Rehabilitation außer Gefecht gesetzt. In dieser Zeit lernte er seine heutige Frau kennen, die Grundschullehrerin war. Die Welt der „höheren Bildung“ war plötzlich nahegerückt und sechs Jahre später hatte Herr A. das Abitur nachgeholt und einen Ingenieur FH mit der Bestnote hingelegt. Er gründete eine eigene Firma, die er bis 68 Jahre sehr erfolgreich leitete. Als sein Sohn die Firma übernahm, war die Familie wohlhabend. Herr B. widmete sich fortan zusammen mit seiner Frau seiner Stiftung, die sich zur Aufgabe machte, junge Menschen mit Migrationshintergrund erfolgreich in Jobs zu bringen. Kurz nach Verleihung des Bundesverdienstkreuzes für diese Leistung und ihren Ertrag mit 88 Jahren trat eine schwere kognitive Störung ein, die sich rasch verschlimmerte. Nach einer Übersiedlung in ein Pflegeheim starb Herr B. nach zwei Monaten in dieser Einrichtung.	Herr B. wurde als Sohn eines Postbeamten im Jahr 1929 geboren. Die Mutter arbeitete als Reinemacherfrau. Er besuchte das örtliche Gymnasium, wurde dann noch in den letzten Kriegsmonaten mit 16 Jahren in den Volkssturm zu einer Flugabwehrstellung in Berlin eingezogen. Bei einem Angriff verlor er die rechte Hand. Dann war der Krieg vorbei und Herr B. war „Teilinvalide“. Sein Traumjob Pilot war in seinem Leben unerreichbar geworden. Er holte das Abitur nach. Nach einem Jurastudium ließ er sich als Anwalt nieder. Seine Partnerin hatte ihn zu diesem Zeitpunkt gerade verlassen, weil sie mit seinen depressiven Stimmungen überfordert war. Nach recht erfolgreichem Start lief seine Praxis zunehmend schlechter. Er hatte Arbeitsschwierigkeiten, machte gravierende Fehler. Eine neue Partnerschaft, die seinen eigentlich großen Kinderwunsch mit einem Mädchen wahrmachte, ging nach vier Jahren in die Brüche. Herr B. entwickelte eine Suchterkrankung, musste seine Kanzlei aufgeben und fand eine Anstellung in der örtlichen Gemeindeverwaltung. Aber es gelang Herrn B. nicht, seine Suchterkrankung zu beherrschen; zudem wurde seine depressive Erkrankung zunehmend schlimmer. Er trat deutlich früher in den Ruhestand und starb bereits mit 68 Jahren in Folge seiner Suchterkrankung. Den Kontakt mit seiner Tochter hatte er zu diesem Zeitpunkt bereits völlig verloren. Er lebte alleine.

Stellen wir uns vor, Herr A. und Herr B. wären uns in ihrem späten Leben in einem professionellen Zusammenhang begegnet. Herr A. käme uns im Pflegeheim mit einer bereits fortgeschrittenen Demenzerkrankung entgegen; Herr B. mit 66 Jahren mit einer schweren Suchterkrankung.

Anregung zur Selbst-Reflexion:
Bitte versetzen Sie sich doch einmal in Herrn A. – Was geht Ihnen durch den Kopf?

____

____

____

Bitte versetzen Sie sich doch einmal in Herrn B. – Was geht Ihnen durch den Kopf?

____

____

____

Ich weiß natürlich nicht, was Sie notiert haben. Vielleicht auch so etwas wie: Ein schweres Schicksal versus ein Super-Leben? Ist spät im Leben noch etwas zum Guten zu ändern? Kann auch „gutes" Leben in einer menschlichen Katastrophe enden? Wir sollten auf jeden Fall das gesamte Leben der beiden in den Blick nehmen: Beide hatten an sich gute Startbedingungen, aber der eine (Herr B.) ist von schrecklichsten und verbrecherischen historischen Umständen deutlich negativ berührt worden, Herr A. hatte in dieser Hinsicht Glück. Herrn A.s Entwicklungsbedingungen im frühen Erwachsenenalter führten zu „Wachstum" und neuen Lebensoptionen. Bei Herrn B. konnte hingegen die erfolgreich geschaffene Ressource eines abgeschlossenen Jurastudiums nur sehr begrenzt zur Entfaltung kommen wegen einer depressiven Erkrankung. Die soziale Verankerung im Sinne einer langjährigen vertrauensvoll-intimen Beziehung als auch die Stabilität der Berufskarriere stehen Herrn B. beide nicht zur Verfügung; Herr A. kann demgegenüber aus beiden Bereichen Kraft und Stabilität schöpfen. Nicht zuletzt mit diesen beiden erfolgreich sich gestaltenden Ressourcen kann Herr A. selbst im hohen Alter noch Neues und Produktives bewirken, findet auch viel Anerkennung dafür. Herr B. hat durch seine Erkrankungen und seine sozialen Misserfolge bereits deutlich vor dem Berufsende hohe Lebensrisiken aufgebaut. Die letzten Lebensmonate sind für beide nicht schön, aber stimmt es wirklich, dass wir den einen Lebensverlauf als „gelungen", den anderen als „misslungen" charakterisieren können oder sogar dürfen?

Wir haben diese Bezeichnungen in Tabelle 1 ganz bewusst in Anführungszeichen gesetzt. Und noch ein Fragezeichen ergänzt. Denn: Wissen wir genug vom Leben der beiden? Gab es wirklich keine schönen Momente und kein Sinnerleben im Leben von Herrn B.? Hatte Herr A. durch seine Rastlosigkeit in seinem späten Leben eventuell kaum Zeit für seine Enkelkinder? Geschah die „reduzierte“ Berufstätigkeit von Herrn B. in seinem späteren Arbeitsleben eventuell doch auch in einem sozial tragfähigen Kollegenkreis, die Kraft gab? Hatte Herr A. auf seinem erfolgreichen Berufsweg möglicherweise doch andere Interessen völlig vernachlässigt?

Praxistipp: Eine lebensumspannende Entwicklungsperspektive ist für das professionelle Handeln in sozialen Berufen unverzichtbar. Sagen Sie sich, egal welchem Menschen höheren Lebensalters sie gegenüberstehen, immer zuerst: „Ich habe eine komplette Lebensgeschichte vor mir, nicht nur einen gegenwärtigen Zustand“. Fragen Sie sich in professionellen Kontakten immer wieder, was Ihnen an wichtigen Lebensspannen-Informationen fehlt, um Ihr Gegenüber möglichst umfassend und ausgewogen beurteilen und Handlungsempfehlungen aussprechen zu können. Hüten Sie sich vor vorschnellen Bewertungen der Ihnen in professionellen Kontexten gegenübertretenden älteren Menschen. Nehmen Sie eine hochinteressierte und suchende Haltung ein, nicht eine bereits „alles-wissende“.

2.2 Ein theoretisches Rahmenmodell psychologischen Alterns als Wegweiser

In Abbildung 2, die uns für den Rest des Buches begleitet, wird ein theoretisches Rahmenmodell vorgeschlagen, das sich an frühere Arbeiten von mir und Kollegen/innen anlehnt bzw. diese weiterführt (Diehl & Wahl, 2020; Martin & Martin, 2002). Dieses Modell soll uns für den Rest des Buches auf unterschiedlichen Ebenen helfen: Es ist erstens geeignet, die zentralen Bereiche, Ansätze und Konzepte der psychologischen Alternsforschung zusammenzuführen bzw. in ein Ablaufschema einzuordnen. Zweitens ist das Modell flexibel genug, um bedeutende weitere Ansätze der psychologischen Alternsforschung zu integrieren. So werden wir z. B. bei den „individuellen Ressourcen“ theoretische Ansätze und Befunde zur kognitiven Entwicklung bis ins hohe Alter kennenlernen. Drittens bietet das Modell auch „Kategorien im Kopf“ an, die für das praktisch-professionelle Handeln hilfreich sein können, um die uns gegenüberstehenden älteren Menschen mit Interventionsbedarfen besser zu verstehen und gleichzeitig keine wesentlichen Aspekte zur Fallbeurteilung zu übersehen.

Abbildung 2: Ein theoretisches Rahmenmodell gelingenden psychologischen Alterns (modifiziert nach Diehl & Wahl, 2020, S. 15)

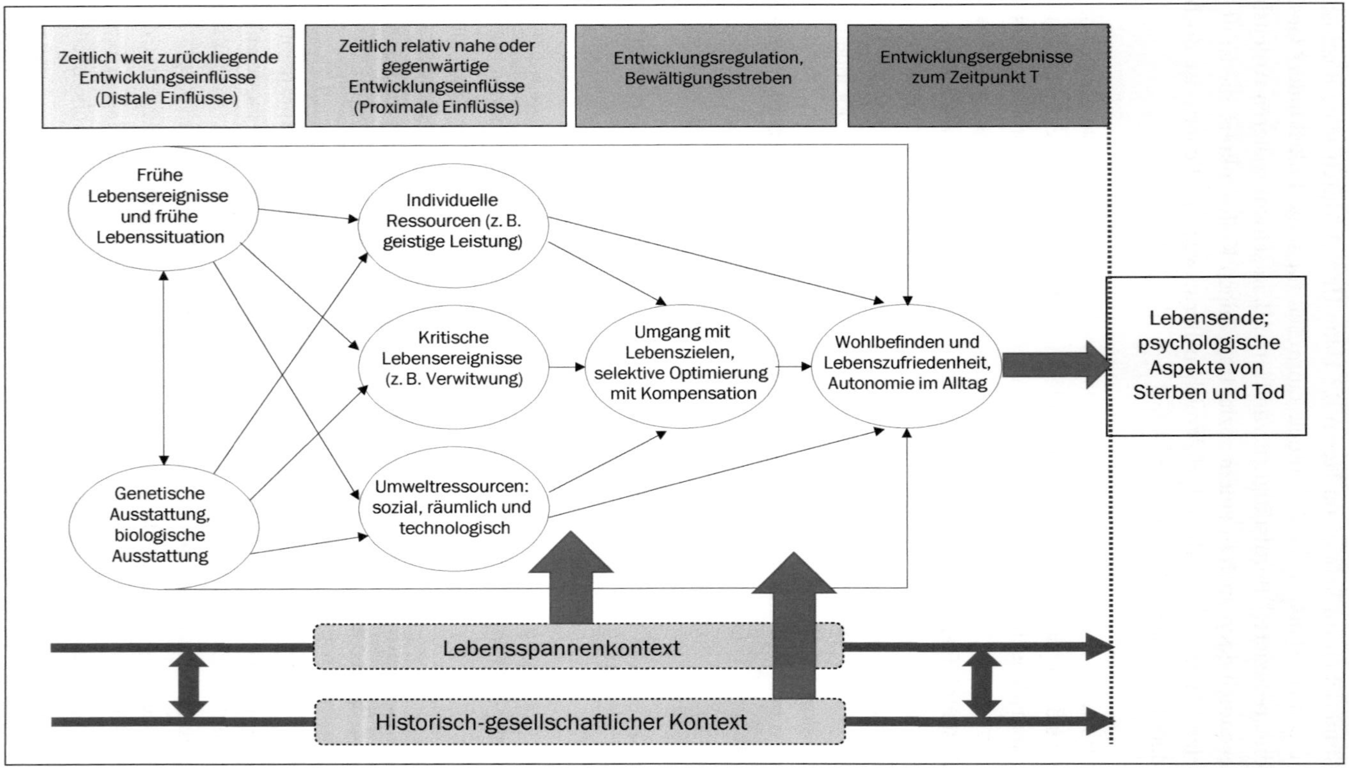

- Diehl & Wahl (2020): Dieses Lehrbuch zur psychologischen Alternsforschung in englischer Sprache geht auf alle Komponenten des Ansatzes in Abbildung 2 ausführlich ein.

2.2.1 Altern als Teil des gesamten Lebens

Bedeutung einer Lebensspannenperspektive: Schauen wir uns zunächst das Element des Lebensspannenkontexts im theoretischen Rahmenmodell in Abbildung 2 genauer an. Hier sind die folgenden Überlegungen in Bezug auf Altern grundlegend: Auch wenn sich die Psychologie des Alterns auf die späte Phase menschlicher Entwicklung konzentriert, geht sie doch von der Notwendigkeit einer *Lebensspannenentwicklungssicht* aus (Staudinger, 2007). Lebensspannenpsychologie steht dabei vor der Herausforderung, Entwicklungsprozesse und Entwicklungsergebnisse über lange Zeiträume hinweg theoretisch und empirisch miteinander zu verknüpfen. Beobachtet und nach Möglichkeit auch verstanden werden sollen nicht Veränderungen (und Stabilitäten) über einige Monate oder zwei Jahre hinweg, sondern über mehrere Jahrzehnte. In einer idealen Forschungswelt der Zukunft werden uns Daten zur Verfügung stehen, die den gesamten Lebenslauf von der Wiege bis zur Bahre differenziert, also in den unterschiedlichsten Bereichen von der Biologie bis zur Psyche, abbilden können. So weit ist die psychologische Alternsforschung in Verbindung mit anderen Bereichen wie der Biomedizin noch nicht. Dennoch besitzt sie heute einen recht reichhaltigen Fundus an zumindest partiell die Lebensspanne abbildenden Längsschnittstudien. Das ist, wie wir sehen werden, schon ganz schön eindrucksvoll, auch wenn wir immer die Grenzen (man spricht auch von Limitationen) der vorhandenen Evidenz sehen und das, was wir als Forscher:innen in Händen haben, kontinuierlich kritisch hinterfragen müssen. Nichts ist in einer wissenschaftlichen Sicht menschlicher Entwicklung für die Ewigkeit, aber was vorliegt ist dennoch substanziell, wenn auch stets mit neuen Erkenntnissen fortzuschreiben. Wenn wir heute z. B. Gehirntätigkeiten „in vivo" mit Hilfe einer Computertomografie beobachten können, also ohne direkt in das Gehirn einzudringen, so bringt uns dies Einsichten, die vor der Etablierung nichtinvasiver bildgebender Verfahren nicht möglich waren. Dies gilt für den wissenschaftlichen Fortschritt ebenso wie für etwa die medizinische Diagnostik.

Kurz zusammengefasst: Wissenschaftliche Erkenntnisse der psychologischen Alternsforschung sind substanziell, müssen aber stets kritisch hinterfragt werden. Neue Methoden werden laufend etabliert und führen eventuell zu völlig neuen Erkenntnissen, etwa hinsichtlich dessen, was im Gehirn geschieht, wenn Ältere oder Jüngere eine Einkaufsliste memorieren. Ehemals akzeptierte Theorien werden ad acta gelegt und durch neue ersetzt.

Die folgenden Prinzipien der Lebensspannenpsychologie werden heute in der psychologischen Alternsforschung als eine Art „Forschungsbibel" betrachtet. Sie sind wesentlich von den Arbeiten des deutschen Entwicklungspsychologen *Paul B. Baltes (z. B. 1990)* beeinflusst und ausgestaltet worden.

1. Gleichwertigkeit von und ganzheitliche Sicht auf Lebensphasen
2. Gleichzeitigkeit von Entwicklungsgewinnen und Entwicklungsverlusten in allen Lebensphasen
3. Multidimensionalität und Multidirektionalität von Entwicklung
4. Entwicklungsbegriff
5. Plastizität
6. Diversität/Heterogenität lebenslanger Entwicklung und Altern

Anregung zur Selbst-Reflexion:
Bitte notieren Sie nachfolgend, bevor Sie weiterlesen, was diese Prinzipien nach Ihrer Meinung bedeuten könnten:

1. ______________________________

____

2. ______________________________

____

3. ______________________________

____

4. ______________________________

____

5. ______________________________

____

6. ______________________________

____

Gleichwertigkeit von und ganzheitliche Sicht auf Lebensphasen: Das Konzept der *Gleichwertigkeit aller Lebensphasen* meint, dass es keine für die menschliche Entwicklung mehr oder weniger wichtigen Phasen gibt. Dennoch hat jede Lebensphase ihre eigene Gestalt und Dynamik. Während z. B. in der Kindheit der Aufbau einer umfassenden schulischen Bildung im Mittelpunkt steht und vieles darauf abzielt, für das spätere Leben gerüstet zu sein, ist das mittlere Alter zwischen 45 und 65 Jahren eher daran orientiert, das im Leben Aufgebaute auszukosten, aber sich auch schon auf das höhere Lebensalter und die nachberufliche Lebensphase vorzubereiten.

Das Konzept eines innigen *Lebensphasenzusammenhangs* meint, dass keine Phase des menschlichen Lebens aus sich heraus verstanden werden kann, sondern stets einer Sichtweise der Einbettung in eine Gesamtheit von Entwicklungsschritten bedarf. Daraus ergeben sich beispielsweise die folgenden Fragen: Welche Bedeutung besitzen Erfahrungen früh im Leben für späte Entwicklung? Welche Zusammenhänge bestehen zwischen einer befriedigenden oder unbefriedigenden Erwerbstätigkeit im mittleren Alter und der nachberuflichen Alternsphase? Welche Anforderungen stellt das heute fast „garantiert lange" Leben bereits an schulische Bildung früh in der Lebensspanne? Müssen wir immer häufiger davon ausgehen, dass ursprünglich gelernte berufliche Kompetenzen noch mehrmals im Laufe des „langen Lebens" neu aufgebaut oder wir gar einen kompletten beruflichen „Spurwechsel" werden vornehmen müssen? Gibt es Erfahrungen bereits früh in der Lebensspanne, die uns selbst im hohen Alter, wenn wir gesundheitlich immer häufiger Belastungen erfahren, „resilienter", also widerstandsfähiger machen (vgl. zu Resilienz auch weiter unten, Teil 6.1), während andere frühe Erfahrungen uns eher verletzlich werden lassen?

Multidimensionalität und Multidirektionalität von Entwicklung: Das Konzept der *Multidimensionalität* hebt auf die Notwendigkeit ab, Altern in seiner Gesamtheit und selbst in seinen, unser Thema, unterschiedlichen psychologischen Facetten als mehrschichtig anzusehen. Grob stehen das biologische Altern des Körpers, Veränderungen im sozialen Status, unterschiedliche Erwartungen der Gesellschaft an junge gegenüber Menschen höheren Lebensalters sowie Aspekte der psychischen Entwicklung nebeneinander. Innerhalb der Biologie des Alterns kann man dann nochmals differenzieren z. B. zwischen der Zellalterung, dem Altern der Organe, dem Altern des Immunsystems, dem Altern der Skelettmuskulatur usw. Hinsichtlich des sozialen Status und der sozialen Einbindung geht es z. B. um den Übergang in den Ruhestand, die Suche nach neuen Rollen in der nachberuflichen Phase, Sichtweisen der Gesellschaft in Bezug auf ältere Menschen oder den Umgang mit kleiner werdenden sozialen Netzwerken.

Das Tandemkonzept zu Multidimensionalität ist *Multidirektionalität.* Multidirektionalität weist auf die „Ungleichzeitigkeit des Gleichzeitigen" in der psychischen Entwicklung über die Lebensspanne und im höheren Lebensalter hin, d. h. Verlust, Stabilität und Wachstum (Gewinn) können in paralleler Weise auftreten und zwischen unterschiedlichen Bereichen durchaus sehr deutlich variieren. So geht z. B. unsere Muskelkraft spät im Leben jedes Jahr um etwa 3 % zurück; wir verlieren im Mittel etwa 40 % an Muskelkraft in der verbleibenden Lebenserwartung jenseits von 65 Jahren (Verlust). Demgegenüber bleibt unsere Persönlichkeit und Identität im Mittel bis zum Tod relativ stabil und im Bereich Lebenserfahrung und Lebenswissen werden wir sogar besser, je älter wir werden.

Notwendigkeit eines „lebensspannentauglichen" Entwicklungsbegriffs: Ausgegangen wird weiterhin von einem *Entwicklungsbegriff,* der das traditionelle Verständnis von Entwicklung im Sinne von permanentem Fortschritt und dem Durchschreiten aufeinander aufbauender Stufen immer höherer Entfaltung hinter sich lässt. Ein für die gesamte Lebensspanne und damit auch für die späte Lebensphase hilfreicher Entwicklungsbegriff rekurriert demgegenüber darauf, dass Gewinne und Verluste in *jeder* Lebensphase nebeneinander existieren; es gibt demnach keine Lebensphase nur mit Verlusten oder Gewinnen. So kann der Eintritt in die Schule und damit der Beginn formaler Bildung (Gewinn) gleichzeitig auch Freiheitsgrade nehmen, etwa im Hinblick auf Kreativität, Phantasien oder vorhandenen Spezialbegabungen (Verlust). Der Eintritt selbst in einen „Traumberuf" verhindert in der Regel andere Berufserfahrungen und andere berufliche Erfülltheit (Verlust). Im höheren Lebensalter sind Verluste gewissermaßen gesetzt, aber viele ältere Menschen berichten auch von neuen Erfahrungen, die sie auskosten und genießen: in Freiwilligenarbeit Sinn und Anerkennung finden, eine neuerlernte Sprache oder ein Instrument als Bereicherung erleben, nochmals einen Neuanfang wagen mit einer Partnerschaft, die Enkelkinder versorgen, aber auch die Zeit mit diesen genießen, überhaupt mehr Zeit zur Verfügung zu haben. Vielleicht sind in dieser Aufzählung auch Dinge, die Sie selbst zu Anfang als Gewinne des höheren Lebensalters notiert hatten?

Plastizität menschlicher Entwicklung bis ins höchste Alter: Altern hatte historisch gesehen lange Zeit den Nimbus, dass es nicht veränderbar sei, die Veränderbarkeit des Menschen höre im späten Leben schlicht auf zu existieren. Mit der Bezugnahme auf das Konzept der Plastizität gehen wir vom Gegenteil aus. Allgemein kann man Plastizität definieren als die durch Lernen/Training dauerhaft aktivierte Nutzung von *Reservekapazitäten,* also Funktions- oder Erlebensmöglichkeiten, die bislang aus unterschiedlichen Gründen brachlagen. Plastizität kann prinzipiell auf der Verhaltens-, Emotions- oder Kognitionsebene sowie auf der biologischen Ebene vorliegen. Warum bleiben eigentlich vorhandene Kapazitäten in der Reserve? Dafür kann es ganz unterschiedliche

Gründe geben: Die vorhandenen Reserven wurden eventuell bislang nicht benötigt, es war unklar, es wurde nie versucht, sie dauerhaft zu aktivieren, oder man glaubte z. B. aufgrund eines Defizitbild in Bezug auf das höhere Lebensalter nicht daran, dass sie überhaupt vorhanden sind. Lernen/Training sind dabei weit zu verstehen; es kann sich z. B. um das Lernen neuen Verhaltens (z. B. sicherer gehen lernen) oder um die Bildung neuer synaptischer Verbindungen im neuronalen Netzwerk im Gehirn handeln. Dies alles kann wiederum Hand in Hand gehen. Zum Beispiel übt ein älterer Mensch mittels eines von professioneller Seite angebotenen kognitiven Trainings seine Gedächtnisleistung, wird darin besser und gleichzeitig sieht man auch auf der neurophysiologischen Ebene entsprechende Veränderungen, z. B. eine mittels computertomografischer Untersuchung (→ Netz) sichtbar werdende Erhöhung der Aktivität im *Hippocampus* (→ Netz), einer für Gedächtnisleistung wichtigen Gehirnregion.

In Bezug auf das Konzept der *Plastizität* verfügen wir heute aus Längsschnitt-, Trainings- und neuropsychologischen Studien über ein reichhaltiges Wissen darüber, wie verlustorientierte Alternsprozesse, vor allem im kognitiven Bereich, zumindest verlangsamt und teilweise auch kompensiert werden können. Erkenntnisse zur Plastizität des Alterns sind besonders bedeutsam, zeigen sie doch die grundsätzliche Beeinflussbarkeit von Alternsprozessen; sie unterstreichen im Sinne von vorhandenen, aber oftmals nicht genutzten Entwicklungsreserven, was älter werdenden Menschen möglich ist, wenn entsprechende Rahmen-, Trainings- und Anregungsbedingungen geschaffen bzw. intensiviert werden (Wahl et al., 2012). Das werden wir uns in Teil V dieses Buch noch genauer anschauen.

Praxistipp: Prinzipien der Lebenslauf- und Alternspsychologie können Ihnen einen guten Kompass an die Hand geben, um Ihren Suchscheinwerfer im Umgang mit älteren Menschen (aber auch mit Jüngeren!) auszurichten und eine Antenne für die Vielschichtigkeit der Ihnen entgegentretenden Menschen höheren Lebensalters zu entwickeln. Oft stehen Ressourcen (z. B. hohe geistige Leistung) und Ressourcenverluste (Einsamkeit) eng nebeneinander. Manchmal können Ältere ihre Ressourcen nicht wirklich erkennen, aber Sie vielleicht schon. Manchmal halten sich Ältere für nicht mehr lernfähig, aber Sie wissen als professionell handelnde Person, dass die Plastizität menschlicher Entwicklung nicht an irgendein Alter gebunden ist.

Diversität/Heterogenität menschlicher Entwicklung bis ins höchste Alter: Diversität von Altern meint die Unterschiede zwischen sich entwickelnden, speziell älteren Menschen. Diversität wird verwischt, wenn wir z. B. nur Mittelwerte (z. B. hinsichtlich der kognitiven Leistung) nutzen und die dabei eventuell auftretenden sehr großen Unterschiede zwischen 70-, 80- oder gar 90-Jährigen ignorieren. Die Berücksichtigung der Diversität des Älterwerdens ist wissenschaftlich und praktisch von allergrößter Bedeutung. Sie besagt, dass wir im Laufe der lebenslangen Entwicklung immer unterschiedlicher voneinander werden. Dies liegt vor allem daran, dass im Laufe unserer Entwicklung unsere genetische Ausstattung mit den unterschiedlichsten Umwelterfahrungen in Wechselwirkung treten; dabei verändern sich dann auch unsere Gene (Epigenetik → Netz), und dies wirkt sich wiederum auf unsere Umwelterfahrungen und unsere Umweltnutzung aus. Ein lebenslang ablaufendes, komplexes Wechselspiel. Die Folge, wie bereits weiter oben gesagt: Keine oder keiner wie der oder die andere, das gilt vor allem in Bezug auf ältere Menschen, und es gilt vor allem für den Prozess des Älterwerdens, also für Alternsverläufe. Das ist in Abbildung 3 schematisch dargestellt.

Person A ist mit 60 Jahren nicht nur hoch leistungsfähig, sondern hat sich sogar im Laufe des Lebens noch gesteigert (was vielleicht selten ist, aber durchaus vorkommen kann), während die Personen B–D mit 60 Jahren deutlich schlechter dastehen. Person C aber „berappelt" sich noch einmal und scheint dem Abwärtstrend noch gute 15 Jahre etwas entgegenzusetzen, bevor es dann doch auch weiter nach unten geht. Besonders wichtig: Der Abwärtstrend setzt am Ende bei allen ein, jedoch wird die funktionale Schwelle, die andeuten soll, ab welcher Grenze es schwierig wird, weiterhin selbständig und autonom zu leben, zu sehr unterschiedlichen Zeitpunkten erreicht. Zwischen Person A und D liegen etwa 25 Jahre.

In einem professionellen Gespräch erfahren wir eventuell, dass Person A eine bessere Bildung erhalten hat und nach einem etwas trägen frühen Erwachsenenalter fortan ständig viel Sport betrieben hat. Krankheiten kennt Person A

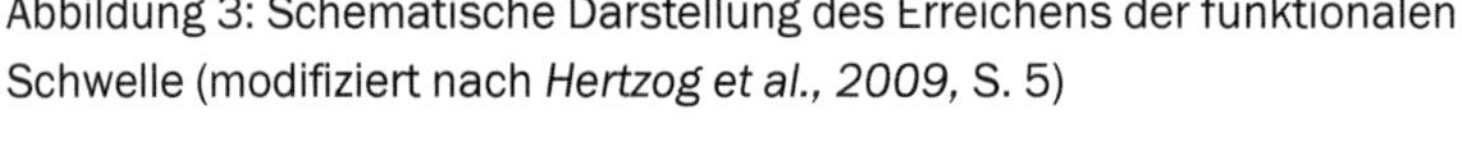

Abbildung 3: Schematische Darstellung des Erreichens der funktionalen Schwelle (modifiziert nach *Hertzog et al., 2009,* S. 5)

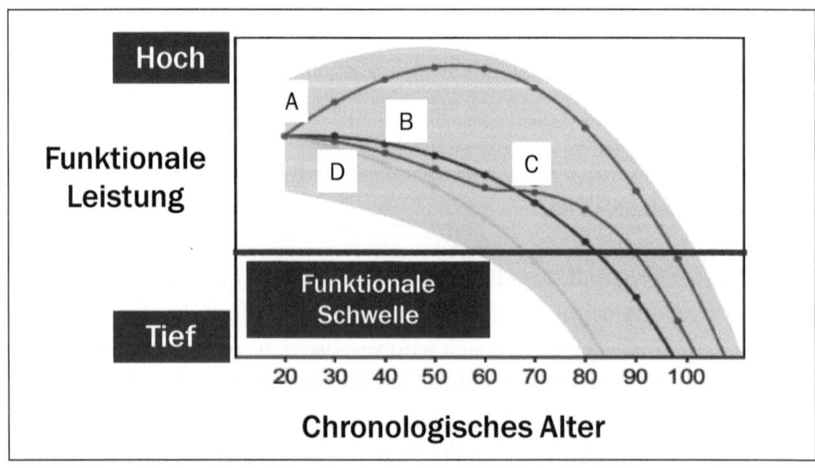

bis zu ihrem 60. Lebensjahr kaum. Person D hatte hingegen bereits mit 45 Jahren einen leichten Schlaganfall und dann mit Mitte 50 noch eine schwere Herzerkrankung. Person C hatte ab 50 Jahren eine schwere Gehbeeinträchtigung in Folge eines Sturzes entwickelt, aber weiter wollte er/sie es nicht kommen lassen. Regelmäßiges körperliches Training hat die gesundheitliche Situation für etwa zehn Jahre komplett stabilisiert und erst nach einer Übergangsphase von etwa weiteren zehn Jahre ist es dann deutlich schlechter geworden. Person B hatte seit ihrer frühen Erwachsenenzeit immer Erkrankungen, und hat diese hingenommen. Es ist immer irgendwie weitergegangen.

Praxistipp: Sie wissen um die große Diversität/Heterogenität des Alterns, wenn Sie im Job stehen. Sie wissen, wir haben es bereits oben deutlich gemacht, es gibt nicht „die Alten". Machen Sie dies immer zur Richtschnur Ihres professionellen Handelns. Verbieten Sie sich zu schnelle Ableitungen, etwa nach dem Motto, dass es bei einem Menschen über 90 Jahre doch sicher keinerlei Entwicklungsgewinne mehr gibt. Seien Sie stets offen für die großen Unterschiede zwischen älteren Menschen, denen Sie professionell begegnen. Werden Sie in Ihrem praktischen Tun zu einem/einer „differentiellen" Gerontolog:in, der/die alles dafür tut, die spezifischen Aspekte jedes Menschen höheren Lebensalters möglichst gut zu erkennen. Ich habe in einem kleinen Aufsatz (Wahl, 2022) einmal vier „goldene Regeln" in Bezug auf die Diversität des Alterns zur Diskussion gestellt:

1. Traue nicht dem chronologischen Alter – es sagt wenig über Altersunterschiede aus.
2. Traue keinem Mittelwert in Bezug auf ältere Menschen – lass' Dir immer auch die dahinterstehende Verteilung zeigen.
3. Traue keiner Kategorisierung älterer Menschen – viele dieser Vorschläge sind vereinfachend, nicht robust, nicht wirklich hilfreich, manchmal schädlich.
4. Erfreue Dich am wachsenden Facettenreichtum des Alterns – lasse alle Schubladen möglichst zu, um sie zu sortieren.

2.2.2 Lang ist's her: Ferne und nahe Einflüsse auf Entwicklung im höheren Lebensalter

Erneut kommt uns im theoretischen Rahmenmodell in Abbildung 2 (S. 32) die Lebensspannenpsychologie entgegen. Denn das Modell geht davon aus, dass sowohl weit zurückliegende („distale") als auch nahe an der aktuellen Lebenssituation von handelnden Individuen liegende („proximale") Gegebenheiten den Ausgang von Entwicklungsgeschehen beeinflussen. Auch wird angenommen, dass dies nicht einfach so nebeneinander und unabhängig geschieht, sondern zum einen distale mit proximalen Einflüssen auf Entwicklungsergebnisse zusammenwirken („interagieren“) und zum anderen diese vielfältig möglichen Kombinationen von distalen und proximalen Einflüssen stets auch von der jeweils im Mittelpunkt stehenden älteren Person mitgestaltet werden. Inwieweit diese Mitgestaltung, also die Selbstgestaltung der eigenen Entwicklung, auch spät im Leben geht, hängt von unterschiedlichen Faktoren ab: So können kontextuelle Faktoren wie etwa die gegenwärtige materielle Ausstattung so herausfordernd sein, dass die betroffenen älteren Menschen nur wenige eigene Akzente in ihrer Entwicklung und in der Ausgestaltung ihres Alterns setzen können, selbst wenn sie mit sehr vielen Ressourcen in der Kindheit ausgestattet wurden. Die wahrscheinlich wichtigste Lebenslage, an die man in diesem Zusammenhang denken sollte, ist die Gruppe jener alten Frauen, die allgemein akzeptierte Armutskriterien erfüllen. Die hatten wir bereits oben im Teil 1.3 kennengelernt.

Es kann aber auch so sein, dass genetische Faktoren, etwa eine stark genetisch getriebene schwere Erkrankung, den selbst gestaltbaren Entwicklungsspielraum einschränken, selbst wenn einem alten Menschen in seiner Gegenwart eine sehr ressourcenreiche Lebenslage zur Verfügung steht. Schließlich dürften die Freiheitsgrade von Entwicklungsgestaltung unterschiedlich je nach betrachtetem Entwicklungsbereich sein. Zum Beispiel können ältere Menschen ihre soziale Einbindung wahrscheinlich zielgerichteter nach eigenen Bedürfnissen verändern als ihre biologische Alterung. Das allerdings bedeutet nicht, dass Ältere ihren biologischen Veränderungen vollkommen hilflos ausgeliefert sind. Im Gegenteil: Es gibt Hinweise, dass z. B. ein aktiver, mit viel körperlicher Bewegung einhergehender Lebensstil auch biologische Alterungsprozesse verlangsamen kann. Es geht also bei *Entwicklungsregulation* (ausführlich dazu in Kapitel 6 des Buches) eher um graduelle Unterschiede und nicht darum, dass in dem einen Bereich Selbstgestaltungskräfte in Bezug auf Entwicklung gar keine Chance haben, in anderen aber sehr große. Das hat viel mit einem biologisch-sozial-psychologischen Konzept von Altern zu tun, das darauf aufbaut, dass Altern ein ganzheitlicher Prozess ist, bei dem die unterschiedlichen „Systeme“ menschlicher Entwicklung innig und untrennbar zusammenwirken und sich gegenseitig beeinflussen, bisweilen behindern, in anderen Fällen zu neuen Synergien führen können.

Forschungs-Highlight: Wie eng das sehr frühe mit dem sehr späten Leben zusammenhängt, zeigt eine kreative Studie des schottischen Intelligenzforschers Ian Deary und Kollegen/innen *(Deary et al., 2004)*. Ausgangspunkt waren im Jahr 1932 in allen schottischen Schulen durchgeführte Intelligenztests mit damals elfjährigen Schüler:innen. So weit so gut und dann vergessen. Bis Deary Ende der 1990er Jahre auf die Idee kam, die damaligen Daten und einen Teil der zugehörigen Personen auszugraben und nach rund 70 Jahren nochmals einem Test ihrer heutigen geistigen Leistung zu unterziehen. Dieses „Ausgraben“ war aufwändig, denn es war gar nicht so einfach, die damaligen Schüler:innen wiederzufinden. Das Nutzen von Daten des sog. Community Health Index und das Schalten von Anzeigen in unterschiedlichen Medien führten schließlich zum Erfolg. Es konnten am Ende rund 550 im Mittel nun etwa 80-Jährige untersucht werden, die bereits mit elf Jahren mit einem passablen kognitiven Instrument getestet worden waren, das man auch heute noch als Bezugsbasis nutzen konnte. Das erstaunliche Ergebnis einer Korrelation (→ Netz) der Werte mit elf Jahren und ca. 80 Jahren: Ein Korrelationskoeffizient von .73! Das ist eine hohe Übereinstimmung über einen Zeitraum von sieben Dekaden hinweg. Offenbar bestanden Unterschiede in den kognitiven Leistungen mit rund 80 Jahren zu einem bedeutsamen Teil bereits im Alter von elf Jahren.

- Deary et al. (2004): Sehr spannend, wenn es um die Rolle von Intelligenzunterschieden in der Kindheit für kognitive Leistungsdifferenzen im höheren Lebensalter (z. B. mit 80 Jahren) geht. Wenn auch in englischer Sprache geschrieben, so ist die Arbeit sehr übersichtlich geschrieben und nicht so schwer zu verstehen.

Das Vorhandensein von Ressourcen früh im Leben, einschließlich einer Kindheit in materiell gut abgesicherten und anregungsreichen Bedingungen ohne traumatische Erfahrungen, ist insgesamt durchaus einem gelingenden Altern förderlich. Aber natürlich hat dies, wie unser Rahmenmodell in Abbildung 2 ebenso zeigt, stets auch etwas mit den biologischen Gegebenheiten und der genetischen Ausstattung zu tun. So sind die Unterschiede in den Intelligenzleistungen der elfjährigen Schüler:innen in der Studie von Deary zu einem großen Teil auf Unterschiede in ihren Genen zurückzuführen.

Im verbleibenden Teil des Buches werden wir uns nun vor allem die *proximalen Ressourcen* gelingenden Alterns und deren Folgeprozesse im Detail anschauen (siehe nochmals Abbildung 2).

- Hinsichtlich der *individuellen Ressourcen* (Kapitel 3) konzentrieren wir uns auf kognitive Leistungsfähigkeit, Persönlichkeit und Selbstkonzept sowie Sichtweisen und Bewertungen des eigenen Älterwerdens.
- In Bezug auf *Umweltressourcen* (Kapitel 4) konzentrieren wir uns auf psychologische Aspekte von sozialen Beziehungen, von gebauter und natürlicher Umwelt und psychologische Aspekte einer zukünftig stark digitalisierten Person-Umwelt-Wechselwirkung.
- Bezüglich *kritischer Lebensereignisse* (Näheres dazu in Kapitel 5) konzentrieren wir uns auf den Übergang in die nachberufliche Phase, gesundheitliche Bedrohungen und die Erfahrung einer Verwitwung.
- Hinsichtlich des Aspekts der *Entwicklungsregulation* (ausführlich behandelt in Kapitel 6) nehmen wir vor allem die Bedeutung des Modells der selek-

tiven Optimierung mit Kompensation (SOK-Modell) der beiden Alternsforscher Paul B. und Margret M. Baltes (1990) in den Blick.

- In Bezug auf *Entwicklungsergebnisse* (Kapitel 7) konzentrieren wir uns auf die Aspekte Wohlbefinden und Lebenszufriedenheit sowie die selbständige und autonome Gestaltung des alltäglichen Lebens.
- Danach werden wir noch auf ein Trio übergreifender Themen mit großer Relevanz für die heutige psychologische Alternsforschung und für Ältere in unserer Gesellschaft eingehen: Drittes versus Viertes Alter (Kapitel 8), Gender und Alternspsychologie (Kapitel 9), Sterben und Tod (Kapitel 10).
- Schließlich fragen wir noch danach, was mit Hilfe von psychologiegestützten Interventionen getan werden kann, um gelingendes Leben im Alter zu fördern (Kapitel 11 und 12).

- Baltes & Baltes (1990): Immer noch eine der besten Quellen zum SOK-Modell und zu Fragen „erfolgreichen Alterns“. Merke: Nicht alles, was „alt“ ist, ist schlechte Forschung bzw. nicht mehr aktuell! Das SOK-Modell behandeln wir später noch eingehender (Teil 6.3).

Kurz zusammengefasst: Eine umfassende Sicht auf psychologisches Altern und Entwicklung in der späten Lebensphase muss distale und proximale Entwicklungseinflüsse berücksichtigen. Distale Entwicklungseinflüsse sind vor allem das frühkindliche Milieu und bereits früh im Leben bestehende stabile Unterschiede (z. B. in der geistigen Leistung) sowie die biologische und genetische Ausstattung. Proximal wirksam sind vor allem individuelle Ressourcen und Umweltressourcen, die aber immer auch von kritischen Lebensereignissen überlagert werden können. Das Bestreben nach umfassender Regulation all dieser Einflüsse und damit nach Gestaltung der eigenen Entwicklung auch im Alter hat Chancen, aber auch Grenzen, die sich schließlich in unterschiedlichem Wohlbefinden und Unterschieden in der Autonomie auswirken.

2.2.3 Älterwerden ist kein Inseldasein: Rolle historisch-kultureller Einflüsse

Lebenslange Entwicklung und Altern finden immer auch in historisch-kulturell spezifischen Kontexten statt. Dies ist der nächste Aspekt unseres theoretischen Rahmenmodells in Abbildung 2, auf den wir uns nun konzentrieren. Die dahinterstehende Überlegung ist die folgende: Wir sind schnell versucht, in Termini von Unterschieden der 65- bis 70-Jährigen im Vergleich zu den 75- bis 80-Jährigen oder gar den 95- bis 100-Jährigen zu denken. Mit anderen Worten: Wir sind schnell versucht, in Termini von chronologischem Alter zu denken, also in einer Logik, dass wir uns mit dem chronologisch fortschreitenden Alter verändern, häufig eher in Richtung von Verlusten. Schnell vergessen wir aber dabei, dass die 95- bis 100-Jährigen in einer völlig anderen historisch-kulturellen Zeit geboren wurden, Kriege erlebt, Schichtunterschiede sehr deutlich am eigenen Leib, z. B. in Bezug auf „höhere Bildung" bei Frauen in den 1930er oder 1950er Jahren, erfahren haben. Hier geht es um sogenannte *Kohorteneffekte.* Dies sind auf den ersten Blick Altersunterschiede in einer Variable X (z. B. geistige Leistung), die in starkem Maße darauf zurückgehen, dass die verglichenen Menschen unterschiedlichen Alters mit sehr verschiedenen historisch-kulturellen Umwelten konfrontiert waren (z. B. unterschiedliche Bildung, die sich auf späte geistige Leistungen auswirken kann). Manchmal wird auch von unterschiedlichen *Generationen* gesprochen.

Nehmen wir einmal die sog. „Baby Boomer", also die geburtenstarken Jahrgänge der Jahre nach dem Zweiten Weltkrieg bis etwa 1960, die seit dem Jahre 2010 nach und nach in ihre nachberufliche Altersphase eintreten. Vieles spricht dafür, dass die Babyboomer mit ganz anderen Kompetenzen, Erwartungen und Sichtweisen ihr weiteres Altern erfahren und gestalten werden. Das spiegelt sich in anerkannten Kohortenstudien wider, in denen z. B. 70-Jährige in 1980 mit 70-Jährige in 2020 hinsichtlich gesundheitlicher Parameter verglichen werden. Die 70-Jährigen in 1980 sind im Jahre 1910 geboren, also im deutschen Kaiserreich und in einer darauffolgenden Periode mit zwei Weltkriegen. Die in 2020 untersuchten 70-Jährigen sind hingegen 1950 geboren, besitzen keinerlei direkte Weltkriegserfahrung, und sie haben sehr deutlich das „deutsche Wirtschaftswunder" ab etwa Ende der 1950er Jahre erlebt.

In Bezug auf historisch-kulturelle Aspekte des Alterns sind in vielen Ländern auch Einwanderungsströme sehr bedeutsam geworden. In den USA sind es beispielsweise ältere *Hispanics,* aber auch ältere *African Americans,* die auch in der Alternsforschung viel Aufmerksamkeit gefunden haben. Dabei zeigten sich in Studien bei diesen Gruppen höhere gesundheitliche Risiken, wie z. B. höhere Raten an Stoffwechselerkrankungen (vor allem Diabetes) oder chronischen Herzerkrankungen. Die Gründe hierfür können durchaus „kulturpsychologisch" sein, etwa Gefühle von Fremdheit gegenüber den Institutionen der „anderen" Kultur oder Ängste, in medizinischen Behandlungen „abgespeist" zu werden. Beides kann mit gesundheitlicher Unterversorgung einhergehen und zu erhöhten gesundheitlichen Risiken führen. In extremen Fällen wurden bestimmte Gruppen einer Gesellschaft regelrecht in ungesunde Lebensstile gedrängt, wie etwa die australischen *Aborigines* oder nordamerikanische Indianerstämme. Die gravierenden Folgen treten dann oft erst im höheren Lebensalter voll zutage, nicht zuletzt in Gestalt einer deutlich verringerten Lebenserwartung. In Deutschland liegen zwischenzeitlich auch Studien etwa zu älteren Menschen mit türkischem, griechischem und italienischem Migrationshintergrund vor. Auch hier spricht einiges dafür, dass auf der einen Seite die familiäre Einbindung von älteren Menschen sehr intensiv und hilfreich ist;

auf der anderen Seite zeichnen sich in Deutschland bei Älteren mit Migrationshintergrund höhere gesundheitliche Gefährdungen im Vergleich zu Älteren ohne einen solchen Hintergrund ab. Allerdings ist die derzeitige Datenlage begrenzt und eindeutige Aussagen lassen sich kaum treffen.

- Kizilhan & Klett (2021): Sehr gut geschriebene und umfassende Darstellung der Psychologie der Arbeit mit Migrant:innen.

Anregung zur Selbst-Reflexion:
Bitte überlegen Sie einmal: Deutsches Kaiserreich gegenüber der Zeit nach dem Zweiten Weltkrieg: Welche Gegebenheiten dieser beiden historischen Perioden könnten zu welchem unterschiedlichen Älterwerden geführt haben?

____

____

____

Ich weiß nicht, was Ihnen durch den Kopf ging bzw. was Sie sich notiert haben. Ich könnte mir aber vorstellen, es ging um Dinge wie unterschiedliche Bildungschancen nach Geschlecht und Schicht, es ging um die Qualität der gesundheitlichen Versorgung und überhaupt um das unterschiedliche medizinische Wissen, es ging aber vielleicht auch um Einflüsse unterschiedlicher politischer Systeme (Nazideutschland vs. junge Bundesrepublik Deutschland) und die Rolle von traumatischen Ereignissen wie der Erfahrung von zwei Weltkriegen samt Folgen wie zerstörte Städte, Vertreibung und Flucht oder gar Internierung in Konzentrationslagern. Das würde alles stimmen.

Praxistipp: Lesen Sie nach, welche Kindheitserfahrungen die heute Älteren gemacht haben, und unterscheiden Sie nochmals zwischen den nach und vor/im Zweiten Weltkrieg geborenen Menschen. Bessern Sie auch Ihr Wissen dazu auf, welche Erfahrungen diese Kohorten in ihrer Jugend und in ihrem frühen Erwachsenenleben gemacht haben. Sie werden in der praktischen Arbeit mit alten Menschen sehen, dass es Ihnen und Ihrem Gegenüber guttun wird, wenn Sie bereits etwas zu den „Kohortenerfahrungen" der heute Älteren wissen.

- Radebold (2015): Ein sehr eindrucksvolles Buch zur Bedeutung von Kriegserfahrungen von Kindern, und wie diese auch ihr Altern bestimmen.

Die Untersuchung von Kohorteneffekten hat seit Ende der 1950er Jahre die psychologische Alternsforschung insgesamt nachhaltig beeinflusst. Eine der zentralen Forschungsfragen, die untersucht wurde, lautete etwa: Hat der beobachtbare, relativ deutliche Abfall der geistigen Leistung im hohen Alter auch etwas mit der noch relativ schlechten Schulbildung von Menschen im hohen Alter und eben nicht nur mit ihrem chronologischen Alter zu tun? Beantworten können wir diese Frage heute mit einem eindeutigen „Ja".

Forschungs-Highlight: *Christensen et al. (2013)* haben die kognitive Leistung von Personen im hohen Alter, die unterschiedlichen Kohorten zugehörten, in Dänemark untersucht. Dabei verglichen sie die Leistung im Mini-Mental-State-Examination-Test (MMSE), einem der weltweit am weitesten verbreiteten Tests zur Schnellerfassung der kognitiven Leistungsfähigkeit (→ Netz), bei weit über 2200 im Jahre 1905 geborenen 93-Jährigen mit einer unabhängigen Stichprobe von über 1500 im Jahre 1915 geborenen 95-Jährigen. Obwohl die (nur) zehn Jahre später Geborenen sogar noch zwei Jahre älter waren, zeigten sie eine statistisch signifikant höhere Leistung im MMSE. Der Anstieg zeigte sich in besonderer Weise bei den im Jahr 1915 im Vergleich zu den 1905 geborenen Frauen, wahrscheinlich vor allem durch deren bessere schulische Bildung im Vergleich zu den 1905 geborenen Frauen.

Eine Übersicht zu den wichtigsten, empirisch gut abgesicherten Kohorteneffekten, die seit etwa 1980 empirisch festgestellt wurden, findet sich nachfolgend *(Drewelies et al., 2019).*

- *Mahne et al. (2017):* Hier werden empirische Befunde zu Kohorteneffekten in Deutschland in ausgezeichneter Aufbereitung dargelegt.

- Das Bildungsniveau der Älteren ist bedeutsam angestiegen (besonders bei den heutigen Frauen im hohen Alter gegenüber früheren Frauen im hohen Alter).
- Die kognitive Leistung älterer Menschen, selbst von Menschen hohen Alters, ist angestiegen.
- Die Lebenszufriedenheit ist angestiegen.
- Einsamkeit ist zurückgegangen.
- Ältere heute erleben mehr Kontrolle über ihr Leben und Altern.
- Ältere heute sind gesünder und körperlich leistungsfähiger.
- Ältere heute sind immer häufiger ehrenamtlich engagiert.
- Wichtige Alterserkrankungen (z. B. Schlaganfall) sind zurückgegangen.

Dennoch dürfen diese an sich sehr erfreulichen Trends nicht überstrapaziert werden. Sie setzen sich bei nachfolgenden Kohorten nicht immer automatisch fort, z. B. durch das Auftreten von neuen gesundheitlichen Risiken (z. B. Anstieg der Diabetes-Rate bei jungen Menschen) oder durch schwerwiegende Ereignisse wie die COVID-19-Pandemie. Diese hat bekanntermaßen vor allem bei älteren Menschen zu deutlich erhöhter Sterblichkeit geführt, und die gesundheitlichen und psychischen Langzeitfolgen können derzeit gerade auch für Ältere noch gar nicht abgeschätzt werden.

2.2.4 Gelingendes Altern

Wir sind eigentlich am Ende unserer Behandlung des Rahmenmodells angelangt. Aber da gibt es noch einen Begriff im Titel der Abbildung, den man eventuell leicht überlesen kann, der aber für den Rest des Buches sehr wichtig ist – wir haben ihn auch bereits mehrfach genutzt: gelingendes Altern. Bitte erwarten Sie nun keine knackige Definition, denn eine solche gibt es nicht. Das Wort „gelingen“ setzt ja voraus, dass wir gemeinsame Vorstellungen (Normwerte) dazu haben, was gutes Gelingen, und was weniger gutes Gelingen bedeuten kann. Da würden unterschiedliche Alternswissenschaftler:innen und unterschiedliche Ältere sicherlich sehr unterschiedliche Kriterien ins Feld führen:

- hohe Zufriedenheit mit dem eigenen Leben
- gute physische und psychische Gesundheit einschließlich einer stabilen kognitiven Leistungsfähigkeit
- Bewahrung einer hohen Autonomie
- soziale Eingebundenheit
- materielle Sicherheit
- das Gefühl, gebraucht zu werden
- so zu wohnen, wie man es mag
- auf ausreichende Hilfe und Unterstützung zählen zu können, wenn gebraucht

Wir gehen in diesem Buch davon aus, dass all diese Kriterien (und wohl noch einige mehr) weithin akzeptierte Maßstäbe für gelingendes Altern aus der Sicht der Älteren selbst, von Angehörigen, von Professionellen sowie von Alternsforscher:innen darstellen. Genau diese Aspekte sind gemeint, wenn in Abbildung 2 rechts am Ende der Entwicklungsreihe der Begriff *Entwicklungsergebnisse* steht. Es würde aber zu kurz greifen, würden wir gelingendes Altern nur als „Ausgang“ zu einem bestimmten Zeitpunkt begreifen. Gelingendes Altern sollte immer auch als *Prozess* gesehen werden. Da werden verfügbare Ressourcen eingesetzt – oder auch nicht. Da treten kritische Lebensereignisse ein, die man so erhofft (z. B. Geburt eines Kindes) oder nicht erwartet hat (z. B. Eintritt einer schweren Erkrankung bereits im Alter von 40 Jahren). Da gelingt es, einen Teil eintretender Belastungen gut zu verarbeiten; ein anderer Teil macht einem bis weit nach dem Übergang in die nachberufliche Phase zu schaffen, lässt einen einfach nicht los. Ähnlich wie bei Vexierbildern, bei denen wir zwei unterschiedliche Dinge wahrnehmen können, können wir auf einen alten Menschen entweder mit der Brille „Wo steht er gerade?" oder „Welcher Prozess ist da gerade am Laufen"? schauen. Gelingendes Altern ist also immer gleichzeitig und ineinandergreifend das andauernde Sich-Auseinandersetzen mit Anforderungen des Älterwerdens und gleichzeitig das Auskosten von aktuell Erreichtem oder das Erdulden von aktuellen Belastungen, vielleicht Schmerzen, vielleicht Trauer, vielleicht Depressivität.

Kurz zusammengefasst: Nicht nur das chronologische Älterwerden ist zu beachten, sondern auch die unterschiedlichen Kohorten, die sich hinter einem bestimmten Altersband, sagen wir 50 bis 100 Jahre, gewissermaßen „verstecken". Wir wären sehr ungenau, wenn wir beobachtete „altersbezogene" Veränderungen nur dem Fortschreiten des chronologischen Alters zuschreiben würden; auch die Zugehörigkeit zu unterschiedlichen Kohorten kann einen Teil dieser sog. „altersbezogenen" Veränderungen erklären. Am Ende kommt es allerdings auf das Gelingen des Gesamtprozesses des Älterwerdens an.

2.3 Methoden der psychologischen Alternsforschung – warum sie wichtig sind

2.3.1 Wissenschaftlich Erkenntnisse benötigen gesicherte und objektive Methoden

Wissenschaftliches Arbeiten setzt stets voraus, dass Erkenntnisprozesse und Einsichten (Ergebnisse) auf einer hohen methodischen Stringenz aufbauen und jederzeit nachprüfbar und wiederholbar (replizierbar) sind (die folgenden Ausführungen orientieren sich in starkem Maße an Wahl & Heyl, 2015). Dies gilt generell und deshalb auch für die psychologische Alternsforschung. Wissenschaftliche Methoden zu nutzen bedeutet, allgemein in der betreffenden Wissenschaftsrichtung anerkannte Vorgehensweisen einzusetzen, die unabhängig von den Anwendenden bei sonst gleichen Bedingungen zum selben „Output" führen: Ein Mikroskop zeigt unterschiedlichen Biolog:innen bei einer bestimmten Probe denselben Befund. Ein Intelligenztest, fachgerecht durchgeführt, kommt bei ein und derselben Person zu hochübereinstimmenden Einschätzungen, unabhängig von den konkreten Expert:innen (Psycholog:innen), die den Test durchführen. Aber diese Zuverlässigkeit (Reliabiltiät) einer Methode reicht noch nicht aus. Die in Frage stehende Methode muss auch tatsächlich das messen, was sie zu messen vorgibt: ein Intelligenztest die kognitive Leistung in unterschiedlichen Bereichen, ein Depressionsfragebogen die Ausprägung von depressiver Stimmung und depressivem Erleben, ein „Fitness-Tracker" die Anzahl bei einer Aktivität außer Haus gegangener Schritte und die Dauer und Länge, z. B. in Kilometer. Das wird als Validität einer Methode bezeichnet. Aber auch hohe Reliabilität und Validität reichen noch nicht aus, um ein Ergebnis wirklich belastbar zu machen. Dazu ist es notwendig, den einmal beobachteten Befund (z. B. ältere Menschen mit schweren körperlichen Erkrankungen sind depressiver als der Durchschnitt älterer Menschen) in anderen, unabhängigen Untersuchungen zu replizieren, also zu wiederholen. Gerade die psychologische Forschung mit ihren vielen Experimenten, oft nur mit Studierenden durchgeführt, musste sich in den zurückliegenden 10–15 Jahren der schmerzlichen Einsicht beugen, dass viele Ergebnisse aus Experimenten ein paar Jahre später nicht noch einmal genau so gefunden wurden. Das löste eine regelrechte „Reproduzierbarkeitskrise" aus, die dann schnell auch in andere Disziplinen (z. B. Medizin, Chemie) überschwappte.

Fazit: Ergebnisse, auf die Sie sich als Hilfestellung für die Praxis berufen möchten, sollten robust sein, d. h. in mehreren, unabhängigen Studien übereinstimmend gefunden worden sein.

Psychologische Alternsforschung ist primär eine empirisch orientierte Wissenschaft, d. h. es werden Daten anhand unterschiedlichster Methoden (zu Depression, zu geistiger Leistung, zu Stresserleben) gesammelt und dann einer Auswertung und Interpretation unterzogen. Wie in Abbildung 4 beispielhaft verdeutlicht, beginnt jede empirisch orientierte Studie in der psychologischen Alternsforschung mit der Benennung eines Problems, das in eine möglichst prägnant formulierte Forschungsfragestellung zu transformieren ist. Auszuwählen sind nunmehr eine zur empirischen Untersuchung dieser Fragestellung geeignete Forschungsstrategie (man spricht auch von „Forschungsdesign") sowie geeignete Datenerhebungsmethoden (man spricht auch von „Operationalisierung").

2.3.2 Unterschiedliche Forschungsstrategien – immer zusammen sehen

Längsschnittstudien

Wenn etwas in der Alternsforschung insgesamt völlig unstrittig ist, dann ist es die Aussage, dass Altern ein Prozess in der Zeit ist. Das gilt für biologisches, medizinisches und psychologisches Altern. Diese Sichtweise schreit geradezu nach Längsschnittstudien. In Längsschnittstudien erfolgen über längere Zeiträume hinweg, häufig viele Jahre, mehrfache Beobachtungen/Messungen an

Abbildung 4: Schritte des psychologischen Forschungsprozesses (aus Wahl & Heyl, 2015, S. 138)

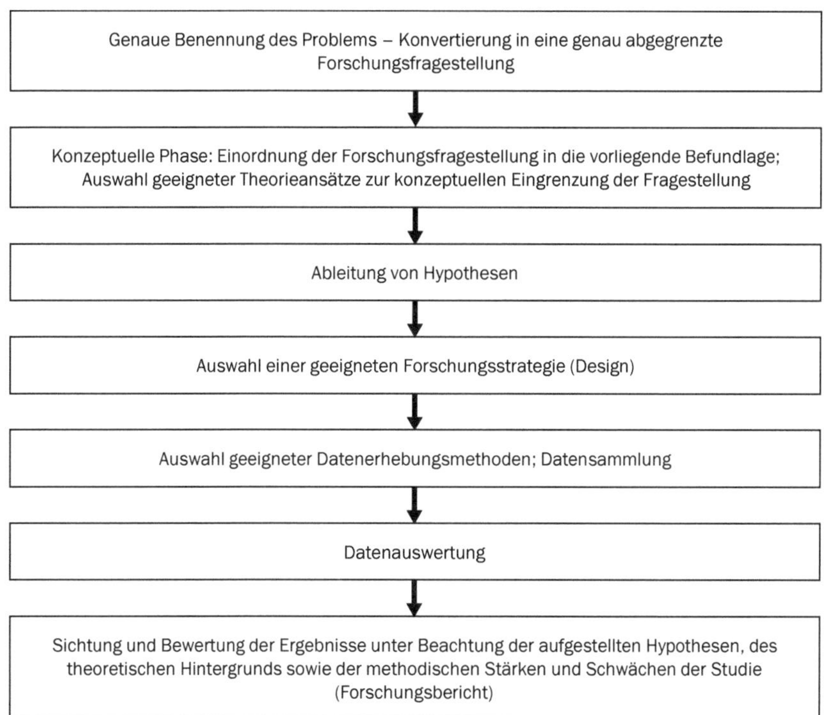

denselben Studienteilnehmenden. Deshalb erlauben nur Längsschnittstudien Aussagen über individuelle Verläufe der interessierenden Variablen, sei es im Hinblick auf die geistige Leistungsfähigkeit, die Entwicklung von Persönlichkeitsmerkmalen, des sozialen Netzwerks oder der Gesundheit. Dadurch, dass man nur in Längsschnittstudien Zusammenhänge zwischen früheren Gegebenheiten und späteren Entwicklungsergebnissen erkennen kann, sind sie auch für die Praxis überaus wichtig (siehe auch nochmals Abbildung 2). Durch solche Analyse können dann eventuell lange zurückliegende „Begebenheiten" zu „Entwicklungsrisiken" oder zu „Entwicklungsschutzfaktoren" werden. Im ersten Fall zeigt sich in Längsschnittstudien z. B., dass lange zurückliegende traumatische Ereignisse, etwa ein elterlicher Missbrauch, noch sehr spät im Leben eine Rolle spielen können: So können pflegebedürftige Frauen mit traumatischen Kindheitserfahrungen im sexuellen Bereich sehr darunter leiden, wenn ein männlicher Pfleger ihre Brust oder den Genitalbereich wäscht. Gendersensibilität ist auch hier ein Gebot der Stunde. Im zweiten Fall kann man in Längsschnittdaten z. B. erkennen, dass eine neue Partnerschaft in der Mitte des Lebens frühere Traumata in ihrer Wirkung deutlich reduziert und das weitere Leben bis ins höchste Alter zu stabilisieren helfen kann. Insofern können gerade Erkenntnisse aus Längsschnittstudien für Prävention sehr bedeutsam sein.

Kritik an Längsschnittstudien: Wiederholte Messungen der Gedächtnisleistung z. B. führen zu sog. Übungseffekten, d. h. eventuell gefundene höhere Leistungen in einer bestimmten Variable zu späteren Zeitpunkten sind möglicherweise keine echten Entwicklungs-, sondern gewissermaßen Lerneffekte. Auch lässt sich praktisch nicht verhindern, dass bestimmte Personengruppen der ursprünglich untersuchten Stichprobe im Laufe des Beobachtungszeitraums nicht mehr teilnehmen. Leider geschieht dies systematisch, denn Ausfälle entstehen in Längsschnittstudien vor allem durch kranke, kognitiv eingeschränkte und verstorbene Personen, während die gesunden und hochmotivierten Personen in der Untersuchung verbleiben. Als Konsequenz wird die Stichprobe insgesamt „jünger" und „gesünder", d. h. sie ist zur positiven Seite hin verzerrt. Positive Nachrichten aus Längsschnittstudien („Längsschnittstudien zeigen, dass bedeutsame Gedächtnisverluste erst jenseits von 80 Jahren auftreten"), wie sie manchmal in Medien auftauchen, müssen also mit einer gewissen Vorsicht bewertet werden, denn sie basieren unter Umständen auf relativ untypischen, mit vielen Ressourcen ausgestatteten alternden Menschen.

Querschnittstudien

Demgegenüber zieht man in sog. Querschnittstudien, im Idealfall nach dem Zufallsprinzip, zu einem bestimmten historischen Zeitpunkt eine Stichprobe von Individuen. Das ist natürlich zeitökonomisch, denn bereits in kurzer Zeit können vielleicht 1 000 Personen im Alter von 18 bis 100 Jahren einbezogen werden. Warum also so lange warten, wie es Längsschnittstudien erfordern, wenn man Befunde doch auch viel schneller haben kann? Große Querschnittstudien können wichtige Hinweise auf die Größenordnung von Problemen (z. B. Depression, Demenz, Armut, Einsamkeit) geben oder auch Hinweise auf wichtige Zusammenhänge, etwa zwischen der Bildung früh im Leben und der geistigen Leistungsfähigkeit spät im Leben. Kontrolliert man dann statistisch für diesen Zusammenhang, kann man durchaus die Rolle des „reinen Älterwerdens" besser abschätzen.

Kritik an Querschnittstudien: Querschnittstudien sind meist von Anfang an, ähnlich wie Längsschnittstudien, nicht völlig repräsentativ, weil z. B. kranke Menschen höheren Alters gar nicht erst teilnehmen oder Angehörige als „Gatekeeper" auftreten („nicht mit meiner Mama"). Querschnittstudien können grundsätzlich keine Alternsveränderungen abbilden, denn das würde nur mit mehreren Messzeitpunkten gehen. Querschnittstudien haben es immer mit einem Kohortenproblem zu tun, das wir ja weiter oben schon im Zusammenhang mit unserem theoretischen Rahmenmodell kennenlernten: Die Älteren in der Stichprobe, vor allem Frauen im hohen Alter, hatten etwa schlechtere Bildungschancen in ihrer Kindheit und Jugend, und dies kann sich durchaus auf die geistige Leistung spät im Leben auswirken. Wir dürfen also strenggenommen nicht sagen, Personen höheren Alters in einer Querschnittstudie hätten wegen ihres höheren Alters schlechtere Leistungen in einem Intelligenztest im Vergleich mit z. B. 40-Jährigen. Sie sind auch „Opfer" ihrer Kohortenerfahrungen – und Alter und Kohorte lassen sich in Querschnittstudien nicht trennen.

Experimente

Unter einem Experiment versteht man einen systematischen Beobachtungsvorgang in einer Laborumgebung, aufgrund dessen der/die Untersucher:in das jeweils interessierende Phänomen planmäßig erzeugt oder variiert und dabei gleichzeitig Störfaktoren durch geeignete Techniken ausschaltet. Ein typisches Experiment in der psychologischen Alternsforschung könnte darin bestehen, dass in unterschiedlichen experimentellen Bedingungen älteren und jüngeren Menschen unterschiedliche Begriffe in völlig vergleichbarer Darbietungsweise über einen Computer angeboten werden. In Bedingung I enthalten die Wortlisten Begriffe aus früherer Zeit (z. B. Wirtschaftswunder, Währungsreform), in Bedingung II Begriffe der Jetzt-Zeit (z. B. Computer, Internet). Die Zuteilung zu den Bedingungen erfolgt für alle „Versuchspersonen" streng nach Los. Nach Abschluss der Darbietung werden die Versuchspersonen gebeten, möglichst viele Begriffe aus dem Gedächtnis zu reproduzieren. Die Hypothese geht dahin, dass die Leistungsunterschiede zwischen Alt und Jung in Bedingung I geringer ausfallen als in Bedingung II.

Kritik an Experimenten: Dadurch, dass in Experimenten die „innere Gültigkeit" optimiert und Störfaktoren ausgeschaltet werden ist ihre Generalisierung auf das alltägliche Leben älterer Menschen nur eingeschränkt möglich. Wir haben eventuell einen bestimmten Wirkmechanismus sehr gut in „Reinkultur" bestätigt, aber leider existiert diese „Reinkultur" nicht in der Alltagswelt, sondern nur im Labor.

Alltagsintensivstudien

Diese international als „Ecological Momentary Assessment" (EMA) bezeichnete Untersuchungsart hat in den zurückliegenden 20 Jahren einen Siegeszug zu verzeichnen. Die Grundidee besteht darin, für eine kürzere Zeit, oft eine nach Zufall ausgewählte Woche, an jedem Tag Daten zu erheben, oftmals sogar mehrmals an einem Tag. Dabei kann es z. B. um Stresserleben, emotionale Befindlichkeit oder kognitive Leistung gehen. Die Datenerhebung erfolgt dabei mittels Tablet oder Smartphone – und das funktioniert auch bei

Älteren nach einer entsprechenden Schulung ziemlich gut. Der große Vorzug von EMA ist eben ihre Alltagsnähe. Wir lernen etwas darüber, welchen Stress Ältere in ihrem Alltag erleben, ob sie eher positiv oder negativ gestimmt sind und wie stark ihre geistige Leistung von Tag zu Tag oder sogar innerhalb eines Tages schwanken kann. EMA-Studien geben also Aufschluss zu kurzzeitigen Veränderungen, während Längsschnittstudien in der Regel eher längerfristige Veränderungen abbilden. Kombinationen aus Längsschnittstudien und Alltagsintensivstudien sind besonders spannend, denn auf diesem Weg kann die Alternspsychologie längerfristige Veränderungen besser verstehen.

Stellen Sie sich zwei ältere Menschen vor, die wir über fünf Jahre hinweg jedes Jahr einmal hinsichtlich ihrer kognitiven Leistung untersuchen. Gleichzeitig machen wir zum Jahr 2 und 5 bei denselben Personen auch eine Alltagsintensivstudie über sieben Tage hinweg. Bei beiden Personen nimmt im Laufe der fünf Jahre die kognitive Leistung etwas ab. Bei einer Person stellen wir aber zusätzlich im Rahmen der Alltagsintensivstudien fest, dass deren kognitive Leistung zum Jahr 5 deutlich stärker von Tag zu Tag fluktuiert als zum Jahr 2. Dies beobachten wir bei der anderen Person nicht. Dies könnte nun darauf hindeuten, dass die erste Person hinsichtlich ihrer weiteren kognitiven Entwicklung gefährdeter ist als die zweite Person. Auch wenn sie im Mittel einen ähnlichen Abfall als die andere Person über fünf Jahre zeigt, scheint ihre kognitive Leistung verletzlicher geworden zu sein.

Kritik an Alltagsintensivstudien: Es sind oft die gesünderen und besser gebildeten Älteren in derartigen Studien repräsentiert. Es könnte auch sein, dass sich die einbezogenen Älteren durch die andauernde Messung in kurzen Abständen unnatürlich verhalten, d. h. ihr Erleben oder ihre Leistung entspricht nicht wirklich ihrem Alltag.

Kurz zusammengefasst: Längsschnittstudien kommen den Prozessen des Älterwerdens sehr viel näher als Querschnittstudien. Sie sind deshalb das zentrale Forschungswerkzeug auch für die psychologische Alternsforschung. Querschnittstudien können dennoch auch Beiträge leisten, indem sie die Größenordnung von interessierenden Variablen und Phänomenen abzuschätzen helfen und Hinweise auf Variablenzusammenhänge geben. Experimentelle Studien geben uns gute Hinweise auf grundlegende Wirkzusammenhänge, aber wir müssen uns auch immer darüber im Klaren sein, dass die „reinen" experimentellen Verhältnisse einen gewissen künstlichen Charakter ausweisen. EMA-Studien erlauben uns tiefgehende Blicke in den Alltag von Älteren, jedoch lassen sich häufig nur relativ gesunde und besser gebildete Ältere auf solch intensive Datensammlungen ein.

2.3.3 Quantitative und qualitative Forschungsmethoden: Ein hilfreiches Duo

Quantitative Erhebungsmethoden

Sie sind das präferierte Vorgehen in der psychologischen Alternsforschung. Sie basieren auf der Annahme der Messbarkeit auch von psychischen Eigenschaften der unterschiedlichsten Art. Messen bedeutet hierbei die Zuordnung von Zahlen zu Objekten oder Ereignissen gemäß einer bestimmten Regel. Objekte oder Ereignisse können beispielsweise zu beobachtende Verhaltensweisen oder Antworten auf Fragen („Items") sein. In der psychologischen Alternsforschung spielen ferner zunehmend auch die Messung von Bio-Indikatoren (z. B. Stresserleben über Speichelproben zur Messung des Stresshormons Cortisol), die automatisierte Erhebung von Bewegung mittels Sensoren (z. B. Gehmuster, Bewegungsintensitätserfassung) sowie bildgebende Verfahren vor allem der Gehirntätigkeit („Neuro-Imaging") eine bedeutsame Rolle.

Meta-Analysen

Wichtig für Ihre Berufstätigkeit sind ferner sog. *Meta-Analysen.* Sie nehmen ihren Ausgang davon, dass die wissenschaftliche Literatur in den unterschiedlichsten Bereichen, auch in der psychologischen Alternsforschung, in unglaublichem Tempo zunimmt, sodass man selbst „im stillen Kämmerlein" kaum noch den Überblick behalten kann, selbst wenn man bereit wäre, viele Studien zu lesen. Bei einer Meta-Analyse werden die Ergebnisse möglichst aller publizierten Studien neu zusammengeführt. Das Ergebnis kann man als die beste Evidenz, die zu einem Zeitpunkt existiert, betrachten. Diese Zusammenführung ist quantifizierend, d. h. man geht von den statistisch abgesicherten Befunden der einzelnen Studien, die publiziert wurden, aus und übernimmt deren Werte in eine mathematische Analyse auf der Grundlage aller einbezogenen Studienergebnisse. Was dann „hinter" den vielen Einzelbefunden erscheint („Meta"), kann durchaus auf mehreren Zehntausend Personen beruhen, liefert also eine zuverlässige Schätzung der Verhältnisse in der Grundgesamtheit bzw. hinsichtlich der Wirksamkeit einer Intervention. Sie müssen durchaus nicht verstehen, wie diese mathematische Zusammenfassung aller Einzelstudienergebnisse vorgenommen wird (bei Interesse → Netz), aber in der Regel sind die Ergebnisse allgemein dargestellt und in ihren grundlegenden Aussagen gut verständlich.

Kritik an Meta-Analysen: Sie führen u. U. Äpfel und Birnen zusammen, d. h. Studien ganz unterschiedlicher Qualität. Vieles spricht zudem dafür, dass nur Studien veröffentlicht werden, die den jeweiligen Erwartungen bzw. Hypothesen entsprechen. Die anderen Studien bleiben häufig in der Schublade (sog. „*File Drawer*-Problem").

Praxistipp: Sie können die Ergebnisse von Meta-Analysen immer wieder gut gebrauchen in Ihrer Berufstätigkeit. Stellen Sie sich vor, Sie werden in Ihrem Berufsalltag mit der 81-jährigen Frau C. konfrontiert, die alleine lebt, und sich als sehr einsam und depressiv beschreibt. Sie führen über mehrere Wochen immer wieder Gespräche mit Frau C. und gelangen zu der Gesamteinschätzung, dass eine psychotherapeutische Behandlung durchaus angezeigt wäre. Aber dann denken Sie: Funktioniert Psychotherapie tatsächlich noch bei einer so alten Person? An dieser Stelle sollten Sie nicht selbst Ihren Überlegungen und eventuell auch Vorurteilen freien Lauf lassen, sondern sich fragen: Gibt es dazu eine Meta-Analyse, die mir helfen kann, eine evidenzbasierte Entscheidung zu treffen? Ja, gibt es. Zum Beispiel haben Pinquart und Sorensen (2015) in ihrer Arbeit knapp und bündig die dazu vorliegenden meta-analytischen Befunde zusammengestellt. Und sie sind ermutigend: Psychotherapie funktioniert bei Älteren in etwa genauso gut wie bei Jüngeren. Alter hat nur wenig mit dem Erfolg von Psychotherapie zu tun. Nun allerdings gilt es, Frau C. zu überzeugen, dass es wirksame Hilfe für sie gibt. Und selbst wenn dies gelingt, steht schnell die nächste große Frage an: Wie kommt Frau C. an eine Psychotherapie? Das ist ein wunder Punkt im deutschen gesundheitlichen Versorgungssystem, der nicht zu unterschätzen ist. Allgemein ist die Wahrscheinlichkeit für ältere Menschen, eine anerkannte und damit von der Krankenkasse geförderten Psychotherapie zu erhalten, sehr viel geringer als bei Jüngeren. Da sind Sie nochmals sehr gefragt: Sie können z.B. Frau C. zu ihrem Hausarzt begleiten und nachdrücklich dafür Sorge tragen, dass Frau C. eine Überweisung an eine:n Psychotherapeut:in erhält. Wenn dies erreicht ist und umgesetzt wird, können Sie wirklich stolz auf sich sein! Siehe zu Psychotherapie auch weiter unten Teil 11.1.2.

Qualitative Erhebungsmethoden

Sie finden in unterschiedlichen Disziplinen der Alternsforschung (siehe Wahl & Heyl, 2015) Anerkennung und nach meinem Eindruck zunehmend auch in der psychologischen Alternsforschung. Qualitative Vorgehensweisen möchten (alten) Studienteilnehmer:innen so viele Freiheitsgrade wie möglich anbieten, um sich selbst, ihr Verhalten, ihr Erleben und Denken möglichst unverstellt in den Prozess der Datensammlung einzubringen. Es geht um ein möglichst gutes Verstehen dessen, was ältere Menschen meinen bzw. erleben; es geht um die dezidierte Einnahme der Perspektive von Studienteilnehmern als einer wissenschaftlichen Methode, die so nicht von quantitativen Verfahren geleistet werden kann. Dabei sind grundsätzlich keine Themen ausgenommen, d.h. es wird davon ausgegangen, dass alle Forschungsfragen zum Älterwerden entweder quantitativ oder qualitativ angegangen werden können. Im Kern geht es bei qualitativen Methoden nicht um messen und zählen, sondern um Interpretation und Deutung, vorgenommen unter kontrollierten Bedingungen von einem Forscher bzw. einer Forscherin, bisweilen auch eines Forscherteams.

Kontrolliert kann dabei Verschiedenes bedeuten: das mehrfache Durcharbeiten eines Transkripts bis keine Zweifel mehr bestehen, dass man daraus auch andere Schlüsse als die selbst getroffenen ziehen kann; das Sich-Austauschen mit anderen Kollegen, die ebenfalls das vorliegende Material intensiv zur Kenntnis genommen haben. Es lassen sich beim sog. *Kodieren* (eine im Transkript zu findende Aussage wird einer zuvor festgelegten Kategorie zugeordnet) auch quantitative Übereinstimmungswerte zwischen zwei oder mehreren Forscher:innen berechnen, die zumindest größere Teile des gegebenen Materials unabhängig voneinander kodiert haben (vor allem: Übereinstimmung in Prozent; sog. Kappa-Übereinstimmungswert → Netz). Die dabei gewonnenen Erkenntnisse werden häufig durch Originalzitate aus dem Datenmaterial untermauert.

Kritik an qualitativen Erhebungsmethoden: Die Nachvollziehbarkeit von Interpretationen und Deutungen in systematischer Weise durch Externe ist nur begrenzt möglich. Deshalb ist die Übereinstimmung von zwei oder mehr sog. „Ratern" bei einzelnen Schritten (z. B. einer Kategorisierung) so wichtig als Information für Leser:innen. Da oft nur kleine Stichproben von sechs bis acht Personen einbezogen werden, wird die Generalisierbarkeit in Frage gestellt.

Abschließend für diesen Teil noch ein Forschungs-Highlight zu Möglichkeiten der Verknüpfung von qualitativen und quantitativen Forschungsstrategien in der psychologischen Alternsforschung.

Forschungs-Highlight: Die Entwicklungs- und Alternspsychologen *Paul B. Baltes und Ursula Staudinger (1996)* haben unterschiedlich alten Studienteilnehmer:innen konkrete Konfliktsituationen vorgelegt (z. B. die Situation einer minderjährigen Schwangeren und wie Eltern damit umgehen können). Die Antworten wurden in einem aufwändigen qualitativen Auswertungsverfahren anhand von fünf Weisheitskriterien eingeschätzt: z. B. Faktenwissen über die besonderen Umstände und verfügbaren Optionen; Strategiewissen, beispielsweise bezüglich Informationsbeschaffung oder Analyse der kurz- und langfristigen Konsequenzen bestimmter Entscheidungen; Werterelativismus, d. h. Berücksichtigung von Werten, der Rolle unterschiedlicher religiöser und kultureller Sichtweisen. Die sich anschließende quantitative Auswertung der kodierten Weisheitskriterien in einem zusammengefassten Wert ergab keine Korrelation mit dem Lebensalter. Das kann man positiv oder weniger positiv bewerten: Weisheitsrelevante geistige Leistungen nehmen mit zunehmendem Lebensalter nicht ab (positiv), aber es ist auch nicht so, dass das reine Älterwerden zu höherer Weisheit führen würde (weniger positiv, aber wohl eine nüchterne Realität).

- *Baltes & Staudinger (1996):* Sehr gelungene Darstellung des sogenannten Berliner Weisheitsmodells und des zugehörigen empirischen Ansatzes.

Kurz zusammengefasst: Hochwertige und immer wieder verbesserte Methoden und nachvollziehbare Ergebnisse sind das A & O jeder guten Wissenschaft, so auch der psychologischen Alternsforschung. Methoden sind aber deshalb nicht einförmig, sondern können einen ganzen Reigen von systematischen Vorgehensweisen beinhalten. Das gilt für die Naturwissenschaften ebenso wie für die Verhaltenswissenschaften. Oftmals kann hier das Miteinander von quantitativen und qualitativen Methoden zu den besten Einsichten führen. Meta-Analysen sind besonders bedeutsam, weil sie die vorliegende Evidenz vieler Studien zusammenführen und Ihnen damit die relativ beste Richtschnur für professionelle Entscheidungen und professionelles Handeln anbieten.

II Ressourcen für gelingendes psychisches Altern

3. Individuelle Ressourcen und Risiken gelingendes Alterns

Bitte identifizieren Sie zunächst selbst, wo wir uns im allgemeinen Modell befinden (siehe auch Abbildung 2, S. 32). Genau, wir sind bei individuellen Ressourcen für gelingendes Alterns angelangt.

3.1 Geistige Leistung – (k)eine Freundin des Alterns

Der amerikanische Alternsforscher Erdman B. Palmore hat bereits in den 1980er Jahren ein „Facts of Aging Quiz" vorgestellt (Palmore, 1988), das seit dieser Zeit immer wieder aktualisiert wurde. Die Idee: Aussagen zum Thema Altern vorzugeben, die nach der aktuellen Forschungslage entweder wahr (empirisch gut bestätigt) oder falsch (empirisch nicht bestätigt) sind. Wir machen uns im Folgenden dieses Format als Einstieg in die jeweiligen Themengebiete zu eigen. Die meisten Statements unseres „Quiz" sind neu, einige sind aus dem Original-Palmore-Quiz entnommen. Bitte kreuzen Sie jeweils vor der Lektüre der jeweiligen Teile bei den jeweils drei vorgegebenen Statements an, was Sie bei Ihrem derzeitigen Wissensstand als zutreffend ansehen. Am Ende des Buches gibt es dann die „Auflösung". Und schon geht es los:

Statement	Richtig	Falsch
Die meisten Menschen über 70 Jahre leiden an einer ernsthaften Beeinträchtigung ihrer geistigen Leistungsfähigkeit.		
Das Gedächtnis wird mit zunehmendem Alter immer schlechter.		
Die meisten Menschen höheren Alters können nichts Neues mehr lernen.		

Vorstellungen zu einem „selbstverständlichen" Abbau der geistigen Leistung mit dem Älterwerden sind gesellschaftlich weit verbreitet und finden auch in alltäglichen Redewendungen wie „Was Hänschen nicht lernt, lernt Hans nimmermehr" oder „Alte Hunde lernen keine neuen Tricks mehr" ihren Ausdruck. Forschungsergebnisse zur Entwicklung kognitiver Prozesse über die Lebensspanne und im höheren Alter unterstreichen jedoch die Notwendigkeit und Bedeutung einer differenzierteren Betrachtung der kognitiven Entwicklung (Martin & Kliegel, 2014).

- Martin & Kliegel (2014): Ausgezeichneter und sehr übersichtlicher Überblick auch zur kognitiven Entwicklung im höheren Lebensalter.

3.1.1 Unterschiedliche Formen der geistigen Leistung: Mechanik versus Pragmatik

Das Modell der Mechanik und Pragmatik geht von zwei Komponenten kognitiver Funktionen aus, die zwar zusammenhängen, aber über die Lebensspanne hinweg unterschiedliche Entwicklungsverläufe zeigen (Wahl & Heyl, 2015). Wie in Tabelle 2 gezeigt, zählen zur *Mechanik* der geistigen Leistungsfähigkeit Prozesse, die auf biologisch-neurophysiologischen Grundlagen beruhen, wie etwa die Informationsverarbeitungsgeschwindigkeit des Gehirns und die Genauigkeit des Informationsabrufs. Diese Funktionen entwickeln sich bereits früh in der Embryogenese und reifen im Verlauf der Kindheit weiter aus, wobei biologische Reifung und Umwelterfahrungen (z. B. elterlicher Erziehungsstil, Kindergarten) in einer Wechselbeziehung stehen. Die spezifische Qualität der Mechanik liegt in ihrer Situationsunabhängigkeit; sie ist im Zuge der evolutionären Entwicklung als flexible Antwort auf die unterschiedlichsten Anforderungen hin ausgebildet worden. Es geht vor allem um möglichst schnelles

Tabelle 2: Die wichtige Unterscheidung zwischen Mechanik und Pragmatik der geistigen Leistungsfähigkeit

	Mechanik	**Pragmatik**
Grundlegende Kennzeichnung	Basale Informationsverarbeitung: Verarbeitungsgeschwindigkeit, Koordination elementarer Verarbeitungsprozesse	Erlerntes Wissen: Lese- und Schreibfähigkeit, Ausbildung, alltägliches Problemlösen, selbstbezogenes Wissen, Lebensführung
Inhaltsbezogenheit	Inhaltsarm	Inhaltsreich
Basis	Stark genetisch bestimmt und auf biologischem Substrat aufbauend	Stark erfahrungsabhängig und umwelt-informiert
Beispiele	Räumliche Orientierung (unterschiedliche Formen schnell erkennen); schlussfolgerndes Denken (wenn A, dann ?); mathematisches Wissen (Rechnen)	Wortbedeutungen (z. B. Was bedeutet „Kredit"?); Wortflüssigkeit (z. B. Tiere mit Anfangsbuchstabe „R" nennen)

Erkennen von Situationsmerkmalen (Informationsverarbeitungsgeschwindigkeit), um logisches Schlussfolgern und um „richtige" Entscheidungen. Beispiel: Es blinkt auf der Autobahn bei starkem Regen weit voraus etwas Blaues, ich schlussfolgere sofort, dass es sich um die Polizei oder einen Krankentransport handelt und damit um eine Gefahrensituation, ich reduziere die Geschwindigkeit und erhöhe gleichzeitig meine Aufmerksamkeit, ich steigere meine Aufmerksamkeit weiter deutlich, je näher ich komme, achte auch stark auf den Verkehr um mich herum, ich werde schließlich von einem Polizisten an der Unfallstelle vorbeigeleitet.

Die Pragmatik der geistigen Leistung baut demgegenüber stark auf erworbenen Wissenselementen auf und entfaltet sich durch fortlaufende Erfahrungen und deren Verarbeitung.

In Abbildung 5 finden sich Längsschnittdaten zur kognitiven Entwicklung zwischen 25 und 88 Jahren. Die Daten beruhen auf einer für das Feld der Intelligenzentwicklung sehr langen Beobachtungszeit von 28 Jahren. Das bedeutet, dass z. B. die 25-Jährigen in der Stichprobe bis zu ihrem 46. Lebensjahr beobachtet wurden, die 67-Jährige bis zu ihrem 88. Lebensjahr. All dies ist dann in einer Abbildung zusammengeführt. Untersucht wurde der Verlauf von fünf unterschiedlichen Bereichen der geistigen Leistungsfähigkeit, drei aus dem Bereich der Mechanik und zwei aus dem Bereich der Pragmatik.

Abbildung 5: Verlauf der geistigen Leistungsfähigkeit im Erwachsenenalter (leicht modifiziert nach Schaie, 2013, S. 121; entnommen aus Wahl et al., 2021, S. 64)

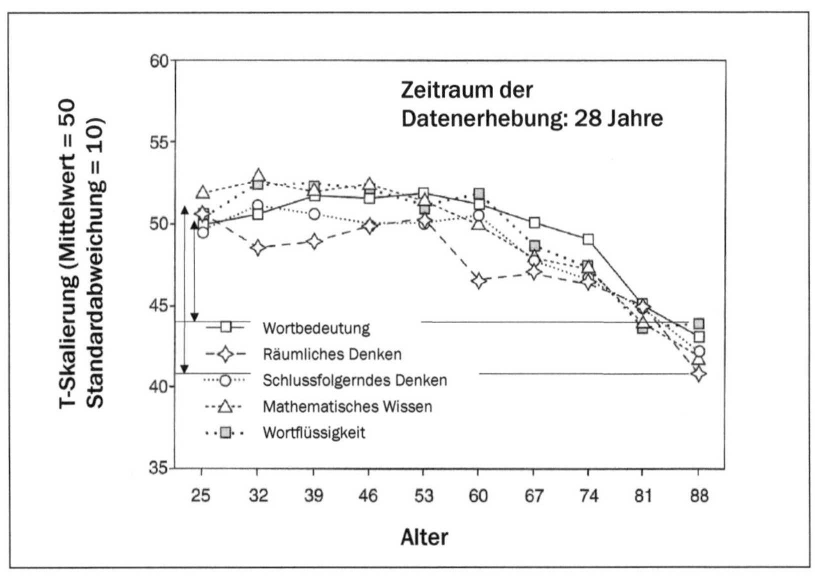

Auf der Y-Achse wird die sog. T-Skalierung (→ Netz) verwendet, um die fünf Fähigkeiten vergleichbar in einer Abbildung darzustellen. Dabei erfolgt eine Normierung der an sich unterschiedlichen Wertebereiche der fünf Fähigkeiten dahingehend, dass alle einen Mittelwert von 50 und eine Standardabweichung (standardisierte mittlere Abweichung vom Mittelwert) von 10 aufweisen. Es ist zu erkennen, dass zwischen 25 und etwa 55 Jahren ein Bild hoher Stabilität in allen Indikatoren vorliegt. Interessant wird es vor allem jenseits des Alters von 60 Jahren, denn wir sehen hier bis zum Alter von 88 Jahren in Pragmatik-nahen Fähigkeiten wie der Wortflüssigkeit einen gewissen Abfall. In einer Fähigkeit der geistigen Mechanik wie dem räumlichen Denken ist hingegen der Abfall jenseits des Alters von 60 Jahren deutlich stärker ausgeprägt. Das hätten wir auch theoretisch so erwartet, denn die Mechanik ist nahe am biologischen Substrat und stark geschwindigkeitsbezogen, während die Pragmatik eher gelernte Kulturleistungen repräsentiert. Das biologische Substrat, vor allem neuronale Netzwerke im Gehirn, unterliegt starken Beeinträchtigungen im hohen Alter, die sich dann auch in deutlichen Verlangsamungen zeigen. Die Pragmatik hingegen umfasst vor allem kulturelles und sprachliches Wissen, das wir gewissermaßen im Laufe des Lebens „überlernt" haben, sodass sich hier deutlich weniger Altersverluste zeigen. Allerdings zeigt sich in solchen Längsschnittdaten auch: Die Unterschiede in den Verlaufsmustern der Mechanik und Pragmatik der geistigen Leistung sind nicht fundamental verschieden.

Es stimmt demnach schon: Wir werden langsamer, wenn wir älter werden. Und ungenauer und fehleranfälliger in Leistungen wie dem räumlichen Orientierungsvermögen oder dem schnellen, schlussfolgernden Denken. Aber dies gilt nicht für pragmatische geistige Leistungen – ein typischer Fall der oben angesprochenen *Multidirektionalität* in der Entwicklung unterschiedlicher Bereiche im Laufe des Alterns.

Und Menschen sind „aktive Wesen", die sich einstellen – adaptieren –, und sie tun dies über die gesamte Lebensspanne hinweg. So verändern sie auch angesichts der in der Regel langsam und über längere Zeiträume eintretenden kognitiven Einschränkungen ihr Verhalten: z. B. dadurch, dass sie schwierige Situationen beim Autofahren ab einem gewissen Punkt möglichst vermeiden, etwa unbekannte Straßen bei Nacht zu durchfahren. Oder indem sie ressourcensparend mit Mehrfachanforderungen umgehen. So haben Sie sicherlich schon einmal beobachtet, dass Menschen höheren Lebensalters bisweilen stehen bleiben, wenn sie intensiv miteinander reden möchten. Sie verlagern die Aufmerksamkeit, welche das Gehen erfordert, ganz auf den sprachlichen Austausch mit einer anderen Person. Der Preis ist dann natürlich ein langsameres Vorankommen. Mit einem Schuss Humor könnte Ihnen ein älterer Mensch, der mit seiner Tochter am Vormittag unterwegs war, vielleicht am Nachmittag in einem Gespräch mit Ihnen sagen: Ich habe mich bei dem Spaziergang heute Vormittag köstlich mit meiner Tochter amüsiert und ausgetauscht, aber ich habe für die Strecke 20 Minuten länger gebraucht als sonst alleine.

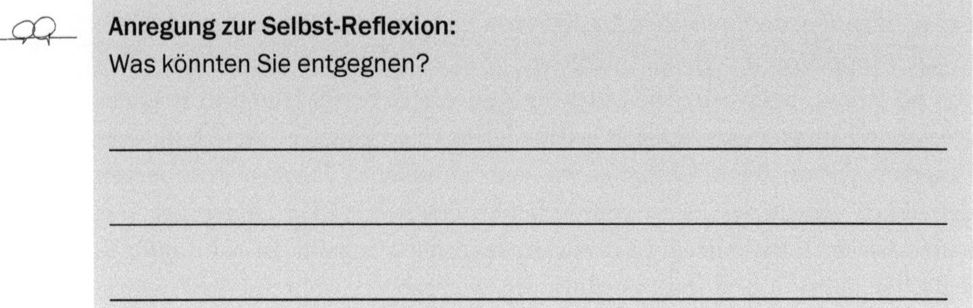

Anregung zur Selbst-Reflexion:
Was könnten Sie entgegnen?

Was sehr wichtig ist: Die beschriebenen Rückgänge in der geistigen Leistung, vor allem der Mechanik, bedeuten keinesfalls schon eine Erkrankung an Demenz (→ Netz), also einer nicht umkehrbaren Erkrankung des Gehirns mit schwerwiegenden Folgen für die Person selbst und Angehörige (z. B. Pflegebedarfe am Tag und in der Nacht). Diese tritt bei ca. 1 % der 60- bis 65-jährigen, bei ca. 20 % der über 80-Jährigen und bei ca. 40 % der über 90-Jährigen auf. Das sind bedeutsame Anteile, aber selbst bei den über 100-Jährigen sind die an Demenz Erkrankten nicht die Mehrheit. Altern mit der Gewissheit, an Demenz zu erkranken, gleichzusetzen, ist also völlig falsch.

3.1.2 „Wie heißt nochmal unsere Nachbarin?" – Gedächtnis und Altern

Dass das Gedächtnis mit dem Älterwerden nachlässt, ist eine der am häufigsten mit Altern in Zusammenhang gesehenen Veränderungen, die auch häufig in Witzen und Cartoons aufgegriffen wird: Vielleicht ist es ja ganz gut, wenn man spät im Leben manches nicht mehr erinnert?

Die Realität sieht, wie meist, anders und sehr viel differenzierter aus. So müssen unterschiedliche Gedächtnisleistungen unterschieden werden. Eine wesentliche Unterscheidung ist jene zwischen dem sog. expliziten und dem impliziten Gedächtnis (Martin & Kliegel, 2014). Mit *explizitem Gedächtnis* ist aktives Memorieren gemeint, also der möglichst effiziente Abruf von früher dauerhaft im *Langzeitgedächtnis* gespeicherter Information (Vor- und Nachnamen, allgemeines Wissen, Ortsnamen). Diese auch als *Enkodierung* (Abruf) bezeichnete Gedächtnisleistung zeigt mit dem Älterwerden deutliche Einbußen. Dies gilt aber in viel geringerem Grad für das *implizite Gedächtnis.*

Damit bezeichnet man vor allem gespeicherte kognitiv-motorische Abläufe (z. B. Autofahren, Skat spielen, Kochen, Instrument spielen). Hier sind kaum negative Alterseffekte zu beobachten. Sie kennen sicherlich auch bereits sehr alte und sehr gute Skat- oder Schachspieler:innen, die immer noch locker Jüngere „abziehen". Man spricht auch von im Laufe des Lebens erworbener *Expertise*, die so „in Fleisch und Blut" übergegangen ist, dass selbst bedeutsame Funktionsausfälle im alternden Gehirn ihr nichts anhaben können. Auch die Nutzung von im Langzeitgedächtnis abgelegter Information „nur" im Sinne des Wiedererkennens („Der in der Zeitung Abgebildete ist doch der ...") ist wenig altersabhängig. Wiedererkennen erfordert im Vergleich zum expliziten Gedächtnis eine sehr viel weniger komplexe Abrufleistung, eben nur einen Abgleich von passiv angetroffener Information mit bereits vorhandener Information, kein aktives Suchen in einem Labyrinth von im Laufe des Lebens gespeicherten Millionen von Informationseinheiten.

Eine weitere wichtige Gedächtnisfunktion für alltägliches Funktionieren ist das sog. *Arbeitsgedächtnis*. Aufgabe des Arbeitsgedächtnisses ist es, verschiedene Informationseinheiten (z. B. die Posten einer Einkaufsliste, Einzelheiten eines gesehenen Films, Ereignisse eines Sachverhalts, den man erlebt hat) kurzfristig in einem Arbeitsspeicher aktiv zu halten, eventuell auch miteinander zu vergleichen, Neues dazu zu nehmen, anderes wieder auszublenden, also diese Einheiten in unterschiedlichster Weise zu manipulieren. Diese anspruchsvolle Gedächtnisfunktion ist sehr „altersvulnerabel", d. h. ihre Leistungsfähigkeit nimmt zwischen 50 und 90 Jahren im Mittel deutlich ab.

Wichtig zu wissen bei all diesen Befunden, speziell zu der Mechanik der geistigen Leistung und zu Gedächtnisleistungen, ist allerdings auch, dass einmal zurückgegangene Leistungen nicht ein für alle Mal verloren sind. Wie wir bereits oben bei den Prinzipien der Lebensspannenpsychologie gesagt haben, behält das Gehirn als Gesamtsystem bzw. seine unterschiedlichen Teilsysteme bis zum Lebensende eine mess- und nutzbare Plastizität. Die Aussage „Was Hänschen nicht lernt, lernt Hans nimmermehr" ist also eindeutig falsch. Allerdings verändern sich Lernvorgänge und Lerneffizienz im Laufe des Lebens. Ältere Menschen benötigen im Mittel mehr Wiederholungen, mehr Pausen und kleiner portionierte Lerneinheiten, um gute Lernfortschritte zu machen. Diese Dinge werden wir weiter unter im Kapitel zur psychologischen Interventionsgerontologie vertiefen (Teil V).

3.1.3 Bedeutung einer Lebensspannenbetrachtung für die geistige Entwicklung

Immer im Blick: Die Lebensspannenperspektive

Geburt → Lebensende

Der lange Arm der Kindheit reicht ferner bis zur kognitiven Entwicklung spät im Leben, und zwar in mehrfacher Weise. Zum Ersten hängt die in der Kindheit erfahrene sozio-ökonomische Situation mit der kognitiven Leistung viele Jahrzehnte später zusammen, und zwar in dem Sinn, dass eine eher schlechtere sozio-ökonomische Situation schlechtere kognitive Leistung vorhersagt. Wichtig ist dabei zusätzlich, schauen Sie bitte nochmals auf Abbildung 2 (siehe S. 32), dass dieser Zusammenhang auch dann bestehen bleibt, wenn man die aktuelle ökonomische Lage statistisch mitberücksichtigt (Brandt et al., 2012). Mit anderen Worten: Selbst wenn eine Person mit (z. B.) 70 Jahren eine hohe sozio-ökonomische Position erreicht hat, weist statistisch gesehen ihre Kindheit in ärmlichen Verhältnissen weiterhin einen Zusammenhang mit der späten kognitiven Leistung auf. Es sind allerdings zweitens nicht nur schlechte sozio-ökonomische Bedingungen, sondern auch frühe Krankheiten und früh im Elternhaus erlebte Konflikte, eventuell sogar Gewalterfahrungen, welche die späte kognitive Performanz ungut beeinflussen. Schließlich zeigte die oben beschriebene Studie von *Deary et al. (2004),* dass Unterschiede in Intelligenz mit elf Jahren sehr gut die späte geistige Leistung vorhersagen können. Die Kindheit ist also eine Lebensperiode, die von der psychologischen Alternsforschung lange in ihrer Bedeutung für „späte Effekte“, erst mit 70 oder 80 Jahren, unterschätzt wurde.

3.1.4 Bedeutung des sozialen und kulturell-historischen Kontexts für die geistige Entwicklung

Es wurde bereits gesagt, aber es muss auch ernstgenommen werden: Wir alle, auch ältere Menschen, sind keine Inseln, also isolierte Einheiten. Vielmehr sind wir auf den unterschiedlichsten Ebenen auch von unseren Umwelten beeinflusst, nicht selten gar geprägt. Ein Elternhaus geprägt von Armut, schlechten Wohnverhältnissen oder Gewalt etwa lässt uns nach heute vorliegenden Befunden das ganze restliche Leben nicht mehr los. Und macht sicherlich nichts Gutes mit uns. Frühkindlich bessere Bildung geht mit höherer geistiger Leistung spät im Lebensverlauf einher. Da sich Bildung früh in der Lebensspanne stetig im historischen Verlauf verbessert hat, sind später geborene (heute) ältere Menschen auch schlauer als ihre früheren Kohorten-Peers.

Schauen wir uns zunächst die Rolle sozialer Beziehungen und sozialer Anregung für die kognitive Entwicklung im höheren Lebensalter an. Hier sind drei Bündel von heute vorliegenden Ergebnissen wichtig, die alle in eine ähnliche Richtung gehen. Zum Ersten: Die Verfügbarkeit und Nutzung von mehr sozialen Beziehungen im höheren Lebensalter geht mit kognitiver Stabilisierung einher, ist also ein Schutzfaktor für kognitive Entwicklung im höheren Lebensalter. Geschlechtsunterschiede sind diesbezüglich nicht sehr bedeutsam, auch wenn ältere Frauen die größeren sozialen Netzwerke aufweisen.

Zum Zweiten: Wir haben heute Befunde zur Verfügung, die diese Einsicht auch gewissermaßen im Mikrosystem von alternden Paarbeziehungen nachgewiesen haben, nicht nur, aber auch für kognitive Entwicklung (Hoppmann & Gerstorf, 2016). So weiß man heute, dass sich die kognitiven Leistungen der beiden Paarbeziehungspartner:innen im höheren Alter kognitiv befruchten können, d. h. die kognitive Leistung beider wird immer ähnlicher. Dies allerdings kann dann dazu führen, dass das eine Paarmitglied mit der Zeit auf das Funktionsniveau des anderen absinkt. Auch wird so etwas wie ein kontextuelles Gedächtnis immer wichtiger, d. h. man betrachtet gewissermaßen geistige Leistung nicht mehr individuell, sondern als *gemeinsame* Aufgabe. Was der eine nicht mehr weiß, weiß der andere, was der eine nicht mehr erinnert, erinnert der andere.

Praxistipp: Bitte machen Sie sich in Ihrem Berufsleben stets klar, wenn Sie es mit einsamen Menschen höheren Lebensalters zu tun bekommen: Wichtig und veränderungsbedürftig ist sicherlich die soziale Einbindung der betreffenden Person, und dafür sollten Sie alles tun, was möglich ist. Wichtig ist aber auch Ihr Wissen, dass für eine einsame ältere Person das Risiko, an Demenz zu erkranken, deutlich erhöht ist. So ist die „Bekämpfung" von Einsamkeit immer auch ein Beitrag zu einer langfristigen Gesundheiterhaltung, und zwar nicht nur der psychischen, sondern auch der kognitiven Gesundheit. Da werden Sie zum/zur „Präventions-Akteur:in"!

Kurz zusammengefasst: Geistige Leistung im höheren Lebensalter besitzt verschiedene Gesichter, die man auseinanderhalten sollte. Während Leistungen der Mechanik der Kognition eine relativ hohe Altersverletzlichkeit aufweisen, gilt dies für die Pragmatik in viel geringerem Maße. Verlust, Stabilität und in Teilen sogar Gewinne können durchaus hinsichtlich der kognitiven Leistungen von Älteren nebeneinanderstehen – wir nennen es allgemein Multidimensionalität und Multidirektionalität lebenslanger Entwicklung bis ins hohe Alter. Die soziale Umwelt spielt ebenso eine Rolle für den Erhalt hoher geistiger Leistung, wie auch der lange Arm der Kindheit die volle Ausschöpfung eigener Potenziale im geistigen Bereich durchaus verhindern bzw. erschweren kann.

3.2 Wer bin ich geworden? Wer war ich schon immer? – Entwicklung der Persönlichkeit bis ins hohe Lebensalter

Was wären wir ohne unsere Persönlichkeit? Was wären wir, wenn wir nicht den Glauben haben dürften, dass wir etwas Besonderes seien, einzigartige Eigenschaften besäßen, die so vielleicht in keinem anderen Menschen je in dieser besonderen Weise und Mischung existierten? Wir wären eine uniforme Masse an Menschen, auch an älteren Menschen. Das ist Ihnen zu dick aufgetragen? Na ja, nicht für das Forschungsfeld zu Persönlichkeit und Altern. Denn hier geht es genau darum, was uns Menschen in unserem Kern ausmacht, ob und wie sich dieser Kern im Laufe der vielen Jahrzehnte unseres Lebens verändert, ob wir am Ende des Lebens, nach den unendlich vielen gemachten Erfahrungen, die in uns gewollt oder ungewollt eingedrungen sind, überhaupt noch wissen, wer wir waren, wer wir sind, und wer wir sein werden. Unglaublich spannende Fragen, finde ich. Aber zunächst sind Sie dran – was meinen Sie?

Statement	Richtig	Falsch
Ältere Menschen leiden unter Persönlichkeitsverfall.		
Persönlichkeit und Gesundheit gehen gerade spät im Leben Hand in Hand.		
Im höheren Lebensalter werden Menschen starrsinniger.		

3.2.1 Was ist Persönlichkeit?

Die Antworten der Persönlichkeitspsychologie sind vielfältig. Eine der grundlegenden Annahmen der Persönlichkeitspsychologie ist, dass in dem Konzept Persönlichkeit vor allem die Verschiedenheit von Menschen in grundlegenden Charaktereigenschaften zum Ausdruck kommt. Die Differenzen zwischen Menschen werden fokussiert; deshalb wird auch von der „Differentiellen Psychologie" gesprochen. Es geht uns natürlich um psychologische Unterschiede, aber dies kann sehr breit verstanden werden: Ist jemand eher offen oder verschlossen, schnell auf „180" oder die Ruhe selbst, kreativ oder einfallslos und langweilig, an sozialen Kontakten interessiert oder nicht, schlau oder weniger schlau, stressanfällig oder stressimmun, komme, was da wolle? Erlebt sich eine Person als ihr Leben selbst steuernd oder als Spielball der anderen? Hat ein Mensch überhaupt schon verstanden, wer er/sie ist, welche Identität und welches Selbstkonzept er/sie besitzt und wonach er/sie lebt? Lässt man sich diese nur sehr kleine Auswahl an Fragen zu Persönlichkeit auf der alternspsychologischen Zunge zergehen, dann wird schnell klar, dass es wohl keine Antworten gibt, die völlig befriedigend sind. Halten wir uns also an die Dinge, die heute weltweit anerkannt und empirisch gut bestätigt sind.

In den letzten etwa drei Jahrzehnten hat in der (Alterns-)Psychologie vor allem eine Theorie viel Anerkennung gefunden, die fünf „große“ Merkmale von Persönlichkeit (man spricht auch von den *Big Five*) unterscheidet. Anhand derer, so argumentieren ihre „Erfinder“, die amerikanischen Psychologen Costa und McCrae, lassen sich derzeit am prägnantesten Persönlichkeitsunterschiede zwischen Menschen im Erwachsenenalter erfassen (Costa & McCrae, 1992):

1. *Neurotizismus:* Hier geht es um die Anfälligkeit für Stress und Belastungen der unterschiedlichsten Art.
2. *Extraversion:* Hier geht es um die Suche nach sozialem Miteinander und darum, uns im Spiegel anderer bzw. der Öffentlichkeit zu erfahren, ja, diese Erfahrungen zu genießen.
3. *Offenheit:* Hier geht es um die Durchlässigkeit der Person für neue Erfahrungen, aber auch um die Bereitschaft, andere Meinungen zuzulassen bzw. zu tolerieren.
4. *Verträglichkeit:* Hier geht es darum, inwieweit Personen dazu neigen, in ihren sozialen Beziehungen konflikthaft zu agieren bzw. auf Ausgleich aus sind.
5. *Gewissenhaftigkeit:* Hier geht es um Zuverlässigkeit, den Organisationsgrad der eigenen Handlungen und um die Bereitschaft, Verantwortung zu übernehmen, z. B. im Berufsbereich.

Anregung zur Selbst-Reflexion:
Wo würden Sie sich selbst einordnen?

Bei mir sehr ausgeprägt (0) *Bei mir nicht sehr ausgeprägt (10)*

Neurotizismus:

0 – 1 – 2 – 3 – 4 – 5 – 6 – 7 – 8 – 9 – 10

Extraversion:

0 – 1 – 2 – 3 – 4 – 5 – 6 – 7 – 8 – 9 – 10

Offenheit:

0 – 1 – 2 – 3 – 4 – 5 – 6 – 7 – 8 – 9 – 10

Verträglichkeit:

0 – 1 – 2 – 3 – 4 – 5 – 6 – 7 – 8 – 9 – 10

Gewissenhaftigkeit:

0 – 1 – 2 – 3 – 4 – 5 – 6 – 7 – 8 – 9 – 10

Wie würden Sie nun nach Ihren einzelnen Einschätzungen Ihre Persönlichkeit kurz zusammenfassen?

____

____

Die *Big Five* sind auch deshalb bedeutsam, weil sich heute viel Evidenz dafür findet, dass sie mit wichtigen Aspekten von Gesundheit und Lebensqualität relativ eng zusammenhängen. Die wichtigsten Zusammenhänge in Bezug auf ältere Menschen sind die folgenden:

- Ältere mit hohen Werten in Neurotizismus sind insgesamt stressanfälliger, kränker, geben schneller Ziele auf, sehen sich als Personen kritischer, sind weniger mit ihrem Älterwerden zufrieden, lassen sich schneller durch alles Mögliche verunsichern, sterben früher als jene mit niedrigen Werten in „N".
- Ältere mit hohen Werten in Extraversion haben häufig die größeren und stabileren Netzwerke, gehen gerne auf andere Menschen zu, sind weniger depressiv und einsam und zufriedener mit ihrem Leben und Altern als jene mit niedrigen Werten in „E".
- Hoch offene Ältere sind in der Regel weniger dogmatisch, lassen sich auf vieles eher einmal ein, sind kreativer und eher bereit, auch mal Neues auszuprobieren als jene mit niedrigen Werten in „O".
- Ältere mit hoher Ausprägung in Verträglichkeit leben häufig konfliktfreier, sind allgemein geschätzt von anderen, ihr Rat wird besonders gerne nachgesucht, sie sind häufig zufriedener als jene mit niedrigen Werten in „V".
- Ältere Menschen mit hoher Ausprägung in Gewissenhaftigkeit sind in der Regel gesünder, in ihrem Leben allgemein organisiertes und zielorientierter, sie übernehmen lieber Verantwortung als jene mit niedrigen Werten in „G".

Kurz zusammengefasst: Persönlichkeit ist sicherlich eines der komplexesten Systeme, das wir im Humanbereich kennen. Antwortversuche der Persönlichkeitsforschung sind vielfältig. In Bezug auf Altern ist zur Zeit der Ansatz der *Big Five* der theoretisch-empirisch am besten bewährte Ansatz. Er kann den abstrakten Begriff von Persönlichkeit besonders gut konkret machen. Die Befunde sind auch für die Praxis hilfreich.

Praxistipp: Bitte merken Sie sich für Ihre Praxis die Abkürzung NEO-VG als „Reminder" für die *Big Five.* Natürlich darf es nicht darum gehen, einen älteren Menschen möglichst schnell in eine bestimmte „Persönlichkeitsecke" zu stellen. Wir haben ja schon verschiedentlich vor vorschnellen Klassifizierungen gewarnt. Das gilt auch hier. Aber es kann Ihnen in Ihrer Arbeit auch helfen, Ihr Gegenüber einzuschätzen. Ist jemand sehr stressanfällig, dann sollten Erwartungen von schnellen Veränderungen heruntergeschraubt werden. Ist eine Person sehr extravertiert, kann das auch mit Gutgläubigkeit und Kritiklosigkeit einhergehen. Wirkt eine Person sehr offen, haben neue Wege, die Sie eventuell vorschlagen, um ein Problem zu lösen, deutlich mehr Aussicht auf Erfolg.

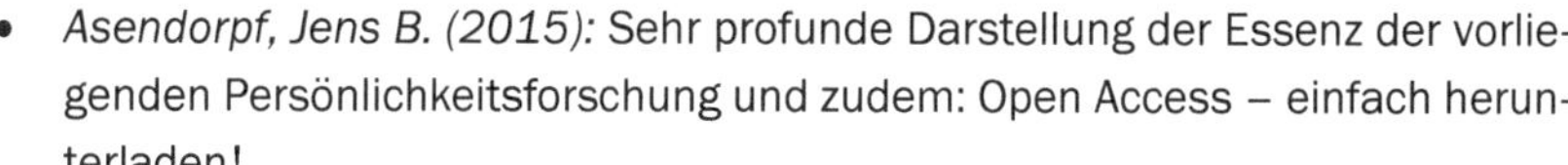

- *Asendorpf, Jens B. (2015):* Sehr profunde Darstellung der Essenz der vorliegenden Persönlichkeitsforschung und zudem: Open Access – einfach herunterladen!

3.2.2 Persönlichkeit und Älterwerden

Man geht heute davon aus, dass Persönlichkeitseigenschaften etwa zwischen 20 und 30 Jahren voll entwickelt sind. Das bedeutet nicht, dass Kleinkinder, fortgeschrittene Schulkinder oder Jugendliche noch keine Persönlichkeit besitzen. Dem würde ja die gesamte Alltagserfahrung widersprechen. Aber Persönlichkeitsmerkmale sind früh im Leben noch „plastischer", können später in die eine oder andere Richtung ausschlagen, können sich vor allem im Übergang von der Kinder- in die Jugendphase ziemlich deutlich, manchmal unerwartet, verändern. Auch wäre es falsch, nach dem 30. Lebensjahr von Stabilität der Persönlichkeit bis zum Lebensende auszugehen. Andererseits ist aber auch klar: Unter normalen Umständen und ohne gravierende psychische Erkrankungen werden wir im fortgeschrittenen Leben nicht zu einem anderen Menschen mit einer anderen Persönlichkeit und einem anderen Identitätsverständnis.

So sind es vor allem zwei grundlegende Botschaften, die uns aus der vorhandenen empirischen Längsschnittforschung zur alternden Persönlichkeit entgegenkommen. Zum Ersten unterstützen vorliegende Längsschnittstudien die Annahme, dass Persönlichkeitsmerkmale im Zuge der lebenslangen Entwicklung immer stabiler werden. Die in Abbildung 6 wiedergegebenen Ergebnisse einer Meta-Analyse von Roberts und DelVecchio (2000) sind im Wesentlichen auch heute noch gültig.

In der Studie wurden die zum damaligen Zeitpunkt vorliegenden 151 Längsschnittstudien zur Entwicklung von Persönlichkeit in ganz unterschiedlichen Lebensphasen dahingehend ausgewertet, welche Stabilität derselben jeweils gefunden wurde. Diese Einzelbefunde haben sie dann in ein Altersschema übertragen, das durch die damals vorliegenden Studien empirisch abgedeckt

Abbildung 6: Ergebnis der Meta-Analyse von Roberts und DelVecchio (2000) – ansteigende Stabilität von Persönlichkeit bis zum 7. Lebensjahrzehnt (modifiziert nach Roberts & DelVecchio, 2000, S. 15)

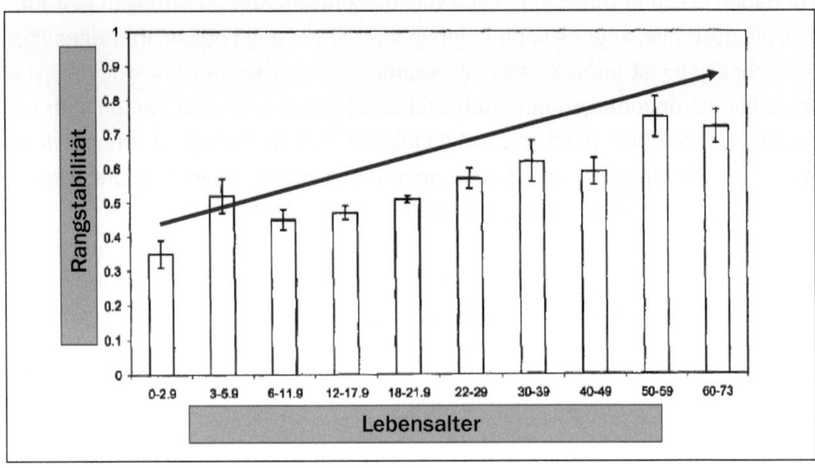

werden konnte: von der frühesten Kindheit bis zum Alter von 73 Jahren. Längsschnittstudien zum höheren und hohen Alter lagen also Anfang des 21. Jahrhunderts noch gar nicht vor! Wie aus Abbildung 6 zu entnehmen ist, wird die Rangstabilität entlang der Lebensspanne immer größer. Bei Rangstabilität wird geprüft, ob man in einem definierten Beobachtungszeitraum den Rang, den man zu einem früheren Messzeitpunkt in der Gesamtstichprobe einnahm, auch in späteren Messzeitpunkten noch besitzt oder ob sich dieser verändert hat. Bleiben die individuellen Ränge erhalten würde dies als hohe Rangstabilität interpretiert werden. Eine perfekte Stabilität (1.0) würden wir allerdings nie erwarten, weil es in der Realität immer viel „Rauschen" gibt. Aber eine Rangstabilität von 0.7 in der höchsten Altersspanne ist schon bemerkenswert; sie bedeutet, dass rund 50 % der Älteren Ihre Rangposition zu früheren Alterszeitpunkten behalten haben.

Dieses allgemeine Bild ist allerdings in den letzten Jahren durch neue Längsschnittdaten, die auch die späten und sehr späten Lebensjahre besser berücksichtigen als frühere Studien, etwas ins Wanken geraten. So wissen wir, dass Neurotizismus mit dem Altwerden leicht zurückgeht. Verträglichkeit und Gewissenhaftigkeit nehmen schon früh im Erwachsenenleben etwas zu, was wohl vor allem mit den neuen Entwicklungsaufgaben in dieser Lebensphase (Partnerschaft, Elternschaft, Aufbau und Ausbau eines beruflichen Weges) zusammenhängt. Offenheit und Extraversion gehen im höheren Lebensalter eher etwas zurück: Menschen binden sich, je älter sie werden, zunehmend an Vertrautes, sie suchen und pflegen vor allem den Kontakt mit Personen, die ihnen viel bedeuten und emotional viel geben. Besonders spannend ist das erst seit einigen Jahren etablierte Ergebnis, dass sich Persönlichkeit gerade im sehr hohen Alter noch einmal deutlicher zu verändern scheint als man lange Jahre angenommen hat.

- Specht (2018): Sehr gut zu lesende Darstellung des Wissens zur Persönlichkeitsveränderung über die Erwachsenenlebensspanne.

Es könnte durchaus sein, dass die vielen gesundheitlichen und sozialen Herausforderungen in Verbindung mit dem Übergang des biologischen Systems in immer mehr Fehlregulierung selbst jahrzehntelang aufgebaute Persönlichkeitsausprägungen im hohen Alter nachhaltig verändern: Ein ehemals recht extravertierter Mensch mag deutlich zurückgezogener werden, ein immer sehr gewissenhafter Mensch mag zur Unordnung in seiner Wohnung übergehen, ein immer sehr unverträglicher Mensch mag verträglicher werden, etwa gegenüber professionellen oder familiären Hilfspersonen.

Aber eines stimmt sicherlich nicht, auch wenn man es immer wieder hört: Altern macht nicht „starrsinniger". Wenn so etwas beobachtet wird, dann spricht fast alles dafür, dass eine Person immer schon unverträglicher und wenig offen war.

Kurz zusammengefasst: Unsere Persönlichkeit gehört zu den eher „altersunanfälligen" Systemen, etwa im Vergleich mit dem kognitiven Leistungssystem und unserer Gesundheit. Das ist eine sehr gute Botschaft. Wir bleiben im Wesentlichen bis zum Lebensende, wer wir sind! Dennoch darf man die Stabilitätsannahme von Persönlichkeit entlang der gesamten Erwachsenenlebensspanne auch nicht überziehen, denn da sind schon Differenzierungen notwendig, wie wir gesehen haben. Auch im hohen Alter bleiben Menschen, wer sie waren, aber es scheint auch so, dass wir in diesem Lebensabschnitt, was unsere Persönlichkeit betrifft, „plastischer" werden, nicht im Sinne von „wieder zum Kind werden", sondern eher schwer vorhersagbar anders.

3.2.3 Bedeutung einer Lebensspannenbetrachtung für die Persönlichkeitsentwicklung

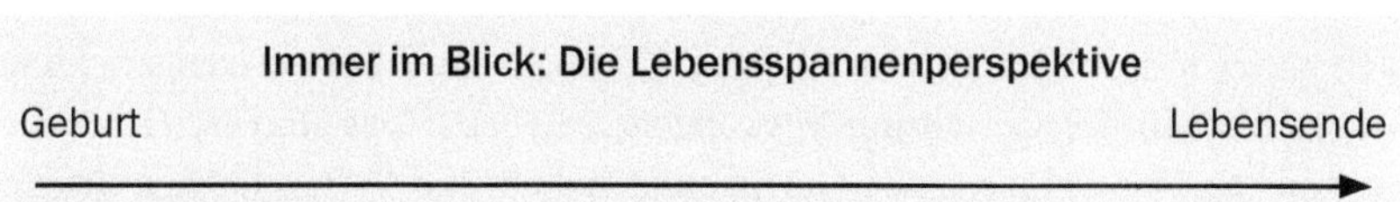

Hier kommen spannende Ergebnisse aus einer weltweit recht einzigartigen Studie, der sog. „Dunedin Study".

Forschungs-Highlight: Dunedin ist die zweitgrößte Stadt der Südinsel Neuseelands und die Entwicklungspsychologin Terry Moffitt hatte in den 1970er Jahre die Idee, eine Längsschnittstudie (Dunedin Longitudinal Study → Netz) mit damals dreijährigen Kindern anzusetzen, und diese so lange wie möglich weiterzuverfolgen. Eingeschlossen wurden 1 038 in Dunedin geborene Kinder, in etwa zu gleichen Teilen Jungen und Mädchen. Und nun kommt der Clou: Zwischenzeitlich sind die ehemaligen Kinder bis zum Alter von 38 Jahren in regelmäßigen Abständen mit psychologischen Tests und einer Vielfalt von Gesundheitseinschätzungen weiter untersucht worden. Stellen Sie sich vor, jemand von außen wüsste gewissermaßen alles, was Ihnen zwischen 3 und 38 Jahren widerfahren ist! Natürlich ist „alles" eine Übertreibung, aber die Studie ist schon ganz schön tief in die kognitive, emotionale, soziale und gesundheitliche Entwicklung ihrer Teilnehmer:innen eingedrungen, einschließlich delinquenten Verhaltens.

Nun könnten Sie natürlich sagen, was hat das denn mit Alternspsychologie zu tun? Gute Frage! Aber die Antwort haben wir schon weiter oben gegeben. Was sich mit 38 Jahren im Bereich der Persönlichkeit herausgebildet hat, wird mehr oder weniger bis zum Ende des Lebens so bleiben. Und deshalb ist natürlich in einer Lebensspannensichtweise unglaublich interessant zu fragen, was die Entwicklungslage mit Ende 30 mit dem früheren Leben, vielleicht sogar der frühen Kindheit, zu tun hat. So ist eines der zentralen Ergebnisse der Dunedin-Studie, dass das Ausmaß an Selbstkontrolle (oder mangelnder Selbstkontrolle) sehr gut spätere Entwicklungsergebnisse vorhersagen kann. Was ist mangelnde Selbstkontrolle im Kindesalter?

- Fahrigkeit im Verhalten
- Aufmerksamkeitsdefizite
- Unfähigkeit zum Belohnungsaufschub
- Unkontrolliertes Ausagieren von Wut und Unzufriedenheit
- Geringe Fähigkeit, Ziele zu verfolgen

Gefunden wurde nun, dass Kinder, die sich schwer taten mit Selbstkontrolle, im Erwachsenenalter höhere Krankheitswerte, höhere Depression, mehr Substanzmissbrauch, weniger gute Jobs, mehr finanzielle Probleme und relativ höhere Raten an delinquentem Verhalten aufwiesen. Kindern, denen es gelang, ihre Selbstkontrolle stetig über die Jahre hinweg zu verbessern, zeigten auch noch mit 38 Jahren eine bessere Kontrolle und höhere zielgerichtete Souveränität in der Gestaltung ihres eigenen Lebens. Das sind Bereiche, die nahe an *Big-Five*-Faktoren wie Gewissenhaftigkeit und Verträglichkeit liegen. Es spricht vieles dafür, dass sich diese Unterschiede in Big-Five-nahen Persönlichkeitsbereichen dann auch ins höhere Lebensalter fortsetzen. Zudem wurde gefunden, dass Risikofaktoren in der Kindheit, wie niedrigere Selbstkontrolle, traumatische Erfahrungen und niedrige soziale Schicht, sogar die Geschwindigkeit des biologischen Alterns vorhersagten. Ein doch wirklich faszinierendes Ergebnis auch für die Lebensspannen- und Alternspsychologie. Höher ausgeprägte Risikofaktoren in der Kindheit konnten bereits bei 38-Jährigen deutlich weiter fortgeschrittenes biologisches Altern vorhersagen. Dies wiederum kann frühere, gravierende Krankheitsereignisse, vielleicht schon mit 60 Jahren, und eine höhere Sterblichkeit (deutlich unter der mittleren Lebenserwartung), vielleicht schon mit Anfang 70, vorhersagen. Die oben beschriebenen Veränderungen in der Persönlichkeit könnten also bei Menschen mit derartigen Risikofaktoren schon deutlich früher als im hohen Alter auftreten. Diese Hypothese ist allerdings meines Wissens noch nicht empirisch untersucht worden.

3.2.4 Bedeutung des sozialen und kulturell-historischen Kontexts für die Persönlichkeitsentwicklung

Immer im Blick: Der soziale Kontext

Vieles an vorliegenden Untersuchungsergebnissen spricht heute auch dafür, dass soziale Erwartungen der Gesellschaft sich auch auf die Persönlichkeitsentwicklung auswirken. So gehen die gesellschaftlichen Erwartungen, wenn man heiratet, in die Berufswelt eintritt oder die Elternrolle übernimmt, recht stark dahin, nun doch höhere Gewissenhaftigkeit, Verantwortungsübernahme, Pünktlichkeit, Verträglichkeit und emotionale Stabilität zu zeigen. Diese Befundlage findet auch Eingang in Überlegungen, dass wir mit zunehmendem Alter „reifer“ werden. Die Befunde passen zu anderen, die zeigen, dass intensive soziale Rollen, wie die Berufsrolle, die Partner- oder Freundschaftsrolle, durchaus messbar auf die eigene Persönlichkeit abfärben.

Kurz zusammengefasst: Es wäre zu kurz gegriffen, wenn wir davon ausgingen, unsere lebenslang „gezeigte“ Persönlichkeit wäre ausschließlich ein Ausdruck der Gene. Wir werden auch in Bezug auf die Persönlichkeit (ebenso wie in Bezug auf geistige Leistung, physische und psychische Gesundheit), die wir bei einem älteren Menschen antreffen, gewissermaßen Zeuge des Ausdrucks der gesamten Lebensgeschichte und Lebenserfahrungen dieses Menschen. Und vieles spricht dafür, dass bereits sehr früh im Leben einige Weichen gestellt werden.

Praxistipp: Übergehen Sie in der professionellen Arbeit auf keinen Fall Hinweise auf frühere bzw. schon lange zurückliegende protektive und risikoreiche Begebenheiten. Die letzteren sind oftmals stark tabuisiert und nicht selten auch ins Unbewusste abgeschoben worden. Sie können aber gerade angesichts der Verletzlichkeiten des hohen Alters wieder ins Bewusstsein kommen, weil Abwehrmöglichkeiten aufgrund der allgemeinen gesundheitlichen und sozialen Belastung nicht mehr so gut funktionieren. Stellen Sie hier immer eine Antenne. Vielleicht ist auch professionelle psychotherapeutische Hilfe gewünscht. Vielleicht sind Alltagserfahrungen veränderbar. Z. B. kann es vorkommen, dass ein Altenpfleger einer Frau im hohen Alter in ambulanter Betreuung mit lange zurückliegenden Missbrauchserfahrungen die Genitalien wäscht. Und Sie erfahren, dass sie dies belastet, aber sie sich nicht traut, sich zu beschweren. Da könnten Sie sich einschalten und nach einer sozialverträglichen Veränderungsmöglichkeit suchen.

3.3 Subjektives Erleben des Älterwerdens: Ich bin so alt, wie ich nicht bin

Die Aussage „Hauptsache, man fühlt sich noch jung" hört man häufig, z. B. bei fortgeschrittenen Geburtstagen. Es ist doch eigentlich sehr interessant, dass das (chronologische) Alter auf der einen Seite zumindest in westlichen Gesellschaften eine wichtige soziale Kategorie darstellt. In Printmedien stehen häufig hinter bekannten Politiker:innen oder Promis in Klammern deren Alter. Warum eigentlich? Ist das wirklich eine signifikante zusätzliche Information? Aber zunächst sind Sie dran – und gleich zweimal.

Statement	Richtig	Falsch
„Ich bin so alt, wie ich mich fühle" ist nur eine Redewendung. Mehr nicht.		
Die meisten Menschen höheren Alters fühlen sich genau so alt, wie sie sind.		
Altersdiskriminierung ist weiterhin ein Problem in unserer Gesellschaft.		

Anregung zur Selbst-Reflexion:
Was spricht aus Ihrer Sicht dafür, das chronologische Alter als Personenmerkmal zu nutzen?

___

___

Wo kann uns möglicherweise das chronologische Alter auch in die Irre führen?

___

___

Einmal mehr weiß ich nicht, was Sie sich notiert haben. Aber eventuell könnte man auf die erste Frage sagen: Ja, das chronologische Alter ist wichtig, weil wir von ihm einiges ableiten können: Zum Beispiel sind Schutzbedürfnisse bei einem elfjährigen Kind andere als bei einem 41-jährigen Erwachsenen oder bei einer 91-jährigen Person. Wahrscheinlich ist eine 85-jährige Person zumindest in einer vergleichbar schwierigen Verkehrssituation eher gefährdeter und fehleranfälliger als eine 30-jährige Person. Das chronologische Alter kann ungute Gefühle, Vorbehalte, aber auch großes Erstaunen auslösen: Wie würden wir selbst reagieren, wenn wir im Cockpit eines Jumbo-Jets beim Einsteigen einen offensichtlich bereits weit über 80 Jahre alten Flugkapitän sehen würden? Wie sehen wir 21-jährige Polizist:innen in einer komplexen Demonstrationssituation? Kann man mit 21 Jahren überhaupt schon ausgewogen reagieren? Und weiter: Ist es nicht unglaublich, dass Mozart schon mit fünf Jahren erste Kompositionen vorgelegt hat? Ist es nicht ebenso unglaublich, dass die bereits erwähnte Jeanne Calment 1997 im Alter von 122,3 Jahren starb, also praktisch das komplette 20. Jahrhundert durchlebt hat, und auch noch „locker" das letzte Viertel des 19. Jahrhunderts?

Aber dann gibt es, im Hinblick auf die zweite Frage in der Selbst-Reflexion, auch eine Menge Schwierigkeiten im Umgang mit dem chronologischen Alter. Wir haben z. B. auf allen Altersstufen spät im Leben große Unterschiede zwischen Menschen; so zeigen die 80-Jährigen eine hohe Unterschiedlichkeit in ihren geistigen Leistungen. Kann man heute, wissend um die gute materielle Ausstattung von vielen Älteren, über 70-Jährigen einen Kredit verweigern, wie das nicht selten geschieht? War es nicht unangemessen, dass vor allem in der ersten COVID-19-Welle in vielen Ländern alle über 65-Jährigen in der öffentlichen Kommunikation zu einer homogenen, vulnerablen Gruppe verschmolzen?

3.3.1 Subjektives Alter: Ich bin so alt, wie ich mich fühle

Subjektives Alternserleben meint die Art und Weise, wie älter werdende Menschen ihr eigenes Altern erleben und interpretieren. Am häufigsten genutzt wurde dabei die Antwort auf die Frage: „Wie alt fühlen Sie sich gerade?". Man spricht vom *subjektiven Alter.* Pinquart und Wahl (2021) haben in einer Meta-Analyse auf der Grundlage von 293 weltweit verfügbaren Studien mit rund 1.5 Mio. Studienteilnehmer:innen beschrieben, wie sich chronologisches Alter und subjektives Alter über fast die gesamte Lebensspanne zueinander verhalten. Geht beides über weite Strecken im Leben eng zusammen oder fühlen wir uns eher selten im Leben so alt, wie wir chronologisch tatsächlich sind? Was wir empirisch in unserer Meta-Analyse gesehen haben, geht eher in die zweite Richtung. Schauen wir uns Abbildung 7 einmal genauer an.

Abbildung 7: Diskrepanz zwischen chronologischem und subjektivem Alter zwischen 8 und 105 Jahren – Ergebnisse der Meta-Analyse von Pinquart und Wahl (2021, S. 403)

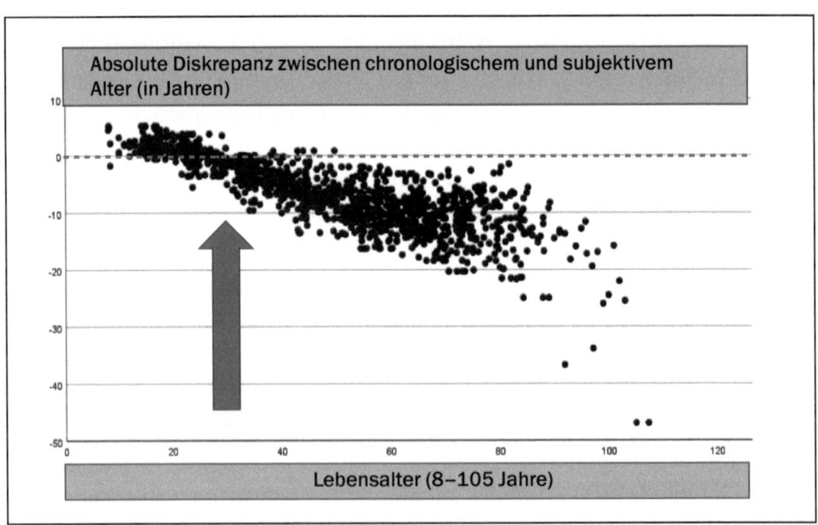

Wie in Abbildung 7 gut zu erkennen, findet sich bis etwa zum chronologischen Alter von 25 Jahren eine systematische Überschätzung des eigenen Alters (Werte > 0), wohingegen sich im späteren Leben immer stärker ein „Sich-jünger-Fühlen" durchsetzt (Werte < 0). Im höheren Alter ab 60 Jahre lassen sich in den vorliegenden Studien meist subjektive „Verjüngungen" von 10 bis 20 Jahren beobachten. Der Anteil von Personen im höheren Alter, der sich älter fühlt, ist hingegen sehr gering (in Studien oft deutlich < 5 % der über 60-Jährigen). Dies mag interessant sein, aber ist es auch anwendungsrelevant?

- Wahl (2017): In diesem Buch habe ich versucht, die neuesten Befunde der Psychologie des Alterns zu subjektivem Alterserleben möglichst anschaulich darzustellen.

3.3.2 Subjektive Sichtweisen und Bewertungen des eigenen Alterns sind bedeutsam für Lebensqualität und Gesundheit

Jenseits des eben beschriebenen Verlaufsmusters ist es keinesfalls so, dass sich jünger oder älter zu fühlen, das eigene Älterwerden negativ oder positiv zu bewerten, keine Rolle für Lebensqualität im Alter spielt. Die mittlerweile recht reichhaltige empirische Forschung zeigt nämlich, dass Personen, die ihr eigenes Älterwerden als negativ und verlustreich erleben, längerfristig in zahlreichen Gesundheitsbereichen schlechtere Werte aufweisen als Personen mit positivem Alternserleben. Dies zeigt sich etwa in Gestalt eines höheren Risikos für kardiovaskuläre Erkrankungen, geringerer kognitiver Funktionsfähigkeit, physiologischer Auswirkungen (z. B. chronische Erhöhung von Kortisol, C-reaktives Protein) sowie einer erhöhten Mortalitätsrate (*Debreczeni & Bailey, 2020;* Westerhof et al., 2014).

Forschungs-Highlight: In einer sehr bekannt gewordenen Längsschnittstudie über mehrere Jahrzehnte hinweg haben Levy et al. (2002) von der Yale University eine sogenannte Überlebensanalyse anhand von älteren Menschen mit unterschiedlichen Sichtweisen in Bezug auf ihr Altern durchgeführt. Dabei zeigte sich, dass in der Gruppe, in der man bereits vor Jahren hohe Ausprägungen positiver Alterswahrnehmungen gemessen hatte, die Hälfte der Stichprobe 7,6 Jahre später verstorben war als in jener Gruppe, in der man zu demselben früheren Zeitpunkt niedrige Ausprägungen positiver Alterswahrnehmungen beobachtet hatte. In dieser Studie zeigte sich eindrücklich die Gesundheit schützende Rolle von positiven Alterswahrnehmungen. Nun könnte man natürlich sagen, dass beide Gruppen von Anfang an nicht vergleichbar waren. Die Ergebnisse blieben jedoch auch nach statistischer Kontrolle von Variablen wie Alter, Geschlecht, Bildung und Gesundheit bestehen. Mehrere Studien haben zwischenzeitlich diesen Befund repliziert.

Es ist schließlich wichtig, solch subjektives Alternserleben begrifflich von Altersstereotypen abzugrenzen. Stereotype stellen generalisierte kognitive Repräsentationen von Mitgliedern einer sozialen Gruppe dar. So wird der Begriff „alt“ oft mit negativen Eigenschaften (z. B. Krankheit, Einsamkeit, Gedächtnisverlust) und seltener mit positiven Eigenschaften (z. B. Weisheit, Wärme) assoziiert. Stigmatisierung oder Altersdiskriminierung (man spricht auch von „Ageism") gehen natürlich für die betroffenen Älteren nicht mit guten, sondern mit negativen Konsequenzen einher: Es sind objektive Benachteiligungen (siehe Kreditvergabe oben), nicht zuletzt gesundheitliche Nachteile (Ältere erhalten bisweilen nicht die bestverfügbare Behandlung), aber auch subjektive Konsequenzen wie Verlust des Glaubens, dass Altern auch positive Erfahrungen bringen kann.

Praxistipp: Negative Sichtweisen in Bezug auf das eigene Älterwerden verhindern häufig bei Älteren mögliche weitere Entwicklungsschritte. Sie laufen oft recht subtil ab; viele Ältere sind sich dieser „automatisierten" negativen Bewertungen gar nicht bewusst. Explorieren Sie deshalb immer auch in einem vertrauensvollen, professionellen Gespräch mit einem älteren Menschen, welche Einstellungen und Wertschätzung dieser Mensch seinem eigenen Altern entgegenbringt. Zeigen Sie ihm, wenn sich die Gelegenheit bietet, dass es auch positive Erfahrungen im späten Leben gibt und dass es nicht hilfreich ist, dies einfach abzutun („Altern ist Scheiße"). Ermutigen Sie Ältere, dass sie sich nicht selten mehr von ihrem Leben „ausleben" können als sie sich zutrauen. Vielleicht lesen Sie gemeinsam mit älteren Menschen die „Unwürdige Greisin" von Bertolt Brecht (→ Netz) – und sprechen später darüber. Man vermutet, dass Brecht diese im Jahr 1949 veröffentlichte Geschichte anlässlich des 100. Geburtstags seiner Großmutter, Karoline Brecht, verfasste. Die Rolle der Greisin ist bis zu ihrem 72. Lebensjahr auf die als Mutter ihrer fünf Kinder und als Hausfrau festgelegt. Mit dem Tod ihres Mannes ändert sie ihr Leben von einem Tag auf den anderen. Sie unternimmt Kino- und Gasthofbesuche und schließt neue Freundschaften. Was Brecht als Schlussresümee der Erzählung schreibt, ist auch Balsam für die von uns immer wieder favorisierte Lebensspannensicht von menschlicher Entwicklung: „Genau betrachtet lebte sie hintereinander zwei Leben. Das eine, erste, als Tochter, als Frau und als Mutter, und das zweite einfach als Frau B. [...] Das erste Leben dauerte etwa sechs Jahrzehnte, das zweite nicht mehr als zwei Jahre."

3.3.3 Bedeutung einer Lebensspannenbetrachtung für das subjektiv erlebte Altern

Immer im Blick: Die Lebensspannenperspektive

Geburt → Lebensende

Haben Einstellungen zum Älterwerden auch etwas mit Erfahrungen in der frühen Kindheit oder im frühen Erwachsenleben zu tun? Das klingt auf den ersten Blick nicht sehr plausibel und in Tat gibt es wenig Längsschnittdaten, die einen solchen Zusammenhang direkt belegen könnten. Dennoch gibt es einige Befunde und theoretische Ansätze, die uns hilfreiche Hinweise geben. Zum Ersten können wir an die bereits weiter oben beschriebene Meta-Analyse von Pinquart und Wahl (2021) anknüpfen. Danach sieht es so aus, dass wir uns eigentlich fast nie im Leben so alt fühlen, wie wir rein chronologisch sind. Zuerst fühlen wir uns ab der späten Kindheit bis etwa Mitte 20 älter, dann bis zum Lebensende jünger. Das scheint eine normative Gegebenheit zu sein, d. h. es gilt für die große Mehrheit von Menschen zwischen etwa 10 und 100 Jahren.

Praxistipp: Wenn ein älterer Mensch, dem Sie professionell begegnen, Ihnen berichtet, dass er sich seit dem Übergang in den Ruhestand stets deutlich älter gefühlt habe, als er tatsächlich gewesen sei, sollte dies bei Ihnen sofortige Aufmerksamkeit auslösen. Es könnte ein Hinweis darauf sein, dass sich die betreffende Person durch ihr Älterwerden deutlich belastet fühlt und Beratung und psychosoziale Hilfe benötigt.

Zum Zweiten wissen wir, dass bereits ältere Kinder vielfach negative Altersstereotype berichten, wenn wir sie dazu befragen, wie sie ältere Menschen sehen. Altern ist in ihren Augen schrecklich, man wird krank, hilflos, muss bald sterben. Die amerikanische Psychologin *Becca Levy (2009)* geht davon aus, dass Altersstereotype schon ab fünf Jahren gelernt werden, vor allem über Äußerungen der Eltern und Medien. Zumindest in westlichen Gesellschaften sind diese Stereotype vor allem negativ getönt. Negative Altersstereotype werden dann in der Jugend- und frühen Erwachsenenzeit weiter verstärkt. Jugend, eine vielfach anzutreffende Ansicht, ist einfach die beste Zeit im Leben, da fällt alles andere, aber vor allem das höhere Lebensalter in krasser Weise ab. Als junge:r Bänker:in oder Lehrer:in erlebt man sich typischerweise tausendmal besser als die, die am Ende ihrer Berufslaufbahn stehen. Dann, so Levys Theorie, verpacken wir diese negativen Altersstereotype in unser Unbewusstes. Wenn wir dann spät im Arbeitsleben bzw. nach dem Übergang in den Ruhestand langsam, aber sicher „Ältere" werden, dringen die lange weggepackten negativen Altersstereotype wieder ins Bewusstsein und bieten sich als neue Identität an. Denn durch den Verlust der Berufsrolle, den Auszug der Kinder aus dem Elternhaus, erste schwere Erkrankungen sind Identitätsmerkmale verloren gegangen. Da ist die Verführung groß, durch Übernahme von negativen Altersstereotypen die eigene Identität wieder abzusichern, denn nichts ist schlimmer als eine brüchig und unvollständig gewordene Identität. Allerdings, wie wir bereits oben gesehen hatten, sind negative Altersstereotype alles andere als wirklich hilfreich, wenn es um das Auskosten des späten Lebens und seiner Entwicklungsmöglichkeiten geht.

Praxistipp: Ältere Arbeitnehmer:innen und Personen kurz nach dem Übergang in die nachberufliche Phase sind besonders gefährdet, kritiklos negative Altersstereotype in die eigene Identität einzubauen. Wenn Sie später im Berufsleben mit dieser Klientel zu tun haben, achten Sie sehr darauf, wie diese Personen im fortgeschrittenen Erwachsenenalter bzw. im „jungen" Alter sich im Hinblick auf Altersstereotype positionieren. In dieser Lebensphase werden häufig die Weichen dafür gestellt, wie man an sein späteres Altern herangeht, ob man verbliebene Chancen sieht oder sehen möchte oder ob man vor allem Verluste erwartet und sich, wenn diese eintreten, bestätigt fühlt im eigenen Altersstereotyp.

3.3.4 Bedeutung des sozialen und kulturell-historischen Kontexts für Alterssichtweisen

Immer im Blick: Der soziale Kontext

Stereotype sind gewissermaßen definiert als die Übernahme von Vorurteilen und Normen aus dem sozial-kulturellen Kontext, in dem wir leben: Eltern, Medien, Arbeitswelt, Alltagsleben. In meinem Buch zur Alternspsychologie (2017) beschreibe ich die folgende Begebenheit aus meinem eigenen Leben:

> „Als ich vor ein paar Monaten einmal aus der Straßenbahn aussteigen wollte, stand eine Gruppe Jugendlicher vor der sich öffnenden Tür, und einer von ihnen sagte laut und deutlich mit Blick auf meine Person: ‚Lass zuerst einmal die alten Leute aussteigen.' Und ich dachte: Nanu, so wirst Du jetzt mit Deinen 61 Jahren also wahrgenommen. Ich hatte meinen ‚Senior Moment' (…)." (S. 53).

Auf der anderen Seite ist die soziale Umwelt natürlich auch sehr bedeutsam für positive Alterserfahrungen. Die klassische Aussage „Du siehst ja wirklich viel jünger aus als Du bist" scheint für viele ältere Menschen eine Art „Ego-Boost" auszulösen. Das Erleben von Altern ist natürlich auch ein zentrales Thema für viele ältere Paare. Die Vorstellungen zum eigenen Altern scheinen sich bei alternden Paaren immer mehr einander anzugleichen. In einer Längsschnittstudie fand man, dass ältere Paare mit gemeinsamen, positiven Einstellungen sechs Jahre später gesundheitlich besser dastanden als ältere Paare mit eher negativen Alterserwartungen.

Kurz zusammengefasst: Dass ältere Menschen immer in einem Lebenslaufkontext und als sozial eingebunden gesehen werden müssen, zeigt sich auch bei subjektiven Sichtweisen in Bezug auf das eigene Altern. Leider scheinen negative Altersstereotype schon sehr früh im Leben gelernt zu werden. Es könnte eine wichtige frühe Bildungsaufgabe sein, dies zukünftig zu verhindern. Und unsere soziale Umwelt schaut uns nicht nur bei unserem Älterwerden zu, sondern mischt sich aktiv ein – mit Erwartungen, Rückmeldungen, Vorurteilen oder, hoffentlich, auch dem Glauben, dass das Älterwerden auch eine Lebensphase mit positiven Erfahrungen sein kann.

3.4 Sinnerleben, Spiritualität, Generativität

Natürlich gibt es noch eine Reihe weiterer individueller Ressourcen. Im Folgenden sollen noch drei kurz umrissen werden. Man könnte sie kurz beschreiben als: Sinn, Tun und Weitergeben.

3.4.1 Sinn und Spiritualität

Die Suche nach Sinn ist tief in menschlicher Entwicklung und dem Verstehen dessen, was hierbei geschieht oder nicht geschieht, warum etwas geschieht oder nicht, verankert. Sinnsuche oder, wie es in der englischsprachigen Alternspsychologie häufig heißt, das „Meaning-Making", zeigt sich in den unterschiedlichsten Ausdrucksformen: in Religiosität und religiösen Handlungen, im Auskosten von Familien- und Freundesbeziehungen, im Helfen und sich Engagieren für andere (darauf kommen wir gleich zurück), im Lesen schöngeistiger Literatur, im Genießen von Kunst, Musik, sonstigen kulturellen Angeboten – und vielem mehr.

Nach dem Lebenslauftheoretiker Erik H. Erikson (→ Netz) geht es im höheren Lebensalter vor allem darum, „zu sein, was man geworden ist" (sein Ansatz ist sehr gut beschrieben in Flammer, 2017). Man könnte auch sagen: Es geht darum, die Ernte seiner vergangenen Lebensjahre einzufahren, wohlwissend, dass man das eigene Leben nicht mehr in eine ganz andere Richtung verändern kann, denn dafür ist die verbleibende Zeit knapp, vielleicht zu knapp. Erikson spricht von Ich-Integrität als einer tiefen Zufriedenheit mit dem Leben, so wie es gelaufen ist, der Fähigkeit (und Möglichkeit) zur Akzeptanz und Hinnahme des eigenen einzigartigen und einmaligen Lebensweges als etwas Notwendigem und Unersetzlichem, das nur so (und nicht anders) verlaufen konnte. Erikson hebt auch darauf ab, dass es gerade im späten Leben sinnstützend sein kann, sich als Teil eines größeren Ganzen (kulturell, geschichtlich, gesellschaftlich) zu sehen, als kleines, aber bedeutendes Rädchen in einem unendlichen Universum. Mit anderen Worten: Die eigene Lebensform und Existenz wird relativiert, ohne ihre personale Einzigartigkeit und Würde zu verkennen.

Der schwedische Alternsforscher Lars Tornstam (2005) hat mit seiner *Gero-Transzendenz-Theorie* sehr viel Anklang gefunden. Tornstam argumentiert, er habe in seinen Studien sehr häufig bei älteren Menschen eine Art Wendung der eigenen Aufmerksamkeit nach innen beobachtet. Das dürfe man aber nicht als Rückzug oder *Disengagement* verstehen, sondern als existentielle Umorientierung. Dies gehe einher mit einer Relativierung der Bedeutung der körperlichen Sphäre generell und einem Gefühl des sich zunehmend mit dem Kosmos Vereinigens. Das Interesse an materiellen Gütern gehe verloren, Besitz werde zunehmend als Belastung erlebt. Tornstam bezieht sich dabei auch auf Ideen des Zen-Buddhismus und wirft der sozial- und verhaltenswissenschaftlichen Alternsforschung vor, sie sei zu „westlich" geprägt und deshalb nicht sensibel für die Bedeutung derartiger Prozesse.

Praxistipp: Die Klage älterer Menschen über Sinnverlust kann sich in Äußerungen zeigen wie: „Ich habe mein Leben hinter mir", „Da gibt es nichts Schönes mehr in meinem Leben", „Ich möchte am liebsten gleich sterben", „Niemand interessiert sich noch für mich" oder „Als alter Mensch fühlt man sich vergessen". Nehmen Sie solche Äußerungen sehr ernst, gehen Sie darauf ein, seien Sie ein:e gute:r Zuhörer:in, kommen Sie nicht gleich mit Handlungsvorschlägen. Es können auch Signale dafür sein, dass man an Suizid denkt.

3.4.2 Anderen helfen, das Gefühl, gebraucht zu werden und „produktiv" sein

Leider wird in der öffentlichen Diskussion viel zu wenig gewürdigt, dass ältere Menschen sehr viel „Produktivität" im Hinblick auf unsere Gesellschaft zeigen:

- Ältere Menschen bilden für viele Familien einen gewaltigen Stabilitätsfaktor im Alltag, weil sie sich bei der Enkelkinderbetreuung engagieren.
- Vor allem jüngere Ältere pflegen und versorgen häufig ihre Eltern im hohen Alter.
- Ältere leisten Großartiges auch im Sinne von Geldgeschenken an ihre Kinder und Enkelkinder.
- Ältere Menschen zeigen in den letzten Jahren den stärksten Anstieg im Hinblick auf Freiwilligenengagement und Ehrenamt.

Wie Abbildung 8 zeigt, kam es zwischen 1999 und 2019 vor allem in der Altersgruppe der über 65-Jährigen zu einem überdurchschnittlichen Anstieg im Freiwilligenengagement. Waren dies bei den 14- bis 29-Jährigen 9 %, so bei den über 65-Jährigen mehr als 13 %.

Abbildung 8: Veränderung im Freiwilligenengagement in unterschiedlichen Altersgruppen zwischen 1999 und 2019 (aus *BMFSFJ, 2019*, S. 16)

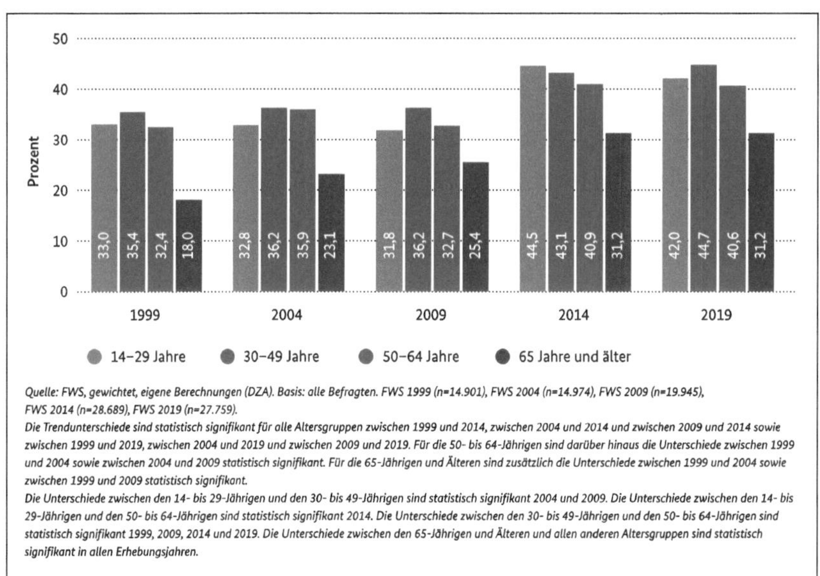

Aber wir wollen ja an dieser Stelle gar nicht nur die Botschaft geben, dass Ältere viel für unsere Gesellschaft leisten. Vielmehr tun sie damit auch etwas Gutes für sich selbst, denn vor allem Studien aus den USA zeigen, dass ehrenamtliches Tun auch verbunden ist mit mehr Sinnerleben, der Stärkung sozialer Netzwerke und dem Erhalt der kognitiven Gesundheit. Es gibt nichts Gutes, außer man tut ist – auch im höheren Lebensalter!

3.4.3 Die Zeit nach dem eigenen Tod als Sinnquelle vor dem Tod: Generativität

Das Konzept der Generativität ist von dem bereits erwähnten Lebenslaufforscher Erikson eingeführt worden. Erikson (siehe nochmals Flammer, 2017) argumentierte, es sei, wenn man die Endlichkeit des eigenen Lebens im mittleren Lebensalter zu spüren beginnt, überaus bedeutsam, über das eigene Leben hinauszudenken und sich in anderen Menschen und Werken gewissermaßen zu „verewigen".

Es geht also vor allem um die Vermittlung und Weitergabe von Erfahrung und Kompetenz an jüngere Generationen, also das Hineinwirken in kommende Generationen mit dem eigenen begrenzten Leben. Ferner geht es um Beiträge zum Gemeinwesen, etwa die verantwortungsvolle Übernahme von politischen

Rollen oder Funktionen. Zentral für Generativität ist also eine Umorientierung weg von der eigenen Selbstverwirklichung hin zur Sorge für nachfolgende Generationen und deren Wohl und Wehe. Generativität ist immer wieder als sehr bedeutsame Quelle für Sinnerleben im höheren Lebensalter beschrieben worden. Man hinterlässt Spuren, gibt eigene Erfahrungen und auch Werte und Normen der eigenen Generation weiter und tritt damit ein in die Gruppe der „Keepers of the Meaning", die für Kontinuität und den Erhalt der kulturellen Identität von Gesellschaften sehr wichtig ist.

Tabelle 3 ist entnommen aus einem Beitrag des Schweizer Gerontologen *Höpflinger (2002).* Es soll damit verdeutlicht werden, wie vielfältig und reichhaltig sich Generativität je nach Lebensumständen im höheren Lebensalter darstellen kann. Der Generationenbezug kann dabei unterschiedlich sein, sich z. B. auf die eigene Familie richten (Familiale Generationen), auf Mentoring und bewusste Entlastung (Pädagogische Genrationen), auf historisch-sozial verankerte Werte, die man weitergeben will (Historisch-soziale Generationen), und auf die Sorge um die Wohlfahrt nachfolgender Generationen (Wohlfahrtsgenerationen).

Tabelle 3: Formen von Generativität nach möglichen Phasen im höheren Lebensalter (vereinfacht nach *Höpflinger, 2002,* S. 331)

Generationenbezug	**Selbstständiges Rentenalter**	**Phase verstärkter Gebrechlichkeit**	**Phase von Pflegebedürftigkeit**
Familiale Generationen	Intimität auf Abstand, aktive und engagierte Großelternschaft	Erhalt der Selbstständigkeit, passivere Formen der Großelternschaft	Akzeptanz, intergenerationale Rollenumkehr (z. B. Tochter wird zu „pflegenden Mutter")
Pädagogische Generationen	Mentoring für jüngere Menschen, Lernen von jüngeren Menschen, aktive Wahrung von Traditionen („Keepers of the meaning")	Akzeptanz und Erlernen von Hilfsmittelnutzung zur Entlastung nachfolgender Generationen	Adaptation an Pflege- und Heimumwelt (z. B. zur Vermeidung von Schuldgefühlen bei nachfolgenden Generationen)
Historisch-soziale Generationen	Aktives intergenerationelles Engagement	Offenheit und Werttoleranz gegenüber Jüngeren	Offenheit und Werttoleranz gegenüber Jüngeren
Wohlfahrtsgenerationen	Unterstützung sozialpolitischer Aktivitäten für Jüngere	Zurückhaltung bei der Inanspruchnahme staatlicher Leistungen	Würdigung der Leistungen der nachkommenden Generationen

Praxistipp: Entwickeln Sie in Ihrer professionellen Arbeit ein Gespür für das Bedürfnis nach Generativität. Ältere Menschen möchten etwas an nachfolgende Generationen hinterlassen, wissen aber manchmal nicht, wie. Vielleicht haben diese Älteren auch keine Kinder oder Enkelkinder. Vielleicht können Sie etwas dafür tun, dass die Erfahrung von Generativität möglich wird. Ältere können sich z. B. in Vorleseforen für Kinder engagieren, sie können in der Hausaufgabenbetreuung aktiv werden, sie können diverse Rollen in Mehrgenerationenhäusern spielen, brauchen aber bisweilen Anleitung und Unterstützung, wie sie sich am besten einbringen können.

Kurz zusammengefasst: Älteren Menschen stehen oft vielfältige Ressourcen zur Verfügung, die dazu beitragen können, Sinnerleben in der späten Lebensphase zu fördern und die schweren Seiten des höheren Lebensalters nicht als überbordende Bedrohung zu erleben. Bisweilen benötigen Ältere, nicht selten die weniger gebildeten, allerdings so etwas wie „Geburtshelfer:innen", um eigentlich zur Verfügung stehende Ressourcen auch tatsächlich im eigenen Leben zu nutzen. Da können Sie als Profis jederzeit ins Spiel kommen und einen wertvollen Beitrag leisten.

4. Umweltressourcen und -risiken für gelingendes Altern

Bitte identifizieren Sie zunächst selbst, wo wir uns im allgemeinen Modell befinden (siehe auch Abbildung 2, S. 32). Genau, wir konzentrieren uns nachfolgend auf Umweltressourcen für gelingendes Altern.

4.1 Psychologische Aspekte von sozialen Beziehungen im höheren Lebensalter

Persönlich befriedigende und stabile soziale Beziehungen werden von vielen als die beste Voraussetzung für ein gutes Altern betrachtet. Und da ist auch viel dran. Aber sie sind vor allem sehr spät im Leben auch gefährdet, etwa wenn eine 95-Jährige sagt: „Ich bin sehr froh und dankbar, so alt geworden zu sein, aber alle meiner Generation sind tot. Ich bin übriggeblieben". Doch zunächst sind Sie dran.

Statement	Richtig	Falsch
Soziale Netzwerke werden mit dem Altern generell immer kleiner.		
Einsamkeit ist für die meisten älteren Menschen ein großes Problem.		
Negative Erfahrungen in sozialen Beziehungen sind für ältere Menschen kein Problem mehr.		

4.1.1 Soziale Beziehungen sind ein „Mehrzweck-Werkzeug" für gelingendes Altern

Soziale Beziehungen sind gewissermaßen ein „Multi-Tool" guten Alterns, denn

- sie machen Freude
- stärken soziale Anerkennung
- verhindern Einsamkeit
- bringen einen nach draußen und halten fit (z. B. Besuch der Freundin in der Nachbargemeinde)

- sind geistig anregend
- leisten einen wichtigen Beitrag zur Herstellung bzw. Erhaltung von subjektivem Wohlbefinden
- dienen als Puffer gegen kritische Lebensereignisse und die Entstehung psychischer Störungen

Und mit dieser Liste ist wohl die vielschichtige Rolle von sozialen Beziehungen noch nicht erschöpft. Die meisten der genannten Punkte besitzen dabei generelle Gültigkeit, sind also keinesfalls altersspezifisch. Andererseits stellt sich die Rolle sozialer Beziehungen in jeder Phase menschlicher Entwicklung etwas anders dar. In der frühen Kindheit sind die elterlichen Beziehungen einfach da, überaus bedeutsam für die weitere Entwicklung, aber nur bedingt seitens des Kindes direkt beeinflussbar. Später in der Jugendzeit und im jungen Erwachsenenalter besteht eine der wichtigsten Aufgaben darin, den eigenen Bedürfnissen gemäße Beziehungen dauerhaft aktiv aufzubauen. Im mittleren Erwachsenenalter ist weiterhin die Familie mit Kindern die dominante soziale Organisationsform, auch wenn es immer mehr kinderlose Paarbeziehungen gibt. Außerfamiliäre Bekannt- und Freundschaften sind häufig mit der Berufsrolle verknüpft. Im höheren Lebensalter geht es nicht zuletzt darum, diese in einem anderen Kontext (der früheren Arbeitswelt) verankerten Sozialbeziehungen aufrechtzuerhalten, neue Rollen wie die Großelternrolle auszuleben (diese kann natürlich auch bereits in der späten Berufsphase beginnen) und spät im Leben möglicherweise notwendige Pflegebeziehungen mit Angehörigen, manchmal auch mit außerfamiliären Pfleger:innen, so zu gestalten, dass Stabilität, Zuverlässigkeit und Verantwortlichkeit mit möglichst vielen reziproken Beziehungselementen verbunden bleiben. Reziprok bedeutet hier, dass man sich weiterhin gegenseitig etwas geben kann und keine allzu großen Einseitigkeiten, etwa im Sinn von „Ich fühle mich ausgebeutet“ (pflegende Person) oder „Ich fühle mich völlig abhängig und hilflos“ (zu pflegende Person), entstehen.

4.1.2 Objektive und subjektive Aspekte von sozialen Beziehungen

Eine der wichtigsten Unterscheidungen in Bezug auf soziale Beziehungen ist die zwischen objektiven Beziehungsindikatoren und subjektivem Beziehungserleben: Zum ersten Bereich gehören vor allem die Netzwerkgröße (d.h. die Anzahl der Personen, zu denen Kontakte bestehen) sowie zentrale Merkmale der Netzwerkpartner:innen (z.B. deren Alter und Geschlecht, die Häufigkeit von Kontakten pro definierter Zeiteinheit, die Dauer der Beziehung, die räumliche Distanz zwischen Netzwerkpartner:innen). Ferner geht es um die Existenz und Umsetzung von verfügbaren Hilfs- und Unterstützungsleistungen generell bzw. in Krisensituationen.

Zum zweiten Bereich gehören die Zufriedenheit mit sozialen Beziehungen, Gefühle von Intimität, Vertrautheit, Gefühle von Angenommen-Sein oder Ablehnung, Gefühle des Gesteuert-Werdens oder der Unterlegenheit, Gefühle von Reziprozität, des Unterstützt-Werdens und der sozialen Eingebundenheit versus Einsamkeit. Das sogenannte *Konvoi-Modell* der amerikanischen Alternspsychologin Toni Antonucci besagt, dass Menschen im Laufe ihres Lebens einen mehr oder weniger ausgeprägten sozialen „Geleitschutz" für sich selbst aufbauen (oder eben nicht aufbauen), von dem sie dann auch spät im Leben zehren können (oder eben nicht). Wenn z. B. eine Person ihre wichtigen sozialen Kontakte vorwiegend aus Personen ihres Arbeitsplatzes rekrutiert hat, dann kann dieser „Geleitzug" nach dem Übergang in die nachberufliche Phase gefährdet sein *(Fuller et al., 2020).* In der psychologischen Alternsforschung hat sich, ausgehend vom Konvoi-Modell, eine wissenschaftliche Erhebungsmethode eingebürgert, die das objektive und subjektive Element sozialer Beziehungen auf recht einfache aber wirkungsvolle Weise verknüpft (Abbildung 9).

- *Fuller et al. (2020):* Schöner Überblick zum Konvoi-Ansatz und seinen Facetten.

Abbildung 9: Kreistechnik zur Erhebung des sozialen Netzwerks (modifiziert nach Kahn & Antonucci, 1980, in Schmidt & Wahl, 2022, S. 35)

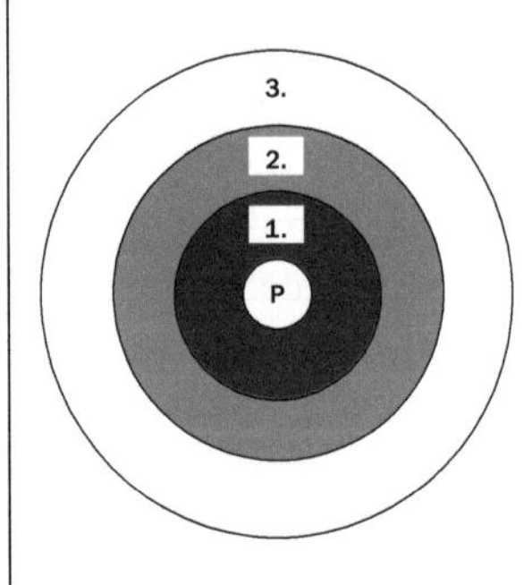

1. Zugehörigkeit zum Konvoi stabil über längere Zeit, nicht mehr von der Rolle abhängig. *(Erfassungsbeispiel: „Menschen, denen Sie sich so nahe fühlen, dass Sie sich ein Leben ohne sie nicht vorstellen können.")*
2. Zugehörigkeit zum Konvoi zum Teil abhängig von der sozialen Rolle und Veränderungen über die Zeit wahrscheinlich. (*„Menschen, denen Sie sich nahe fühlen, aber weniger als im 1. Kreis."*)
3. Zugehörigkeit zum Konvoi rollenabhängig und bei Rollenwechsel veränderlich. (*„Menschen, die Ihnen wichtig sind, aber denen Sie sich nicht so nahe fühlen wie im 2. Kreis.*)

Die Zielperson, ein älterer Mensch, wird als „Ich" ins Zentrum der Kreise platziert. Danach sollen jeweils für die unterschiedlichen Kreise passende Personen aus dem eigenen sozialen Netzwerk benannt werden bzw. diese werden von einer anderen Person in die entsprechenden Kreise eingetragen. So entsteht ein Bild des sozialen Netzwerks, das einerseits die Berechnung der Anzahl von Personen in den einzelnen Kreisen erlaubt (objektiver Aspekt); gleichzeitig sind die genannten Personen durch Zuteilung zu den jeweiligen Kreisen hinsichtlich ihrer emotionalen Bedeutung für die Zielperson qualifiziert (subjektiver Aspekt).

Praxistipp: Gerade wenn es um soziale Beziehungen, Alleinsein und Einsamkeit geht, kann diese eigentlich als Forschungsmethode gedachte Kreistechnik auch praktisch viel bringen. Stellen Sie sich vor, Sie sprechen mit einer älteren Person über Ihre sozialen Interaktionspartner:innen. Stellen Sie sich weiter vor, eine ältere Person würde dann für die beiden inneren Kreise keine einzige Person nominieren. Das wäre ein Alarmzeichen, auch wenn es sicher in jedem Lebensalter Personen gibt, die keinerlei nahe soziale Beziehungen benötigen, um zufrieden oder sogar glücklich zu sein. Da sind aber Ausnahmepersonen!

4.1.3 Forschungsergebnisse zu sozialen Beziehungen und Einsamkeit im höheren Lebensalter

Die objektive Größe von *Netzwerken* und die objektive Kontakthäufigkeit verringern sich mit dem Älterwerden. Aber es gibt eine sehr wichtige Qualifikation dieser allgemeinen Aussage: Die Anzahl wichtiger und enger Beziehungen, also die Personen in den Kreisen 2 und 3 in Abbildung 9, bleibt bis ans Lebensende im Mittel relativ konstant *(Wrzus et al., 2013).* Die Netzwerke älterer Menschen bestehen vor allem aus nahen Familienmitgliedern und engen Freund:innen. Dass die Verringerung der Netzwerkgröße im Zuge des Älterwerdens nichts Schlechtes ist, hat vor allem die sogenannte *sozio-emotionale Selektivitätstheorie* von *Laura Carstensen (2006)* stark gemacht. Diese Theorie argumentiert, dass die Verringerung der Netzwerkgröße vor allem durch eine Veränderung der Motive älterer Menschen zur Aufrechterhaltung von sozialen Beziehungen ausgelöst wird. Ältere Menschen investieren gewissermaßen all ihre Energie in den Erhalt von ihnen sehr wichtigen Beziehungen, während sie andere eher „sausen“ lassen. Ältere selegieren also ihre Beziehungen und das, was sie dafür zu tun bereit sind, besonders danach, ob die betreffenden Personen ihnen emotional viel bedeuten oder nicht.

- *Carstensen (2006):* Sehr guter Überblick zu ihrer sozio-emotionalen Selektivitätstheorie, eine der derzeit anerkanntesten Theorien in der psychologischen Alternsforschung, erschienen in einer der weltweit wichtigsten Wissenschaftszeitschriften „Science“.

Besonders wichtig auch im höheren Lebensalter sind Paarbeziehungen. Liebe, Intimität, soziale Unterstützung, gemeinsame Unternehmungen, Unterstützung des/der Partner:in bei Krankheit oder Pflegebedürftigkeit – all dies und noch viel mehr bieten Paarbeziehungen im höheren Lebensalter. Dabei rücken auch ältere *LGBTIQ*-Personen (lesbische, schwule, bisexuelle, transsexuelle, transgender, queere, intersexuelle und asexuelle Menschen) immer stärker in den Fokus der Forschungsaufmerksamkeit und der Öffentlichkeit. Häufig bereits mehrere Jahrzehnte andauernde Paarbeziehungen im höheren Lebensalter sind in der Regel durch eine hohe eheliche Zufriedenheit, tiefe Verbundenheit und gute Abstimmung der Interaktions- und Kommunikationsmuster gekennzeichnet (Klaus & Marne, 2019). Zu letzteren gehört insbesondere, dass man auftretende Konflikte eher „flach" hält. Gelingt dies nicht oder werden z. B. unerwartete Konflikte mit Kindern erfahren, so können diese allerdings auch als sehr belastend erlebt werden. Man kommt dann häufig erst nach Tagen wieder „runter" von Ärger oder Wut darüber. Dies sind allerdings eher seltene Ereignisse spät im Leben, gleich, ob man in einer Paarbeziehung oder „solo" lebt. Was wir zunehmend sehen, sind älter werdende Singles (Baas et al., 2008). Das sind häufig Frauen, die nach einer Scheidung im mittleren Alter keine neue feste Partnerbeziehung eingehen und dafür ihr soziales Netzwerk hoch „arbeitsteilig" ausbauen. Unterschiedliche Netzwerkpartner:innen übernehmen dann höchst unterschiedliche Rollen: fürs Wandern, für die Oper, fürs Schwatzen, fürs Reisen oder einfach für einen gemeinsamen Kaffee.

An diesen Beispielen erkennt man auch gut, dass Alleinleben oder Allein-Sein im höheren Lebensalter keineswegs mit Einsamkeit gleichgesetzt werden darf. Einsamkeit ist im Zuge der COVID-19-Pandemie stark in den Fokus der öffentlichen Diskussion gerückt. Einsamkeit ist dabei in unterschiedlichen Altersgruppen in Folge der Pandemie angestiegen, nicht nur bei älteren Menschen *(Wettstein & Wahl, 2021)*. Aber wie in vielen anderen Bereichen hat hier die Pandemie nur wie unter einem Mikroskop Phänomene unserer Gesellschaft, hier Einsamkeit, deutlich herausgehoben. Einsamkeit zeichnet sich vor allem durch das intensive und sehr belastende subjektive Erleben aus, dass man im sozialen Austausch nicht das erhält, was man dringend benötigt. Einsamkeit ist also ein prototypischer subjektiver Aspekt von sozialen Beziehungen bzw. deren Fehlen. Die wichtigsten empirischen Fakten sind die folgenden:

- Einsamkeit steigt nach der derzeit besten Längsschnittevidenz im Lebensverlauf nicht dramatisch an. Etwa jede 7. Frau und etwa jeder 10. Mann über 80 Jahre beschreibt sich in Deutschland als einsam, was ungefähr 600 000 Personen in diesem Alterssegment entspricht.
- Allerdings: Menschen im höheren Lebensalter mit niedrigem sozioökonomischen Status, mit gravierenden gesundheitlichen Einschränkungen und in Pflegeheimen zeigen deutlich höhere Raten an Einsamkeit.

Eine der wesentlichen neuen Erkenntnisse der letzten Jahre geht dahin, dass Einsamkeit nicht nur ein sehr belastendes Gefühl ist, sondern erhebliche gesundheitliche Risiken mit sich bringt (z. B. *Luo et al., 2012;* Wahl, 2021).

- Einsamkeit ist ein Risikofaktor für Bluthochdruck, Herzerkrankungen, Übergewicht und ein geschwächtes Immunsystem.
- Einsamkeit ist ebenso ein etablierter Risikofaktor für Angst, Depression, kognitive Beeinträchtigung und Demenz.
- Einsamkeit ist ein signifikanter Prädiktor für geringere Langlebigkeit.
- Einsamkeit geht auch mit erhöhter Suizidbereitschaft einher (Suizide im späten Leben verlaufen meist tödlich).

Praxistipp: Einsamkeit im höheren Lebensalter darf nicht über-, aber auch nicht unterschätzt werden. Achten Sie besonders auf einsame und alleinlebende ältere Menschen mit kognitiven Störungen, die bislang vernachlässigt wurden. Achten Sie ebenso auf einsame und alleinlebende ältere Menschen in ungünstigen Nachbarschaften und Quartieren (z. B. heruntergekommene Häuser, Plattenbausiedlungen, Kriminalität, schlechte Anbindung an ÖPNV, Vandalismus).

4.1.4 Zärtlichkeit und Sexualität im späten Leben

Obgleich körperliche Nähe, Zärtlichkeit und Sexualität zu den natürlichsten sozialen Erfahrungen gehören, sind Forschungsarbeiten in diesem Feld alles andere als „main stream". Das gilt auch für die Psychologie des Alterns. Man spricht in unserer Gesellschaft nicht gerne über Sexualität und erst recht nicht über Sexualität im höheren Lebensalter. Können Sie sich vorstellen, dass eine Tochter/ein Sohn mit Mutter/Vater im Pflegeheim über deren sexuelle Bedürfnisse spricht? Oder sogar über Fragen in Bezug auf die eigene Sexualität in der Hoffnung, von den alt gewordenen Eltern einen Rat zu erhalten? Aspekte rund um das Thema der Sexualität sind in jeder Phase des Erwachsenenlebens allgegenwärtig, bleiben aber häufig unausgesprochen.

Anregung zur Selbst-Reflexion:
Was geht Ihnen beim Thema Sexualität bei Menschen höheren Lebensalters durch den Kopf? Notieren Sie's einfach mal:

____

____

____

Sie wissen, was nun folgt: Ich weiß natürlich nicht, was Sie notiert haben, aber ich kann mir gut vorstellen, dass Bemerkungen wie „Hab' noch nie drüber nachgedacht.", „Bleibt das ganze Leben wichtig." oder „Spielt im Alter keine wesentliche Rolle mehr." dabei sind. Aber wahrscheinlich auch noch ganz andere Aspekte.

Die gute Botschaft der psychologischen Alternsforschung ist, dass heute kleinere und große Studien vorliegen, die uns die Thematik auch als ein bedeutsames wissenschaftliches Untersuchungsfeld erschließen (siehe Zusammenstellung in Brose & Zank, 2019). Zunächst sollte hervorgehoben werden, dass Sexualität keine alternsbiologische Thematik ist, bei der es eben nur um sexualitätsrelevante körperliche Veränderungen geht. Diese gibt es natürlich: Bei alternden Frauen gelten die Wechseljahre (im Mittel etwa bei 47 Jahren in Deutschland, bei großen Schwankungen), also das Ausbleiben der Monatsblutung verbunden mit hormonellen Umstellungen (Details → Netz), als eine Art „magischer Grenze" (Brose & Zank, 2019, S. 527) hinsichtlich sexueller Bedürfnisse und sexuellem Verhalten. Es kommt in der Folge zu einer reduzierten Elastizität und einer verringerten Lubrikation der Scheidenwände. Es können Schmerzen beim Geschlechtsverkehr auftreten. Aber alles spricht dafür, dass Frauen bis ins höchste Alter sexuell genussfähig bleiben und Orgasmen erleben. Bei Männern gibt es keine biologische Grenze ähnlich der Menopause bei Frauen und hormonelle Umstellungen treten kontinuierlicher ein. Es können Erektionsprobleme vorkommen, Erektionen werden weniger stabil, es kann mehr Stimulation notwendig sein, um eine vollständige Erektion zu erreichen, und die Ejakulation ist geringer ausgeprägt. Ähnlich wie bei Frauen bleibt aber die sexuelle Genussfähigkeit auch bei Männern bis ins höchste Alter erhalten. Ein Teil der älteren Männer berichtet über einen im Vergleich zu früher weniger intensiven Orgasmus. Bei beiden Geschlechtern steigt mit dem Älterwerden das Bedürfnis nach Zärtlichkeiten wie Streicheln, Berühren und Küssen, also, wenn Sie so wollen, indirekten Formen von Sexualität.

Hinsichtlich sexuellen Verhaltens spielt das Vorhandensein eines Partners/einer Partnerin eine sehr bedeutsame Rolle. Machen wir uns nochmals klar: Bei der wachsenden Gruppe der über 80-Jährigen sind noch knapp zwei Drittel der Männer verheiratet/in fester Partnerschaft, während es bei Frauen nur noch knapp ein Viertel sind. Dies mag ein Grund dafür sein, dass ältere Frauen in Repräsentativstudien insgesamt über geringere sexuelle Aktivität im Vergleich zu älteren Männern berichtet haben. Dabei hängt natürlich einiges davon ab, wie man „sexuell aktiv" definiert. In Studien wurde z. B. die Definition von „mindestens einmal sexuell mit Partner/in aktiv in den zurückliegenden zwölf Monaten" genutzt. Gefunden wurde dabei in Bezug auf 65- bis 74-jährige Frauen ein Wert von 40 %, bei 75- bis 85-jährigen Frauen ein Wert von 17 %. Bei älteren Männern lagen die entsprechenden Werte bei 70 % bzw. 40 %. Je nach herangezogenem Kriterium für sexuelle Aktivität schwanken diese allerdings erheblich. Das gilt auch für die Zufriedenheit mit dem Sexualleben; sie liegt bei beiden Geschlechtern grob um 50 %, ist aber bei älteren Frauen in der Tendenz höher als bei älteren Männern.

Kurz zusammengefasst: Soziale Beziehungen als zentrale Umweltressourcen sind gerade für Ältere im wahrsten Sinn multidimensional und multifunktional. Sie sind Ressource für alltägliche Lebensqualität und das wichtige Gefühl der sozialen Eingebundenheit ebenso wie für die Erfahrung der grundlegenden Sinnhaftigkeit des höheren und hohen Lebensalters. Soziale Beziehungen halten gesund, stärken die kognitive und psychische Leistungsfähigkeit. Ein Mangel an sozialen Beziehungen, speziell das Erleben von Einsamkeit, ist immer ein Alarmsignal. Es geht um unmittelbare soziale Unterstützung, aber immer auch um längerfristige Gefährdungen der Gesundheit auf allen Ebenen.

4.1.5 Bedeutung einer Lebensspannenbetrachtung für soziale Beziehungen im höheren Lebensalter

Immer im Blick: Die Lebensspannenperspektive

Geburt → Lebensende

Gerade unsere sozialen Gegebenheiten spät im Leben sind von früheren Erfahrungen bis zurück in die Kindheit deutlich mitgeprägt. Zum Beispiel wissen wir, dass die Erfahrung einer sicheren Bindung (sog. „secure attachment", wie es in der internationalen Entwicklungspsychologie-Tradition heißt) zur Bindungsperson in der frühen Kindheit viel dazu beiträgt, dass sich spätere soziale Beziehungen, vor allem enge und intime Beziehungen, in guter Weise entfalten können und stabil bleiben. Kinder mit unsicherer oder ambivalenter Bindungserfahrungen (→ Netz) tun sich hier schwerer, und es gibt durchaus Hinweise, dass dies Auswirkungen bis ins hohe Alter besitzen kann. So zeigen Studien, dass Menschen, die sich zu unterschiedlichen Zeitpunkten ihres früheren Lebens als mit ihren sozialen Beziehungen nicht zufrieden bezeichnen, im höheren Lebensalter über eine höhere Einsamkeit berichten als solche, die ihre früheren Sozialbeziehungen als befriedigend und erfüllend beschreiben *(Ejlskov et al., 2020)*. Es wurde hier sogar eine sogenannte Dosis-Response-Beziehung beobachtet, d. h. je negativer die früheren Beziehungserfahrungen ausfielen, desto einsamer waren die entsprechenden Personen spät im Leben.

Soziale Beziehungen sind ferner immer auch stark biografisch geprägt. Hatte man nie besondere Freude daran, mit anderen Menschen zusammen zu sein, dann dürfte sich dies in den allermeisten Fällen auch im höheren Lebensalter nicht anders darstellen. Es kann aber auch sein, dass man im Laufe seines

Erwachsenenlebens den Beruf über alles gestellt und deshalb zu wenige tragfähige Beziehungen entwickelt und gepflegt hat. Das kann dann im höheren Lebensalter, wenn die beruflichen Beziehungen wegfallen und eventuell der eigene Partner/die eigene Partnerin unerwartet früh stirbt, gewissermaßen auf einen zurückfallen. Es ist nämlich gar nicht so einfache, sich spät im Leben nochmals einen ganz neuen Freundeskreis zu erschließen. So sind viele Ältere als Beziehungsperson „vergeben", möchten gar keine weiteren engen Beziehungen mehr.

4.1.6 Bedeutung des sozialen und kulturell-historischen Kontexts für soziale Beziehungen im späten Leben

Immer im Blick: Der soziale Kontext

Soziale Beziehungen sind natürlich selbst ein wichtiger Kontext guten Alterns, jedoch sind sie auch selbst wieder in kulturell-historische Rahmenbedingungen eingebunden. Hier einige Beispiele aus ganz unterschiedlichen Bereichen: Vielfach wurde in den letzten Jahren argumentiert, dass die familiäre Pflege auf der Kippe stehen könnte, weil z. B. Kinder für ihre Berufskarriere hochmobil sein müssen oder auch nicht mehr zu intensiver Pflege ihrer Eltern bereit seien. Entsprechende Studien haben zwar gefunden, dass es solche Entwicklungen durchaus gibt, jedoch dürfen sie nicht überschätzt werden. Insgesamt gibt es weiterhin keine Erosion familiärer Strukturen in Deutschland, und das System familiärer Pflege, ohne das ja der Umgang mit Pflegebedürftigkeit in unserer Gesellschaft nicht funktionieren würde, scheint weiterhin recht robust zu sein.

Anregung zur Selbst-Reflexion:
Wären Sie selbst bereit, später einmal die Pflege Ihrer Eltern zu übernehmen? Was wären für Sie wichtige Aspekte, sich dafür oder aber auch dagegen zu entscheiden?

____

____

____

Ein zweites Beispiel: Einsamkeit im höheren Lebensalter ist im historischen Verlauf der zurückliegenden vier Jahrzehnte entgegen vielfältiger Behauptungen in Medien nicht angestiegen, sondern sogar eher etwas zurückgegangen *(Huxhold & Engstler, 2019)*. Das bedeutet natürlich nicht „Entwarnung“; Einsamkeit ist und bleibt auch bis auf Weiteres eines der wichtigsten Felder der sozialen und sorgenden Arbeit mit älteren, vor allem Menschen im hohen Alter, wie wir oben gezeigt haben. Allerdings sollten wir auch die Kirche im Dorf lassen. Einsamkeit überrollt uns und auch die Älteren nicht – da ist Gestaltungsspielraum.

4.2 Psychologische Aspekte von gebauter und natürlicher Umwelt

Soziale Umwelten haben traditionell in der psychologischen Alternsforschung viel Aufmerksamkeit gefunden, wie wir oben gesehen haben. Altern findet aber eben auch in physisch-räumlichen Umwelten statt. Oder sagen wir es konkreter: Wohnen bedeutet viel für ältere Menschen. Hier verbringt man viel Zeit, ist froh, zurück zu sein (z. B. nach einem abendlichen Theaterbesuch); hier wohnt man vielleicht schon seit 30 Jahren oder noch deutlich länger. Altern ist nicht zuletzt, wie es häufig in der internationalen Literatur heißt, auch „Aging in Place“. Aber zunächst sind Sie dran.

Statement	Richtig	Falsch
Nur der kleinere Teil der Älteren wohnt noch in einer Privatwohnung.		
Für Ältere sind nur Lage und Ausstattung ihrer Wohnung wichtig.		
Die meisten Älteren würden gerne in eine seniorengerechte Wohnung umziehen, wenn sie könnten.		

Wohnen im höheren Lebensalter ist psychologisch gesehen sehr facettenreich: Soll ich nochmals umziehen? Fühle ich mich hier noch wohl und sicher? Werde ich hier vereinsamen? Soll ich mein Haus verkaufen und in eine seniorengerechte Mietwohnung ziehen? Oder eine solche kaufen? Endlich habe ich Zeit für den großen Garten, aber wie lange werde ich das noch schaffen? Im Folgenden schauen wir uns zunächst die objektive Seite des Wohnens spät im Leben genauer an – und dann die subjektive Seite. Beide gehören unabdingbar zusammen.

4.2.1 Wohnen im höheren Lebensalter – objektiv

Derzeit leben etwa 93 % der Menschen in Deutschland im Alter über 65 Jahre in privaten Wohnungen (Kremer-Preiß, 2012; Penger et al., 2012), am häufigsten in Ein- (34 %) und Zweipersonenhaushalten (57 %). Die restlichen 7 % jenseits der 93 % teilen sich wie folgt auf:

- 4 % der über 65-Jährigen wohnen in Alten- und Pflegeheimen, Wohnstiften, Seniorenresidenzen. Allerdings wohnen dann jenseits des 80. Lebensjahres ca. 11 % in Heimen. Jenseits von 90 Jahren wohnen etwa 40 % in Heimen. Das heißt aber auch umgekehrt, dass etwa 89 % der älteren Menschen im Alter von 80 und mehr Jahren und 60 % der über 90-Jährigen in Deutschland in Privathaushalten wohnen.
- 2 % wohnen in Formen des Betreuten Wohnens; hier werden ergänzende Dienste angeboten, und die Wohnungen sollten barrierearm sein, aber man besitzt einen eigenständigen Mitvertrag oder ist Eigentümer:in der Immobilie.
- 1 % wohnen in sonstigen gemeinschaftlichen Wohnformen, Mehrgenerationenwohnen, Pflegewohngruppen bzw. Hausgemeinschaften.

Auch der überwiegende Anteil der Personen mit Demenz (ca. 75 %) wohnt in privaten Wohnungen und wird dort gepflegt. Gleichzeitig ist heute der überwiegende Anteil der Pflegeheimbewohner:innen, etwa 60 % im Durchschnitt, an Demenz erkrankt. Nur ein kleiner Anteil der Wohnungen, in denen Ältere und eben auch Menschen im hohen Alter wohnen, ist weitgehend Barrierereduziert, vor allem mit bodengleicher Dusche, einer erhöhten und mit Haltestangen abgesicherten Toilette, Rollstuhlgängigkeit und entsprechend breiten Türen und einer gut angepassten Kücheneinrichtung. Insofern ist die unten im Praxistipp angeregte „Besichtigung" der Wohnung von älteren Menschen bis zum heutigen Tag wichtig, und sie bringt nicht selten „beratungsrelevante" Gegebenheiten zum Vorschein (Abbildung 10).

Gleichzeitig muss man sich als professionell handelnde Person in der Arbeit mit älteren Menschen darüber im Klaren sein, dass die meisten in Bezug auf ihre Wohnsituation von hoher bis sehr hoher Zufriedenheit berichten. Wir stehen bisweilen also professionell vor einem Dilemma: Auf der einen Seite sehen wir möglicherweise unmittelbaren Handlungsbedarf, um Unfälle und Verletzungen zu vermeiden, die möglicherweise sogar in einer Heimübersiedlung enden könnten. Auf der anderen Seite sagen uns ältere Menschen: „Ich bin sehr zufrieden hier. Ich möchte jetzt in meinem Alter gar nichts mehr an meinem Wohnen verändern. Das gibt nur Schmutz und Lärm. Und ist teuer."

Abbildung 10: Den Blick auf das Wohnen von älteren Menschen in Privathaushalten schärfen (Fortsetzung nächste Seite)

Blick in Toilette:

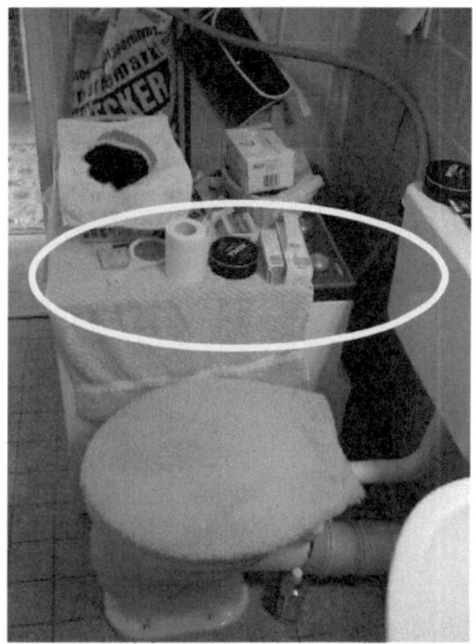

Enge, keine Griffe und Haltemöglichkeiten, Verletzungsgefahr bei „falscher“ Bewegung

Blick ins Bad:

zu schmale Tür für Rollstuhl oder Rollator, unebener und eventuell rutschiger Boden, vollgestellt, schlechte Beleuchtung

Blick auf Treppe:

kein gutes Geländer, rutschiger Teppich, Farben verdecken Abstufungen

Blick in Küche:

schwer erreichbare Regale, Verletzungs- und Sturzgefahr, oft schlechte Beleuchtung

Blick ins Umfeld:

unebene Zugangswege, Sturzgefahr, schlechte Beleuchtung bei Dunkelheit

Häufige Wohnhandlungen:

Mülltonne schwer erreichbar, in dunkler Ecke, Sturz- und Verletzungsgefahr

Anmerkung: Alle Fotos aus Forschungsbestand Hans-Werner Wahl & Frank Oswald; eigene Aufnahmen

4.2.2 Ein psychologisches Modell von Wohnen im höheren Lebensalter

Die Wohnung ist für ältere Menschen ein Hort der Sicherheit, des Vertraut-Seins, von Heimatgefühlen und von Sich-zu-Hause-Fühlen. Sie ist also auf der einen Seite ein „Gefühlsraum", oftmals auch mit vielen Erinnerungen an die Kinder, vielleicht an den/die bereits verstorbene:n Partner:in, vielleicht auch an die Eltern aufgeladen. Hier gab es Feste, Stolz auf das „Eigenheim", Trauer, persönliche Umbrüche, Freude über neugeborene Enkelkinder usw. Im Amerikanischen kann man all diese Facetten ganz gut mit dem Begriff des Person-Umwelt-„Belonging" („Zugehörigkeit") abbilden (Penger et al., 2019). Auf der anderen Seite ist Wohnen auch objektiv umbauter Raum an einem definierten geografischen Ort. Da gibt es Enge und Weite, eine schöne oder weniger schöne Aussicht, eine schwer zu begehende, aber „schöne" Wendeltreppe, eine schlechte Anbindung an den öffentlichen Nahverkehr, eine lärmende Durchgangsstraße oder eine Lage nahe am Stadtwald – die Ruhe selbst. Das bedeutet auch, dass Wohnen und Wohnlage zum Handeln (z. B. nach draußen gehen, sich sicher in der Wohnung bewegen, das Bad barrierefrei umbauen) auffordert, Verhalten problemlos ermöglicht oder Risiken beinhaltet (zu hohe Regale, herumliegende Elektrokabel, schlechte Beleuchtung in der Küche). Im Amerikanischen kann man all diese Facetten ganz gut mit dem Begriff der Person-Umwelt-„Agency" („Handlungsfähigkeit") zusammenführen. Sie kann je nach Wohnungslage und -ausstattung hoch oder niedrig sein, sicheres Handeln ermöglichen oder in verschiedenen Bereichen „Sturzfallen" enthalten, die mit viel Glück vielleicht bislang keine Verletzungen ausgelöst haben, dies aber jederzeit geschehen kann, vor allem, wenn Gehen und Balance-Halten unsicherer werden.

Praxistipp: Zum guten Kennenlernen der gesamten Lebenssituation eines Menschen höheren Alters gehört ein Besuch in seiner Wohnung. Ältere Menschen beschönigen z. B. gerne ihr Wohnen („Alles in Ordnung. Ich bin zufrieden."). Sie sollten die Wohnung selbst gesehen haben! Sie werden sich wundern, was es alles an Wohnvariationen gibt und mit welchen Gefahrenquellen manche Ältere schon jahrelang leben, ohne dass ein Unfall geschehen ist. Da kommt natürlich die Wohnung auch als Präventionsansatz sofort ins Spiel, denn oftmals wissen Ältere gar nicht, was eine gute Wohnraumanpassung bedeutet – und dass manche Lösung (ein erhöhter Toilettensitz, eine deutliche Verbesserung der Beleuchtung, ein Haltegriff, einfaches Wegräumen) gar nicht so teuer sein muss. Außerdem ist die Wohnung der ideale Ort, die Lebensgeschichte der betreffenden Person kennenzulernen. Oft kann man die Wohnung selbst (Fotos, Bilder, Erinnerungsstücke, geliebte Möbel usw.) als eine Art Materie gewordene Biografie betrachten. Also auf jeden Fall: Betrachten Sie in Ihren professionellen Begegnungen mit Älteren stets auch deren Umfeld – sozial und räumlich. Schauen Sie sich die jeweilige Wohnungssituation und auch das Wohnumfeld genau an. Sie werden sehen, dass manches Problem eher durch Umweltveränderung angegangen werden sollte.

Abbildung 11 führt in einem allgemeinen Gesamtmodell von „Person-Umwelt-Austauschprozessen" das zusammen, was wir eben bereits mit vielen Einzelbeispielen gesagt haben.

Abbildung 11: Rahmenmodell zum Person-Umwelt-Austausch im höheren Lebensalter (erweitert nach Wahl & Oswald, 2016, S. 115)

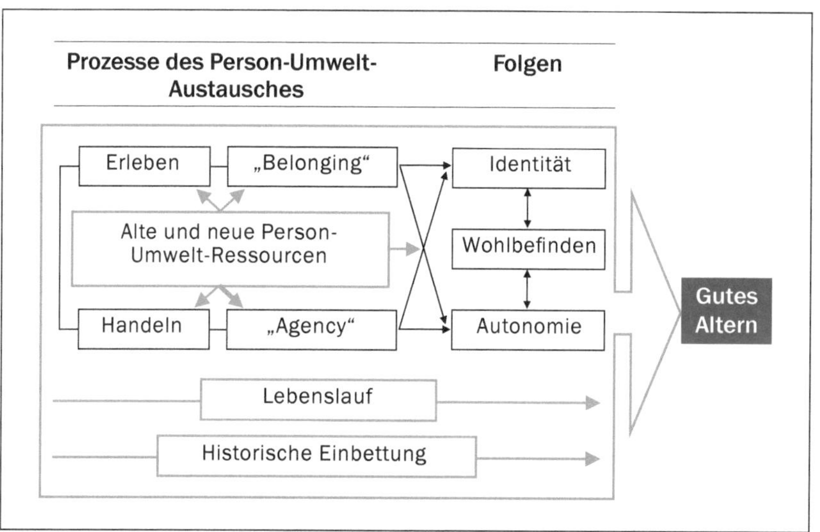

Sie sehen in Abbildung 11 die uns bereits bekannten Konzepte von „Belonging" und „Agency". Ein wesentlicher Unterschied zwischen beiden Konzepten besteht übrigens darin, dass bei „Belonging" keine Zielorientierung vorliegt, sondern die „Befriedigung" in den Prozessen selbst liegt (z. B. „In diesem Haus fühle ich mich ganz geborgen"). Bei „Agency" werden hingegen stets Ziele verfolgt (z. B. „Ich will alles dafür tun, um hier wohnen zu bleiben"). Beide Prozesse hängen ab von Ressourcen seitens der Person und der Umwelt. Unter Ressourcen seitens der Person sind körperliche und geistige Fähigkeiten ebenso gemeint wie der Gesundheitszustand, kognitive Leistungsfähigkeit oder grundlegende psychische Haltungen und erworbene Strategien zur Auseinandersetzung mit der Situation oder der Bildungsstand. Ressourcen seitens der Umwelt umfassen alle räumlich-dinglichen, technischen oder sozialen Bedingungen der unmittelbaren Lebensumwelt sowie die ökonomischen Rahmenbedingungen.

Ferner wird in diesem Rahmenmodell angenommen, dass Person-Umwelt-Austauschprozesse im höheren Lebensalter auch Folgen für die Lebensqualität besitzen. Es wird erwartet, dass „Belonging"-Prozesse vor allem zur Aufrechterhaltung von Identität bzw. identitätsrelevanter Persönlichkeitsaspekte im höheren Lebensalter beitragen. Auf den Punkt gebracht: „Dies ist meine Wohnung, hier fühle ich mich wohl, da stecken in allem meine Persönlichkeit und mein Leben drin." Eben die Wohnung als Materie gewordene Biografie, wie wir schon oben sagten. Manchmal sagen Ältere auch, wenn sie ihr eigenes Leben gar nicht mehr von ihrer Wohnung trennen können, beides gewissermaßen ineinander verschmolzen ist: „Hier gehe ich nur mit den Füßen nach vorne raus." Genau dies meint auch das amerikanische „Aging in Place": Das lange Wohnen am selben Ort führt bei älteren Menschen zu einer häufig tiefen Bindung an die eigene Wohnung. Hier will man bleiben, komme, was wolle. „Agency"-Prozesse des Person-Umwelt-Austauschs haben demgegenüber mehr mit dem Erleben von Autonomie und Alltagskompetenz zu tun. Auf den Punkt gebracht: „Ich kann ich schalten und walten, wie ich möchte. Von hier aus findet mein Leben statt. Hier kann ich verändern, was ich will." Und beides, Identität und Autonomie, sind sicher auch wichtige Facetten von Wohlbefinden. All dies macht gutes Altern aus.

4.2.3 Menschen höheren Alters und Klimakrise

Das Wechselspiel zwischen Altern und Umwelt besitzt schließlich auch eine Dimension auf der Makroebene. Hier geht es nicht zuletzt um den hochaktuellen Bereich des Klimawandels. Wie es derzeit aussieht, werden wir z. B. in Zukunft massenhaft Schattenplätze im öffentlichen Raum benötigen, um uns vor zu viel Sonneneinstrahlung zu schützen. Ältere Menschen sind dabei besonderen Gefährdungen ausgesetzt, weil sie z. B. zur Gruppe mit den höchsten Raten an Herzerkrankungen gehören, die wiederum in deutlichem Zusammenhang mit Hitzewellen stehen. Das Zusammentreffen der beiden Mega-Trends Altern und Klimawandel verlangt also danach, Vorsorge dafür zu treffen, dass wir vor allem in urbanen Räumen ausreichend viele und ausreichend große Schattenbereiche zur Verfügung haben. Speziell für Kinder und ältere Menschen. Bisweilen hat man den Eindruck, dass dies viele Kommunen noch nicht erkannt haben.

Interessant sind in diesem Zusammenhang die Ergebnisse einer Studie von *Rohrer et al. (2021),* die zeigen, dass die Sorge um die Umwelt zwischen 20 und 80 Jahren insgesamt recht stabil auf relativ hohem Niveau ausgeprägt ist, auch wenn sie im hohen Lebensalter leicht zurückgeht. Vor allem Personen ab 60 Jahren (86 %) trennen laut eigener Angabe konsequent den Müll – im Vergleich dazu behaupten dies nur 65 % der Jüngeren zwischen 18 und 29 Jahren von sich. Auch beim Wasser- und Stromverbrauch tun sich die Deutschen ab 60 stärker als die anderen Altersgruppen hervor. Insgesamt geben 67 % der Deutschen an, auf einen niedrigen Verbrauch zu achten und nicht mehr als nötig zu verschwenden. 58 % sind es bei den Befragten von 18 bis 29 Jahren. Bei den 30- bis 49-Jährigen sind es 60 %, bei den 50- bis 59-Jährigen sind es 69 %. Über drei Viertel (77 %) sind es bei Menschen im Alter ab 60 Jahren (FORSA Umfrage 2019 → Netz).

So ist es sicherlich kein Zufall, wenn gerade ältere Menschen immer häufiger bei den „Fridays for Future"-Demonstrationen anzutreffen sind. Sicher kann man schnell zu älteren Menschen sagen: „Ihr seid's gewesen. Ihr habt's vermasselt mit dem Klima". Oder ein „OK Boomer"-T-Shirt (→ Netz) anziehen. Aber besser wäre es wohl, wenn sich die Generationen zusammentun, um allen noch immer klimawandelskeptischen Akteurinnen und Akteuren Paroli zu bieten.

4.2.4 Bedeutung einer Lebensspannenbetrachtung für Wohnen und Wohnerleben

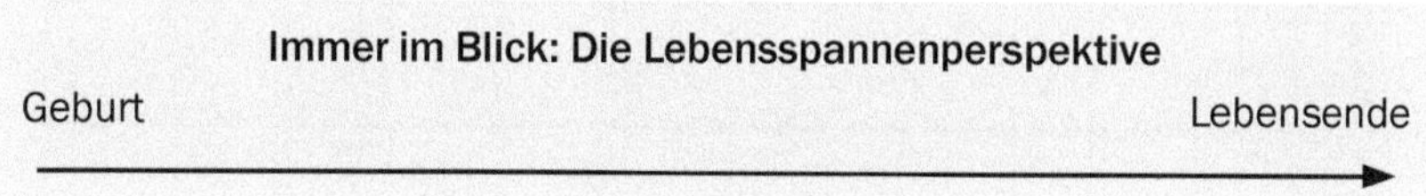

Wir alle bauen im Laufe unseres Lebens eine „Wohnbiografie" auf, die dann auch bedeutsame Auswirkungen auf das Wohnen im höheren Lebensalter besitzt. Zudem scheint sich Wohnerleben im Laufe der lebenslangen Entwicklung zu verändern. So zeigen Studien, dass die Bindung an die eigene Wohnung bzw. an den Wohnort im Laufe des Erwachsenenlebens immer stärker wird. Es entwickelt sich eine Art Verschmelzung zwischen der alternden Person, ihren

Bedürfnissen, Unsicherheiten und Ängsten und dem Wohnen an einem spezifischen Ort: Hier gehöre ich hin – wenn ich nicht mehr hier wohne, bin ich nicht mehr die Person, die ich war. Man könnte es auch so ausdrücken, dass im Laufe des Lebens die „Belonging"-Seite des Wohnens immer wichtiger wird, während die „Agency"-Seite eher an Bedeutung verliert (Wahl & Lang, 2004).

Vieles spricht auch dafür, dass Menschen im Laufe ihres Lebens sehr unterschiedliche Haltungen und Ansprüche in Bezug auf Wohnen entwickeln. Legten sie z. B. schon immer viel Wert auf großzügiges Wohnen, dann ist es eher unwahrscheinlich, dass sie sich im späten Leben auf ein oder zwei Zimmer reduzieren möchten. Haben sie bereits Erfahrungen in Wohngemeinschaften, z. B. als Studierende, gemacht, dann könnte es durchaus sein, dass sie sog. neuen Wohnformen im höheren Lebensalter wie dem Mehrgenerationenwohnen oder Wohngemeinschaften aufgeschlossener gegenüberstehen.

Praxistipp: Es ist auch für Beratung sehr wichtig, sich diesen Sachverhalt stets vor Augen zu führen. Im Einzelfall mag viel dafürsprechen, zu einem Umzug ins Betreute Wohnen oder in eine Pflegeeinrichtung zu raten. Die aktuelle Wohnsituation mag offensichtlich ungeeignet sein, die Vorzüge einer besser angepassten oder besser angebundenen Wohnung samt besserer pflegerischer Versorgung mögen „erdrückend" sein. Dennoch lehnen nicht selten Ältere einen Umzug trotz bester Unterstützungszusage ab, weil ihr „Belonging" so stark ist, dass Formen der „Agency" („Jetzt ziehe ich nochmals um") ins Hintertreffen geraten.

Anregung zur Selbst-Reflexion:
Wie würden Sie vorgehen, um einen Menschen höheren Lebensalters davon zu überzeugen, dass er/sie „gefährlich" wohnt und etwas daran ändern könnte/sollte?

____

____

____

Hinzu kommt, dass Ältere generell eine deutlich geringere Umzugsbereitschaft als Jüngere haben. Lieber dort bleiben, wo man ist, und sich eingerichtet hat, statt Risiken einzugehen, die man nicht haben möchte. Und da ist ja auch etwas dran: Wer kann schon sagen, wie die neue Nachbarschaft aussehen würde, ob man tatsächlich neue Sozialkontakte aufbauen kann.

4.2.5 Bedeutung des sozialen und kulturell-historischen Kontexts für Wohnen im höheren Lebensalter

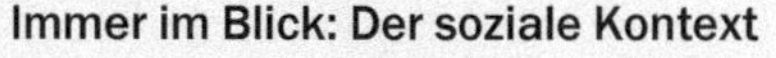
Immer im Blick: Der soziale Kontext

Wohnen sollte man nie vom sozialen Kontext trennen. Zwar stimmt es, dass in deutschen Städten etwa 50 % sog. Ein-Personen-Haushalte sind und davon wiederum die ganz große Zahl ältere Frauen. Aber Wohnen ist auch der Ort des „Auslebens" der Paarbeziehung spät im Leben, der nachbarschaftlichen Beziehungen und der sozialen Gegebenheiten „im Quartier". Ältere Menschen sind oft die besten Kenner:innen ihres Quartiers, haben ein Wissen darüber, wie sich Stadtteile über Jahrzehnte verändert haben, haben eventuell sogar noch Kriegs- und Nachkriegserfahrungen in dem Stadtteil, in dem sie heute noch wohnen und leben. Umzüge im höheren Lebensalter haben häufig den Charakter von sog. „Netzwerkwanderungen": Man zieht in die Nähe der Kinder, um näher an der Familie zu sein, vielleicht einfacher Aufgaben der Enkelkinderbetreuung zu übernehmen, und auch selbst eine höhere Wahrscheinlichkeit von familiärer Pflege „im Fall des Falles" zu haben.

Historisch gesehen haben sich auch die Ansprüche an Wohnqualität, eventuell sogar die Erwartung einer geprüften Wohnqualität (z. B. Gütesiegel für eine Wohnanlage), verändert. Man ist heute auch als alleinwohnende ältere Person, wenn man nicht ökonomisch an der Armutsgrenze oder sogar darunter lebt, nicht mehr mit einer Ein-Raum-Wohnung zufrieden, hätte gerne einen guten Wohnkomfort und auch gerne mindestens ein zweites Zimmer, das man dann auch als Gästezimmer arbeiten kann. Wohnen wird also auch bei Älteren immer mehr zu einer Form der „Lebensstiläußerung" und von „Luxus", den man sich gönnt, weit weg von dem traditionellen „wohnt ja noch zu Hause". Vieles spricht schließlich dafür, dass die heute Älteren auch umzugsbereiter und offener für sog. „neue" Wohnformen wie Eigentümergemeinschaften, gemeinschaftliche Wohnformen und Mehrgenerationenwohnen werden (Wahl & Steiner, 2021).

4.3 Psychologische Aspekte einer immer stärker digitalisierten Person-Umwelt-Wechselwirkung (auch) im höheren Lebensalter

Fantasieren wir uns doch einmal für einen Moment in die Zukunft mit dem folgenden Szenario:

Herr Müller ist 91 Jahre alt und lebt im Jahre 2030 alleine in einer Dreizimmerwohnung. Seine Frau ist vor einigen Jahren gestorben, und seine Tochter lebt in Kanada. Herr Müller hat als Folge eines schweren Sturzes große Schwierigkeiten beim Gehen, er kann nur noch mit großer Anstrengung das Haus verlassen. Sein Bett, das an ein Home-Monitoring-System angeschlossen ist, übermittelt ein Signal an dieses System, sobald er aufsteht, und es schaltet sich ein sanftes Licht an. Auf ein Sprachkommando hin öffnen sich die Rollläden, Fenster und Türen. Nach dem Frühstück geht Herr Müller ins Wohnzimmer und schaltet mit einem kurzen Sprachkommando den großen dort an der Wand befindlichen Bildschirm an. Hier kann er alles so einstellen, wie er es benötigt. Die Schrift ist groß genug, sodass er ohne Brille erst einmal die aktuellen Tagesnachrichten liest und dann die Heizung über das System höherstellen lässt. Danach geht er über den virtuellen Marktplatz zur Apotheke. Er braucht neue Medikamente. Außerdem erledigt er noch einige Bestellungen beim Lebensmittelhändler, und er bestellt ein Mittagsgericht in seinem Lieblingsrestaurant. Da Herr Müller in letzter Zeit häufig wichtige Dinge vergisst und sich öfter unwohl fühlt, fragt das mit dem Bildschirm verbundene digitale Assistenzsystem derzeit einmal pro Tag wichtige Gesundheits- und Alltagsbereiche ab und stellt auf Wunsch auch Beratungswissen zur Verfügung. Herr Müller kann nach dem Feedback selbst entscheiden, ob er externe Hilfe benötigt und die erhobenen Daten weiterleitet. Direkte Online-Verbindungen mit dem Hausarzt und anderen wichtigen Beratungseinrichtungen sind möglich bzw. es werden automatisch Termine generiert. Zwei Stunden später bringt ein Bote die Medikamente und kurz danach kommt auch das Essen. Am frühen Nachmittag setzt sich Herr Müller über den Bildschirm mit zwei guten Bekannten in Verbindung zur virtuellen Skatrunde. Später unternimmt Herr Müller einen kleinen Spaziergang mit seinem smarten Rollator, der Hindernisse erkennt und sich den Bedürfnissen von Herrn Müller und den Erfordernissen der jeweiligen Gehwege anpasst. Am Abend macht Herr Müller, wieder längst zu Hause, sein tägliches „Brain-Gaming" mit seinem digitalen Assistenzsystem. Der Tag klingt nach einem kurzen Videotelefonat mit der Tochter in Kanada aus mit dem Film „Dr. Schiwago", den sich Herr Müller per Sprachsteuerung bestellt hat.

Anregung zur Selbst-Reflexion:
Was finden Sie gut an dieser Lebenssituation von Herrn Müller?

Was finden Sie nicht so gut an der Lebenssituation von Herrn Müller? Wo sehen Sie eventuell Risiken?

____

____

____

Was Sie alles notiert haben, kann ich nicht wissen. Aber ich kann mir gut vorstellen, dass dabei einige unmittelbar psychologisch bedeutsame Aspekte zutage getreten sind: Herr Müller fühlt sich vielleicht trotz seiner motorischen Probleme mit Hilfe der Technologien autonom und selbständig, ist eventuell sogar stolz darauf, dass er dies alles noch mit seinen 91 Jahren nutzen kann. Gleichzeitig könnte er sich aber auch abhängig von der Technik fühlen, er wünscht sich vielleicht mehr „menschliche" Unterstützung und Kontakte, er fühlt sich u. U. sehr alt und hinfällig, weil er so viel, wenn auch smarte, Hilfsmittel benötigt. Aber zunächst sind Sie bitte nochmals dran.

Statement	Richtig	Falsch
Neue digitale Medien und Systeme überfordern die Lernmöglichkeiten des hohen Alters.		
Ältere lehnen durchweg Technik ab.		
Smarte Technologien können pflegende Angehörige bedeutsam entlasten.		

4.3.1 Was digitale Technologien leisten können (und was nicht)

Im Wesentlichen können digitale Technologien vier Aufgabenfelder unterstützen (Schmidt & Wahl, 2019a; Wahl et al., 2021):

- *Prävention:* Geräte und Systeme, die altersassoziierte Abbauprozesse und Verhaltensänderungen verhindern bzw. herauszögern können, z. B. Gesundheitsmonoring oder videobasierte Trainingsprogramme.
- *Kompensation und Assistenz:* Geräte und Systeme, die z. B. Kraftverlust oder perzeptiv-motorische Defizite ausgleichen, wie Rollatoren oder Reinigungsroboter.

- *Unterstützung und Organisation der Pflege:* Geräte und Systeme, die von professionellen und familiären Pflegepersonen genutzt werden können, beispielsweise smarte Hebevorrichtungen, robotische Systeme, welche Duschen unterstützen oder Getränke/Essen anreichen oder als Begleitung bei Toilettengängen (vor allem nachts) fungieren.
- *Zufriedenheit und Verbesserung des Lebens etwa durch soziale Partizipationsmöglichkeiten:* Geräte und Systeme, die soziale Vernetzung mit Familienangehörigen, Freunden oder Chatgruppen im Quartier ermöglichen, Spiele oder Bildungsangebote umfassen.

- *Deutscher Bundestag (2020):* Achter Bericht zur Lage der älteren Generation in der Bundesrepublik Deutschland: Ältere Menschen und Digitalisierung – und Stellungnahme der Bundesregierung. Drucksache 19/21650 vom 13.08.2020. Deutscher Bundestag, Berlin (https://www.achteraltersbericht.de/bericht)

Ergänzend zu der obigen Aufzählung sei auch auf Robotik-Assistenzsysteme zur Unterstützung sozial-emotionalen Erlebens von älteren Menschen mit schweren kognitiven Beeinträchtigungen hingewiesen. Bekanntestes Beispiel ist hier das Robotertier mit Namen *Robbe Paro* (→ Netz), welches speziell für den Einsatz bei Menschen mit Demenz entwickelt wurde. Paro war das erste System dieser Art, welches in den Einrichtungen zur stationären Pflege auch eine gewisse Verbreitung erfahren hat. Auch die Deutsche Alzheimergesellschaft hat sich zwischenzeitlich intensiv dem Thema Technologie bei Demenz angenommen *(Deutsche Alzheimergesellschaft, 2021).*

Die existierende Evidenz zu sozial-emotionalen robotischen Assistenzsystemen einschließlich Meta-Analysen und systematischen Reviews zeigt insgesamt zwar ein positives Bild und definitiv keine schädlichen Wirkungen, aber noch kein wirklich belastbares und konsistentes Ergebnis: *Pu et al. (2019)* identifizierten in ihrer Kombination einer Meta-Analyse mit einem systematischen Review insgesamt 13 Studien, wovon neun für die Durchführung einer Meta-Analyse geeignet waren. Quantitativ ergab sich dabei zwar ein insgesamt unterstützendes Bild, aber die statistischen Effekte waren nicht signifikant. Qualitative Studien gaben Hinweise darauf, dass sich positive Effekte grundsätzlich auf unterschiedlichen Ebenen zeigen können, vor allem in Gestalt eines Rückgangs in allgemeiner Erregung, Angst, Stresserleben und Einsamkeit. Forschungsarbeiten in diesem Bereich sind leider bislang noch sehr unterschiedlich in ihrer Qualität, sodass endgültige Aussagen derzeit schwer zu treffen sind. Vorsichtiger Optimismus, aber keine Wunder durch Technik. So könnte man die Situation vielleicht aktuell auf den Punkt bringen.

Forschungs-Highlight: *Schmidt und Wahl (2019b)* haben untersucht, wie Ältere ohne (n = 41) und mit leichten kognitiven Einschränkungen (n = 39) den Umgang mit unterschiedlichen Technologien erlernen. Es ging um die Handhabung eines Blutdruckmessgeräts, eines Smartphones und eines E-Book-Readers (siehe Abbildung 12). Alle Schritte in Richtung Handhabung wurden bei jeder Person und jedem Gerät auf Video aufgenommen und dann eingehend analysiert. Zusätzlich wurde eine Reihe von Fragebögen und Tests (vor allem zur kognitiven Leistung) durchgeführt. Wie erwartet zeigte sich, dass die Älteren mit leichten kognitiven Einschränkungen nicht nur signifikant länger benötigten, bis sie mit dem Gerät umgehen konnten, sondern auch mehr Fehler auf dem Weg dorthin machten. Unterschiede in der verbliebenen kognitiven Leistung waren in beiden Gruppen für die Schnelligkeit und Fehlerhäufigkeit bedeutsam. Auch fanden wir, dass gerade bei Älteren mit kognitiven Einschränkungen auch frühere Bildungserfahrungen wichtig waren. Lag eine höhere Bildung vor, zeigten die Älteren mit kognitiven Einschränkungen relativ bessere Leistungen. Die Studie unterstreicht, dass die große Gruppe der Älteren mit leichten kognitiven Einschränkungen im Zuge der Digitalisierung auch des späten Lebens einer besonderen Aufmerksamkeit bedarf.

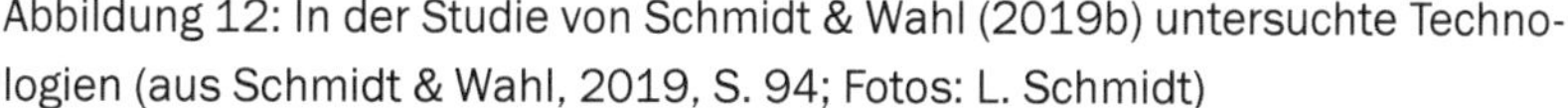

Abbildung 12: In der Studie von Schmidt & Wahl (2019b) untersuchte Technologien (aus Schmidt & Wahl, 2019, S. 94; Fotos: L. Schmidt)

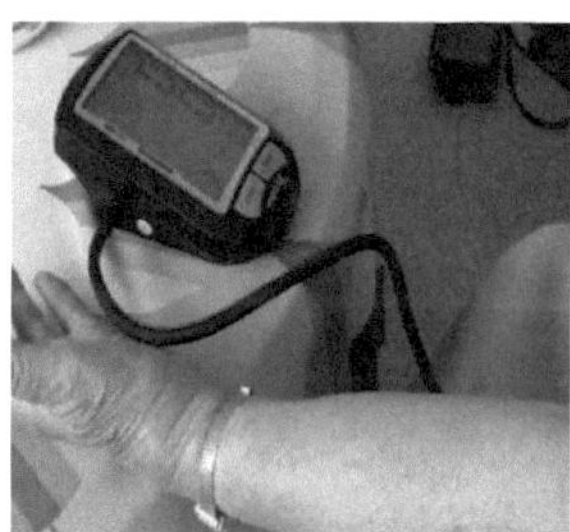

Drei Punkte seien noch ergänzend gemacht: Zum Ersten gibt es zwischenzeitlich viele Belege und Daten dazu, dass ältere Menschen nicht grundsätzlich technikfeindlich eingestellt sind. Allerdings erwarten Ältere auch schnelle Erträge und Vorteile im Alltag, wenn sie eine neue Technologie erlernen. Zum Beispiel kann es für eine ältere Person eine großartige Erfahrung sein, wenn sie lernt, wie ein soziales Kommunikationssystem funktioniert, und sie anschließend mit dem Enkelkind Nachrichten und Bilder austauschen kann: Stolz, dass man es „noch" lernen konnte, toll, dass man nun direkter mit dem Enkelkind kommunizieren kann, Lust, jetzt auch noch mehr „zum Internet" zu lernen. Ein sehr wichtiger Punkt für Ältere besteht auch darin, ob sie in der

Nutzung von Technologien Möglichkeiten und Potenziale finden, länger „in den eigenen vier Wänden" wohnen zu bleiben bzw. sich sicherer „für den Fall des Falles" zu fühlen. Da geht es etwa um Sturzsensorik, Notrufsysteme, effektive Kommunikation mit medizinischen Diensten und smarte Einkaufsdienste. Auch das Erleben, Teil einer Gemeinde zu sein und am kommunalen Geschehen und kommunalen Abläufen teilnehmen zu können (soziale Partizipation), ist für Ältere sehr bedeutsam. Zunehmend sind vor diesem Hintergrund in Deutschland digitale Projekte entstanden, die auch die Vernetzung im Quartier unterstützen und fördern können (siehe Literaturtipp oben: *8. Altersbericht der Bundesregierung, 2020*).

Demgegenüber gibt es derzeit noch viele Vorbehalte zum Einsatz von Robotern als Alltags- und Pflegehilfe. Wie in Wahl et al. (2021) zusammengestellt (siehe auch die entsprechenden Quellen der Umfragen dort), haben in Umfragen der Allgemeinbevölkerung in den letzten Jahren nur 19 % der Befragten einen persönlichen Nutzen in Assistenzrobotern erkennen können; ein Drittel lehnte demgegenüber eine mögliche Rolle der Robotik im Bereich Hilfe- und Pflegebedürftigkeit kategorisch ab. Die Ablehnung stieg mit dem chronologischen Alter an. Allerdings, ein wichtiger psychologischer Aspekt: Der Anteil der älteren Befürworter:innen steigt deutlich an, wenn man die Nutzung von Assistenzrobotik mit einem längeren Zu-Hause-Wohnen-Bleiben verbindet. Ein möglichst langes Wohnen-Bleiben in der eigenen Wohnung bzw. im angestammten Wohnumfeld („Aging in Place") ist, wie wir es oben beim Thema „Wohnen" (Teil 4.2) gesehen haben, eines der zentralen Bedürfnisse älterer Menschen (Oswald & Wahl, 2005). Allerdings gibt es zumindest in Deutschland derzeit keinerlei belastbare Daten, die ein solches Versprechen empirisch untermauern könnten. Es ist noch keineswegs sicher, ob Roboter in Zukunft für Ältere zu „robot companions" werden, die man eventuell sogar sympathisch findet, und die man vermisst, wenn sie mal nicht verfügbar sind.

Es geht in diesem kontroversen Feld also um eine differenzierte und nüchterne Sichtweise. Aussagen in Richtung „unmenschliche Pflege" im doppelten Wortsinn von „Maschinen-Pflege" und einer nicht wirklich zugewandten Betreuung sollten mit großer Vorsicht genossen werden. Mein Vorschlag wäre, sie ganz zu vermeiden. Auf der anderen Seite sind Professionen, die intensiv mit älteren Menschen arbeiten, auch zu einer kritischen Haltung aufgerufen, wenn nicht sogar verpflichtet:

- Menschen mit kognitiver Beeinträchtigung werden zu selten in Studien eingeschlossen. Das führt zu unzulässiger Einseitigkeit bei der Generierung wissenschaftlicher Evidenz.
- Digitale Technologie bringt neue Abhängigkeiten für Ältere. Notwendig sind letztliche digital Assistenzsysteme, die auf smarte Art und Weise genau so viel Unterstützung anbieten wie tatsächlich notwendig ist. Von diesem

hehren Ziel im Sinne der Selbständigkeitserhaltung sind wir noch weit entfernt.

- Digitale Technologie sollte stets in Zusammenhang mit dem Tun von bedeutsamen Professionen gesehen werden und nicht als Alternative.
- Digitale Technologie bringen anspruchsvolle Datenschutzfragen mit sich, die rechtlich noch längst nicht vollständig gelöst sind.

Anregung zur Selbst-Reflexion:
Wie positionieren Sie sich selbst zur Nutzung von Robotik als Pflegeunterstützung von Älteren mit Kompetenzverlusten?

____

____

____

4.3.2 Zur Psychologie der Techniknutzung durch Ältere

Das Technikakzeptanz-Modell (siehe dazu Schmidt & Wahl, 2019a) ist bis heute eines der renommiertesten Modelle zur Technikakzeptanz. Dabei wird davon ausgegangen, dass die Intention, eine konkrete Technologie oder Anwendung (z.B. eine App) zu nutzen, der beste Prädiktor für eine tatsächliche Nutzung darstellt (Abbildung 13).

Abbildung 13: Das Technikakzeptanz-Modell

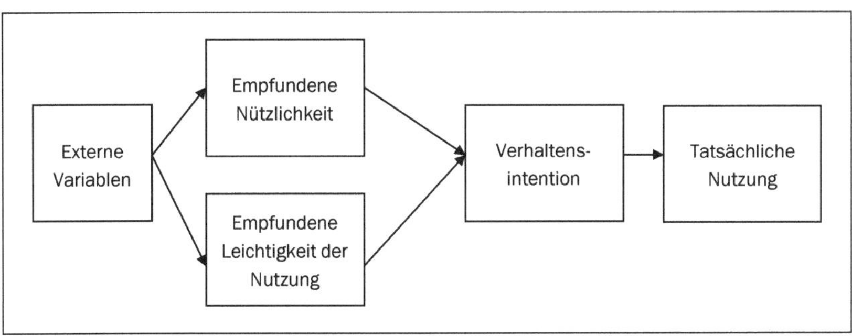

Nur, wie kann es gelingen, bei einer älteren Person einen starken „Willensakt" zur Techniknutzung bzw. zu einem „Ich probiere es einfach mal", eben eine Intention, zu erzeugen? Nach dem Technikakzeptanz-Modell sind es insbesondere zwei Einschätzungen, die hier zentral sind: Die empfundene Nützlichkeit der Technik („perceived usefulness") und die empfundene Leichtigkeit der Nutzung der Technik („perceived ease of use"). Forschungsarbeiten zum Technikakzeptanz-Modell bei älteren Menschen haben recht konsistent gezeigt, dass es vor allem die Nützlichkeit ist, die entscheidend ist für eine starke Intention und dann für eine länger anhaltende Nutzung (Schmidt & Wahl, 2019a). Die Frage „Was bringt das mir? („perceived usefulness") stellen gerade Ältere sehr schnell; für sie sind typische Reaktionen von Jüngeren wie „ist cool", „mal sehen, was ich damit alles erleben kann" oder „muss man einfach ausprobiert haben" nicht wichtig. Aber Erlebensweisen im Sinne von „unterstützt sofort meine Sicherheit", „wird mir helfen, hier alleine wohnen zu bleiben" oder „kann schon in ein paar Tagen mit meiner Tochter videotelefonieren, denn die hat ja immer weniger Zeit, vorbeizukommen" sind ungeheuer motivationsförderlich für ältere Menschen. Natürlich soll dann die Technologie auch keinen Riesenaufwand oder wochenlanges Training benötigen, damit man sie kompetent und zuverlässig einsetzen kann (als „perceived ease of use").

Zusätzlich werden „externe Variablen" als bedeutsam angenommen, etwa die gesundheitliche Situation, Persönlichkeit oder die bisherige Technikbiografie. Zum Beispiel könnten ältere Menschen mit motorischen Probleme eine App, die vor Stürzen warnt, als nützlicher betrachten als ältere Menschen ohne Gehschwierigkeiten.

4.3.3 Bedeutung einer Lebensspannenbetrachtung für Techniknutzung im höheren Lebensalter

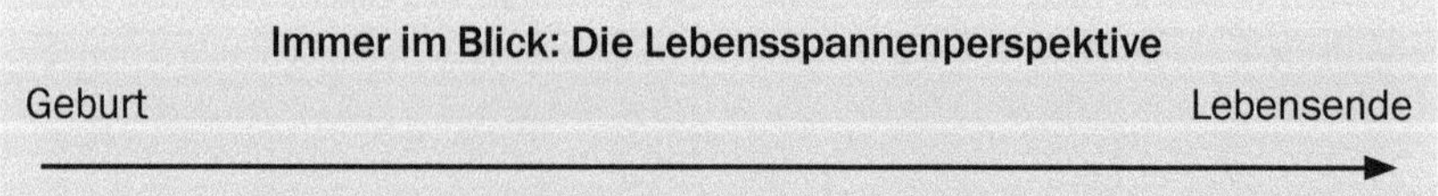

Techniknutzung im höheren Lebensalter hat offensichtlich auch viel mit Einschätzungen, Einstellungen und Erfahrungen im früheren Leben zu tun. Aus diesem Grund wird in empirischen Projekten zur Techniknutzung bei älteren Menschen häufig auch die *Technikbiografie* erfasst. Bewährt hat sich dabei die Zusammenstellung von sieben Aussagen in einem Erfassungsinstrument. Der Anschaulichkeit halber seien diese nachfolgend wörtlich wiedergegeben (nach Kaspar, 1993, S. 95):

1. Ich habe in meinem Leben immer viel mit Technik zu tun gehabt.

2. Ein Beruf, der mit Technik zu tun hat, wäre nichts für mich gewesen.
3. Ich habe die Benutzung von Technik vermieden, wo immer ich konnte.
4. Ich war stets daran interessiert, die neuesten technischen Geräte zu besitzen.
5. Komplizierte Technik hat mich zumeist verunsichert.
6. Die Bedienung von Computern habe bzw. hätte ich gerne gelernt.
7. Ich war stets daran interessiert, den Umgang mit neuen oder verbesserten Geräten zu erlernen.

Was sich in diesen Fragen abzeichnet, ist auf der einen Seite eine Tendenz zur Technikvermeidung („Ich habe die Benutzung von Technik vermieden, wo immer ich konnte"), auf der anderen Seite eine Tendenz zur Innovationsbereitschaft („Ich war stets daran interessiert, den Umgang mit neuen oder verbesserten Geraten zu erlernen"). Empirisch wurde gefunden, dass Ältere mit einer „technikzugewandten" Biografie neue Technologien schneller erlernen und sie nachhaltiger nutzen *(Jokisch, 2022).*

Praxistipp: Die Nutzung von digitalen Medien und Technologien wird in Zukunft immer stärker auch die professionelle Arbeit mit älteren Menschen generell, mit älteren Menschen mit Hilfe- und Pflegebedarfen sowie ihren Angehörigen bestimmen. Dies bedeutet, dass dieses Feld auch zunehmend in den Beratungskanon von sozialen Berufen, die mit Älteren arbeiten, eingehen wird. Beispielsweise könnte eine solche Technikberatung entscheidend werden, wenn es um die Rückkehr eines alleinlebenden, pflegebedürftigen älteren Menschen in die eigene Häuslichkeit geht. Das könnte u. U. nur verantwortbar sein, wenn z. B. ein smartes Notrufsystem samt einer Sturzdetektion-Sensorik installiert werden würde. Dies wird aber von Älteren nicht selten abgelehnt. Die obigen Fragen zur Technikbiografie können helfen, eine solche Ablehnung eingehend zu besprechen. Das könnte eventuell zu einer Meinungsänderung der betroffenen Person führen.

4.3.4 Bedeutung des sozialen und kulturell-historischen Kontexts für Techniknutzung durch Ältere

Immer im Blick: Der soziale Kontext

Wir haben schon weiter oben mehrfach auf die Bedeutung von Kohorten/Generationen hingewiesen. Kohorten machen unterschiedliche Erfahrungen, z. B.

Abbildung 14: Techniknutzungserfahrungen von unterschiedlichen Generationen von Menschen (modifiziert nach *Kolland et al., 2019*, S. 10)

Technikgeneration	Geburtskohorte	Alter im Jahr 2022
Frühtechnische Generation	geboren vor 1939	84+ Jahre
Generation der Haushaltsrevolution	geboren 1939–1948	83–74 Jahre
Generation der zunehmenden Haushaltstechnik	geboren 1949–1963	73–59 Jahre
Computergeneration	geboren 1964–1980	58–42 Jahre
Internetgeneration	geboren ab 1980	Unter 42 Jahre

im Bildungs- oder Gesundheits-, aber auch im Technikbereich. In Abbildung 14 ist eine Einteilung von Technikgenerationen wiedergegeben, die sich gut bewährt hat (Claßen, 2012; *Kolland et al., 2019*). Erwachsene der frühtechnischen Generation verfügen über signifikant geringere Erfahrungen mit Technologien als Personen, die der Kohorte der Haushaltsrevolution zugeordnet wurden. Damit ist die wachsende Einführung von robuster Haushaltstechnik, wie z. B. Waschmaschine, Geschirrspüler und Fernsehgerät, gemeint. Wiederum mehr Technikerfahrung findet sich in der Generation mit zunehmender Haushaltstechnik, in der eine umfassende Haushaltstechnik zum Standard geworden ist, einschließlich Videorekorder oder fortgeschrittener Telefonanlagen. Demgegenüber befindet sich die Generation mit umfassenden Computererfahrungen noch nicht im höheren Lebensalter. Allerdings wird diese Generation in 20–25 Jahren die Schwelle zum hohen Alter überschreiten und damit wird die erste Generation mit intensiven Erfahrungen mit digitalen Technologien in die stärker verletzliche Erfahrung eines fortgeschrittenen Alters eintreten.

Erfahrungen mit Technik und Einstellungen zu Technik sind immer auch untrennbar verbunden mit Kohortenerfahrungen bzw. mit Technikgenerationen.

Wichtig erscheint schließlich noch der Hinweis auf die sog. *digitale Kluft* (Schmidt & Wahl, 2019a). Der Begriff adressiert die Kluft zwischen Menschen, die Zugang zu digitalen Medien haben und diese nutzen, und jenen, die keinen Zugang haben. Ausgehend von der Annahme, dass die Nutzung von digitalen Medien wie dem Internet Ressourcencharakter besitzen, sind gewissermaßen durch die Digitalisierung neue Ungleichheiten entstanden, indem bislang Gruppen von diesem Ressourcencharakter exkludiert sind. Dazu gehören ältere Menschen, aber auch innerhalb der Älteren gibt es eine stark bildungsgetriebene Exklusion, d. h. ältere Menschen mit niedrigerer Bildung haben eine deutlich geringere Chance, neue Medien und Technologien zu erlernen und in ihrem Leben sinnvoll zu nutzen. Diese Datenlage ist in Deutschland eindeutig.

Innerhalb der Älteren sind es neben niedriger Gebildeten vor allem Frauen höheren Lebensalters, Ältere in den neuen Bundesländern und Ältere in ländlichen Regionen, die weiterhin von der digitalen Kluft betroffen sind.

Kurz zusammengefasst: Umweltressourcen in Bezug auf die gebaute, natürliche und technische Umwelt sind vielfältig und bedürfen der Berücksichtigung einer Mikro- und Makroebene. Auf der Mikroebene ist Wohnen der wohl wichtigste physisch-räumlich Kontext für ältere Menschen. So ist Wohnen Ausdruck von Autonomie und gleichzeitig sehr bedeutsam für Ortsidentität und Heimatgefühle. Diese psychologische Seite von Wohnen darf aber nicht von objektiven Gegebenheiten, wie z. B. einer starken Barrierehaftigkeit oder einer schlechten Anbindung an den ÖPNV, getrennt werden. Auf der Makroebene werden Fragen des Klimawandels immer stärker auch von älteren Menschen aufgegriffen. Schließlich kann auch Digitalisierung als eine das Altern stark berührende Umweltveränderung betrachtet werden.

III Psychologische Herausforderungen – Wege und Umwege gelingenden Alterns

5. Kritische Lebensereignisse spät im Leben

Bitte identifizieren Sie selbst, wo wir uns im allgemeinen Modell befinden (siehe auch Abbildung 2, S. 32). Genau, wir sind bei der Rolle von kritischen Lebensereignissen für gelingendes Altern angelangt.

5.1 Wann sind Lebensereignisse spät im Leben „kritisch"?

Das höhere Lebensalter könnte man vielleicht als jene Lebensphase beschreiben, in der sich kritische Lebensereignisse in besonderer Intensität häufen: Der Übergang in die nachberufliche Phase ist alles andere als trivial, die Wahrscheinlichkeit für schwere Erkrankungen ist höher als in jeder anderen Lebensphase, ebenso die Wahrscheinlichkeit, den/die Partner:in oder ein Kind zu verlieren. Der Verlust der Selbständigkeit wird häufig wie ein über allem hängendes Damoklesschwert von Älteren und ihren Angehörigen empfunden. Doch zunächst sind Sie dran:

Statement	Richtig	Falsch
Der Übergang in die nachberufliche Phase ist heute mit vielen Risiken behaftet.		
Wie mit Verwitwung umgegangen wird, ist von Mensch zu Mensch relativ ähnlich.		
Umzüge sind spät im Leben immer schädlich.		

Kritische Lebensereignisse lassen sich wie folgt charakterisieren (angelehnt an Filipp & Aymanns, 2018):

- Sie treten zu einem bestimmten Zeitpunkt an einem bestimmten Ort auf (zum Beispiel Tod eines Freundes, Geburt eines Kindes).
- Sie sind häufig Übergänge, die nicht oder nur schwerlich rückgängig gemacht werden können (zum Beispiel Umzug in ein Seniorenheim, Übergang in nachberufliche Phase).
- Sie liegen weit außerhalb des normalen, alltäglichen Erwartungshorizonts.

- Sie werden in der Regel von intensiven Emotionen begleitet (z. B. Ängste, Gefühle der Verunsicherung, der Bedrohung, von Euphorie).
- Sie setzen alltägliche Bewältigungsstrategien außer Kraft, d. h. man kann nicht einfach mit verfügbaren Routinen und Handlungsmustern reagieren.
- Sie haben häufig, wenn es sich um eher negativ orientierte Ereignisse handelt, einen krisenhaften Charakter, d. h. es ist zumindest eine Zeitlang nicht klar, in welcher Weise und mit welchem Erfolg eine Bewältigung möglich sein wird.
- Man kann in der Regel nicht „den Kopf in den Sand stecken", d. h. man kann sich nicht einfach entziehen oder das Ereignis ignorieren, muss sich damit auseinandersetzen.

- Filipp & Aymanns (2018): Sehr schöne Übersicht zur Thematik der kritischen Lebensereignisse.

Das Erleben (z. B. Bedrohungscharakter, positive Emotionen) kritischer Lebensereignisse kann allerdings trotz vergleichbarer Ereignisart (z. B. Eintritt einer Verwitwung) von Person zu Person sehr unterschiedlich sein. Die Gründe hierfür liegen vor allem darin, dass ein solches Erleben von in der Person liegenden Faktoren, aber auch von externen Gegebenheiten bestimmt wird. In der Person liegende Faktoren sind z. B. Persönlichkeit (z. B. Ist man stressanfällig oder nicht?), gesundheitliche Situation (z. B. bereits bestehende schwere Erkrankung, zu der eine weitere schwere Erkrankung kommt) und die je gegebene Fähigkeit, mit einer krisenhaften Erfahrung umzugehen (sog. Coping; z. B. Suche nach bester Information, Suche nach Halt in Spiritualität). Externe Faktoren sind etwa die soziale Einbindung und Unterstützung, die Art des Ereignisses (eine Verwitwung ist wahrscheinlich belastender als die Diagnose einer Diabeteserkrankung) und die Gesamtsituation (vor allem Kumulation von kritischen Ereignissen; z. B. bestehende schwere Krebserkrankung und dann Erfahrung einer Verwitwung).

Ein bis heute kontrovers diskutierter Punkt ist schließlich die Frage, ob wir krisenhafte Herausforderungen in unserem Leben benötigen, um uns weiterzuentwickeln. Hier geht es also um ein *Wachsen in der Krise,* also die Idee, dass wir eventuell schmerzhafte und anstrengende Erfahrungen der Bewältigung benötigen, um uns als Person weiter zu festigen und neuen Erfahrungs- und Erlebensmöglichkeiten Raum zu geben. Empirische Antworten auf die im Allgemeinwissen ja stark verankerte Idee des *Gewinnens durch Verlust* sind schwierig. Wie wir weiter unten noch deutlich sehen werden (Kapitel 6), sind ältere Menschen mit Sicherheit nicht Spielball kritischer Lebensereignisse. Vielmehr schaffen sie es vielfach ähnlich wie Jüngere, Krisen so zu bewältigen, dass Lebenszufriedenheit erhalten und weitere Verluste vermieden werden. Ob dies allerdings ihre Persönlichkeit bzw. ihr Lebenswissen qualitativ anreichert und zu neuen Formen z. B. von kognitiver Komplexität führt, ist umstritten geblieben (Leipold & Greve, 2012). Mit ziemlicher Sicherheit sind solche möglichen Formen des Wachsens in der Krise kein allgemeines Phänomen, sondern höchst individuelle Entwicklungsverläufe. Man könnte z. B. an manche Überlebenden der Vernichtungslager der Nazi-Diktatur denken, die mit unglaublicher menschlicher Größe auch noch im hohen Alter ihre Erfahrungen mit jungen Menschen im Sinn eines Generationenmiteinanders teilen (Kruse & Schmitt, 2000).

Im höheren Lebensalter sind die wichtigsten kritischen Lebensereignisse mit besonders starkem Aufforderungscharakter der Übergang in den Ruhestand, die Erfahrung von Krankheit, Multimorbidität und Pflegebedürftigkeit, die Erfahrung von Verwitwung sowie die Notwendigkeit eines Umzugs, speziell in eine Pflegeeinrichtung. Im nächsten Schritt schauen wir uns diese kritischen Lebensereignisse genauer an.

5.2 Durchstarten: Psychologie des Übergangs in die nachberufliche Lebensphase

Etwa ein Viertel unseres Lebens liegt heute bei Rentenbeginn noch vor uns! Historisch gesehen ist das völlig neu, da Menschen noch nie ein so hohes Alter erreicht haben wie aktuell. So gilt es heute, eine sehr lange Lebensperiode nach dem Übergang in die Rente zu gestalten. Und dies oftmals in sehr guter gesundheitlicher und geistiger Verfassung (Tabelle 4).

Wiederum haben wir – ähnlich wie weiter oben als es um ein „gelungenes" versus „nicht gelungenes" Leben ging (siehe Tabelle 1) – mit Absicht Fragezeichen hinter die Überschriften in Tabelle 4 hinsichtlich eines gelungenen versus misslungenen Übergangs in die nachberufliche Zeit gesetzt. Zum Beispiel könnten wir ins Feld führen, dass Frau A. eben alleine lebt und sich damit anderen Anforderungen in der nachberuflichen Zeit gegenübersieht als Frau B. Frau B. wiederum hat mit unerwarteten Schwierigkeiten zu kämpfen, denn sie tritt früher als erwartet in die nachberufliche Phase ein, wird dabei etwas zum Spielball von Ereignissen, die sie nicht zu verantworten hat (Insolvenz ihres Arbeitgebers). Auch der unerwartet frühe Tod ihres Mannes ist sicher eine große psychische Belastung. Vielleicht wäre hier eine psychologische Beratung gut und hilfreich, denn Frau B. scheint sich schwer zu tun, Einsamkeit zu vermeiden. Und wir wissen natürlich nicht, wie alles weitergegangen ist. Vielleicht muss Frau A. mit einer schweren Enttäuschung zu Rande kommen, wenn sie später nicht mehr ihr Segelhobby ausüben kann und mehr Zeit in den eigenen Wänden verbringen muss, weil sie kränker wird. Vielleicht schafft es Frau B. doch schließlich, einen Umzug zu wagen und in gewisser Weise an einem anderen Ort nochmals neu zu beginnen.

Tabelle 4: Zwei Fallgeschichten – „gelungener“ und „misslungener“ Übergang in die nachberufliche Lebensphase

Frau A.: „Ein gelungener Übergang in die nachberufliche Phase“ (?)	*Frau B.: „Ein misslungener Übergang in die nachberufliche Phase“ (?)*
Frau A. ist 69 Jahre alt, kinderlos, und lebt seit 20 Jahren nach der Scheidung von ihrem Mann alleine. Sie hatte sich bereits etwa ab ihrem 50. Geburtstag mit der Zeit nach ihrem Berufsleben beschäftigt und daraus auch im Kollegenkreis keinen Hehl gemacht, auch wenn sie deswegen manchmal belächelt wurde. Frau A hatte sich zum Beispiel ihren alten Traum erfüllt und den Segelschein gemacht. Sie schaffte sich ein kleines Boot an, vor allem für die Zeit „danach“. Etwa mit 60 Jahren hatte Frau A mit verschiedenen Organisationen Kontakt aufgenommen, um sich ehrenamtlich zu engagieren. Dies führte auch dazu, dass ihr ohnehin schon großer Freundes- und Bekanntenkreis sich weiter ausdehnte. Heute, in den ersten Jahren der nachberuflichen Zeit, ist Frau A Mitglied in einem Segelclub und genießt die Zeit auf einem nahegelegenen See, fast immer zusammen mit anderen Mitgliedern des Segelclubs oder Freunden. Sie wird allgemein für ihre Segelfähigkeiten bewundert. Ihr Freiwilligenengagement ist auf eineinhalb Tage in der Woche angestiegen. Sie benötigt seit zwei Jahren ein Hörgerät, aber das macht ihr nichts aus.	Frau B. ist 63 Jahre alt, verheiratet und kinderlos. Ihr Mann ist bereits vor drei Jahren in Rente gegangen. Er tut sich aber bis heute schwer, mit seiner Zeit Sinnvolles anzufangen. Er macht anfallende Reparaturen in den beiden Eigentumswohnungen, die sie vermietet haben. Er arbeitet gerne handwerklich. Frau B. ist nun unerwartet früher als geplant „freigesetzt“ worden, weil die Speditionsfirma, in der sie 20 Jahre als Buchhalterin gearbeitet hat, in Insolvenz ging. Jetzt haben beide viel Zeit füreinander. Sie gehen viel spazieren und oft auch auswärts essen, was sie früher nur ganz selten getan haben. Frau B. hat wieder mit dem Stricken begonnen, vor allem Strümpfe, die sie dann an Bekannte und Freund:innen verschenkt. Der Ehegatte von Frau B. erleidet bald darauf eine schwere Form von Prostatakrebs und stirbt zwei Jahre später. Frau B. kann den unerwartet frühen Verlust ihres Mannes nur schwer als neue Realität ihres Lebens annehmen. Sie will neue Kontakte knüpfen, aber weiß nicht, wie. Sie überlegt, in eine andere Stadt zu ziehen, aber kann sich dann doch nicht dazu aufraffen.

Der Übergang in die Rente hat in der Lebenslauf- und Alternspsychologie bereits früh, etwa ab Anfang der 1950er Jahre, viel Aufmerksamkeit gefunden. Damals wurde der Übergang in die Rente vorwiegend als ein negatives Ereignis betrachtet, denn es war in der damals vorherrschenden kulturellen Repräsentation der Übergang in das „Alter“ – und das war damals die schlechteste, wenn auch unvermeidbare Phase des gesamten Lebens. Drastische Begriffe wie „Pensionierungsbankrott“ oder gar „Pensionierungstod“ wurden gebraucht. Heute hat sich eine Sichtweise des Übergangs in die nachberufliche Phase durchgesetzt, bei der Merkmale der Person, des Umfelds und der historischen Zeit in vielfältiger Weise zusammenspielen. Auch waren Frauen, wie in unseren Fallgeschichten in Tabelle 4, Anfang der 1950er Jahre überhaupt kein Thema; heute würde kein:e Forscher:in mehr solche Geschlechtsdifferenzierungen vornehmen. Aber zunächst sind Sie wieder dran.

Anregung zur Selbst-Reflexion:
Bitte versetzen Sie sich doch einmal in Frau A. – Was geht Ihnen durch den Kopf?

____

____

____

Bitte versetzen Sie sich nun einmal in Frau B. – Was geht Ihnen durch den Kopf?

____

____

____

Viele Faktoren haben Einfluss darauf, wie der Übergangsprozess in das Leben nach der Berufstätigkeit abläuft, ob neue Chancen genutzt oder nicht umgesetzt werden können. Die wichtigsten dieser Faktoren sind:

- *Unsere Persönlichkeit:* Gehören wir etwa zu jenen Menschen, die bei eintretenden Veränderungen im Leben schnell Stress verspüren, dann wird uns wahrscheinlich auch der Übergang in die Rente eher verunsichern oder gar belasten.
- *Soziale und materielle Bedingungen:* Leben wir alleine mit einer sehr geringen Rente, dann wird dies eher mit Belastungen in der nachberuflichen Alltagsgestaltung einhergehen.
- *Unser über Jahrzehnte gewachsenes Wohlbefinden und dessen Stabilität:* Ein „robust" gutes und stabiles Wohlbefinden im früheren Leben setzt sich in aller Regel in der nachberuflichen Phase fort, auch wenn nicht gleich alle Pläne umgesetzt werden oder „Rückschläge" oder Enttäuschungen eintreten.
- *Gesundheitliche Faktoren:* Sie bestimmen stets bedeutsam unser Leben und damit sicher auch den Übergang in die Rente. Allerdings spielt hier die eigene Bewertung der Gesundheit eine große Rolle. Manche schätzen ihre Gesamtgesundheit trotz bestehender Erkrankungen sehr gut ein; andere erleben gesundheitliche Schwächen, obwohl es objektiv überhaupt keinen Grund dafür gibt.

Ferner sprechen empirische Befunde dafür, sich bereits frühzeitig mit dem Übergang in die Rente auseinandersetzen. Das könnte man auch als die Fähigkeit zum Vorausdenken und -planen (Antizipation) bezeichnen. Solche Antizipation kann mehrfach hilfreich sein: Die Vorausnahme von Zukunftsszenarien, vielleicht auch die Auseinandersetzung mit eigenen Träumen und Sehnsüchten, kann kreative Kräfte und Ideen freisetzen, den eigenen Horizont dessen, was möglich sein könnte, erweitern. Das heißt noch nicht, dass dies alles umsetzbar ist, aber alles, was später angegangen wird, sollte gewissermaßen vorher einmal gedacht worden sein. Antizipieren verstärkt auch die eigene Motivation, weitere Schritte zu gehen, sich gut zu informieren, die vielversprechenden von den „gesponnenen" Ideen zu trennen. Und letztlich hilft Antizipation auch dabei, Verhalten zu zeigen, z. B. einmal in einer Betreuten Wohnanlage „probezuwohnen", die „Ehrenamtsbörse" der eigenen Gemeinde durchzugehen, Kontakte aufzunehmen usw. Dies alles wirkt sich positiv darauf aus, was man dann nach dem Übergang tatsächlich angeht (oder unterlässt), und auch die positive Bewältigung von Fehlschlägen und Enttäuschungen wird gestärkt. Steht einem ein ganzes Portfolio von relativ konkreten Zielen zur Verfügung, dann kann auch einmal ein Ziel schiefgehen. Es gibt andere, an die man relativ direkt anknüpfen kann.

Insgesamt lässt sich der Übergang in die nachberufliche Phase am besten als ein ambivalentes Geschehen deuten und als ein gutes Beispiel für die Grundannahme der Lebensspannenpsychologie, dass jeder Entwicklungsschritt mit Gewinnen und Verlusten einhergeht (Tabelle 5).

Tabelle 5: Übergang in die nachberufliche Lebensphase als Gewinn- und Verlusterleben

Gewinne und Verluste des Übergangs in die Rente	
Gewinne ⟷	**Verluste**
• Weniger Stress • Mehr Zeit für Familie und Enkel • Mehr Möglichkeiten, Beziehung zu leben • Mehr Zeit für eigene Freizeitaktivitäten und Hobbies • Mehr Zeitflexibilität insgesamt	• Geringeres Einkommen • Eine für viele bedeutsame Quelle der Selbstbestätigung entfällt • Eine gleichsam „natürliche" Quelle von Tagesstruktur entfällt • Partnerkonflikte aufgrund neuer und ungewohnter „Nähe"

In Tabelle 5 sind die wichtigsten Aspekte im Sinne von Gewinnen und Verlusten, die mit dem Übergang in die nachberufliche Phase verbunden sind, gegenübergestellt. Der zweigesichtige römische Gott *Janus*, unten in der Tabelle als „Beobachter“ platziert, könnte seine Freude an den Widersprüchlichkeiten des späten Lebens und das Miteinander von Gewinnen und Verlusten haben. Die in der Tabelle enthaltenen Punkten sind selbsterklärend, zeigen aber auch, dass es um ganz unterschiedliche Gewinne und Verluste geht, die im Grunde alle wesentlichen Elemente von Lebensqualität betreffen. Mit anderen Worten: Der Übergang in die nachberufliche Phase ist nicht etwas, was wir von unserem restlichen Leben isolieren können; er betrifft das gesamte Leben.

Kurz zusammengefasst: Kritische Lebensereignisse gehören zu unserem Leben – auch im höheren Lebensalter. Ein alle betreffender kritischer Übergang ist jener in die nachberufliche Lebensphase. Gewohnte Verhaltensmuster und vor allem der bedeutsame Entwicklungskontext der Arbeitswelt fallen weg; ein neuer Lebensstil muss aufgebaut werden. Das geschieht nicht von selbst, sondern erfordert Engagement und auch ein Stück Ausprobieren. Den meisten Älteren gelingt heute der Übergang recht gut, jedoch ist das Austarieren von Verlusten und Gewinnen gerade in den Jahren direkt nach der Verrentung auch eine anspruchsvolle Aufgabe.

5.3 Aushalten: Psychologie von Krankheit, Multimorbidität und Pflegebedürftigkeit im höheren Lebensalter

Krankheiten, Hilfe- und Pflegebedürftigkeit stellen die Verlustseite des Älterwerdens „par excellence“ dar. Wir werden mit zunehmendem Alter immer kränker – das ist unbestritten. Je länger das biopsychosoziale „System Mensch“ läuft, desto anfälliger wird es für Krankheiten, nicht mehr reparierbare Einschränkungen in biologischen Mechanismen wie Zellalterungsprozessen und nicht mehr ausreichend vorhandenen Reservekapazitäten. Mit anderen Worten: Eintretende Verluste der körperlichen Leistung und in der Gesundheit sind nicht mehr voll restituierbar; Einschränkungen werden chronisch und immer mehr Einschränkungen kommen zusammen. In der Folge kann es zu einer Abwärtsspirale kommen, die nur noch schwer aufzuhalten bzw. zu verzögern ist.

Etwa 80 % der über 60-Jährigen haben mindestens eine chronische Erkrankung (länger als drei Monate), etwa 40 % haben mindestens zwei chronische Erkrankungen. Ab dem Alter von 80 bis 85 Jahren gehen die Krankheitsraten nochmals deutlich nach oben, wie alle großangelegten und repräsentativen epidemiologischen (Epidemiologie → Netz) Studien zeigen. Wesentliche Krankheitsgruppen schränken die alltägliche Lebensqualität erheblich ein, und es besteht kaum Aussicht, dass es noch einmal zu einer deutlichen Verbesserung kommt. Tabelle 6 gibt einen Überblick.

Tabelle 6: Quantitativ und qualitativ bedeutsame Erkrankungen bei über 80-Jährigen: Auswirkungen auf Lebensqualität

(Chronische) Krankheit, Behinderung – Häufigkeit	**Auswirkungen auf Lebensqualität**
Schwerwiegende Hörprobleme – ca. 50 %	Alltägliche soziale Kommunikation erschwert; oft nicht ernstgenommen; Stigmatisierung („taub und tumb"); Einsamkeitsrisiko und Demenzrisiko erhöht
Erhebliche Seheinschränkungen – ca. 30 %	Alltägliches Alltagsfunktionieren erschwert (wie Einkaufen, ÖPNV); sicheres Navigieren außerhalb der Wohnung beeinträchtigt; Depressionsrisiko erhöht
Sarkopenie/Frailty (starker Verlust an Muskelmasse/-stärke, Verlangsamung, schnelle Erschöpfung, Gewichtsverlust) – ca. 20 %	Erhöhtes Sturzrisiko; schwere Gehprobleme; Alltagsaktivitäten generell erschwert; erhöhtes Risiko einer Heimübersiedlung; erhöhtes Sterberisiko
Arthrose und Arthritis (schwere und schmerhafte Gelenkerkrankung) – ca. 50 %	Chronische Schmerzen; erhöhtes Sturzrisiko; Feinmotorik sehr erschwert mit Auswirkungen z. B. auf Handynutzung, Bankautomatennutzung
Demenzielle Erkrankung (schwere kognitive Leistungsstörung, Desorientiertheit, Abhängigkeit von anderen, Inkontinenz) – ca. 20 %	Erschwerung von Alltagshandlungen; Verlust an Autonomie; sich verirren; andauernde Pflege; erhöhtes Risiko einer Heimübersiedlung
Krebserkrankung – ca. 20 %	Schwere Auswirkungen von Therapie-Regimen im Alltag (z. B. Chemotherapie); allgemeine Schwäche; erhöhtes Sterberisiko
Herz-Kreislauferkrankungen – ca. 30 %	Schnelle Erschöpfung; Gehprobleme; Ängste; erhöhtes Sterberisiko
Prostataerkrankungen – ca. 50 % der Männer	Verluste im Bereich der Sexualfunktion; Inkontinenz
Diabetes – ca. 20 %	Schnellere Erschöpfung; erhöhtes Risiko an Folgeerkrankungen (z. B. Seheinschränkung); erhöhtes Demenzrisiko

Wie Tabelle 6 nahelegt, wird die Erfahrung von schwerwiegenden Erkrankungen, nicht selten von mehreren gleichzeitig (Multimorbidität), häufig von älteren Menschen als schwerwiegende psychologische Bedrohung erfahren. Wichtige Lebensziele der nachberuflichen Phase, wie z. B. Reisen oder Bildungsaktivitäten, sind möglicherweise nicht mehr umsetzbar. Man erlebt sich nicht länger als „voll funktionierende" Person, fühlt sich von anderen abhängig, verliert internale Kontrolle. So verwundert es nicht, dass zwischen körperlichen Erkrankungen und Depression ein robuster Zusammenhang existiert. Dabei ist die Wirksamkeit wohl in beide Richtungen zu sehen, denn Depression ist auch ein Risikofaktor für körperliche Erkrankung, übrigens auch für Demenzerkrankungen.

Allerdings ist es ebenso ein robuster Befund, dass „objektiv" vergleichbare Krankheitslast sehr unterschiedliche Reaktionen und Bewältigungsstrategien auslösen kann (Wahl & Heyl, 2008). So können die Formen von Bewältigungsstrategien, z. B. bei einem ähnlichen Verlust der Seh- oder Hörleistung, deutlich unterschiedlich ausfallen. So ist es für die einen hilfreich, sich möglichst viel Informationen zu ihrer Erkrankung zu beschaffen, während andere diesbezüglich völlig passiv sind und gar nichts zu ihrer Erkrankung wissen möchten. Die einen suchen in starkem Maße Halt in der Religion, während andere dies nie als Ressource betrachten würden und stattdessen vor allem von sozialer Unterstützung profitieren. Die einen versuchen möglichst wenig an ihre gesundheitliche Belastung zu denken, während andere nichts lieber tun, als von ihrer Krankheit zu erzählen. Die einen werden sehr aktiv und kontaktieren mehrfach z. B. Koryphäen auf dem Gebiet ihrer Erkrankung, während andere sich völlig zurückziehen und alles dafür tun, negative Emotionen nicht „überkochen" zu lassen. Interessant ist, dass es hier in der Regel kein „besser" oder „schlechter" gibt. Man könnte auch sagen „anything goes", solange es einen lindernden und hilfreichen Effekt besitzt. Warum dies so ist, hat viel mit der Lebensgeschichte, mit je gemachten Lebenserfahrungen, der eigenen Persönlichkeit, eigenen Wertvorstellungen, den eigenen Bedürfnissen und dem je gegebenen sozialen Umfeld zu tun.

- Wahl & Heyl (2008): In diesem Kapitel haben wir versucht, die mit dem höheren Lebensalter einhergehenden Verluste zu einem Gesamtbild zu verdichten.

Aber man sollte auch nicht alles in einen rein subjektiven Raum projizieren, denn dies würde ja unserem Prinzip der Kontextualisierung entgegenlaufen. Es geht um beides: die Macht der subjektiven Interpretationen spät im Leben und die eigene „objektive" Körperlichkeit sehr gut im Auge zu behalten. Es geht darum, achtsam zu sein, sich gesundheitsbewusst zu verhalten und nicht alles vorschnell auf das eigene Alter zurückzuführen: „Das ist halt jetzt mein

Alter“ ist kein guter Rat, wenn effiziente Behandlungs- und Rehabilitationsformen verfügbar sind.

Praxistipp: Arbeiten Sie als professionelle Person behutsam dagegen an, wenn ein älterer Mensch häufig oder gar ausschließlich sein Alter als „Quelle allen gesundheitlichen Übels“ betrachtet. Stimmen Sie nicht ein in eine solche Altersklage, auch wenn Sie spüren, dass dies seitens eines älteren Menschen erwünscht ist bzw. erwartet wird. Zeigen Sie auf, dass es verschiedene Gründe für eine nicht befriedigende Bewältigung einer schweren gesundheitlichen Krise geben kann (z. B. zu viele Barrieren in der Wohnung und im Wohnumfeld mit vielen Risiken), vielleicht auch im sozialen Umfeld (keine Vertrauensperson), in der Persönlichkeit („Schaffe ich nie“) oder in noch nicht genutzten Verhaltensweisen („Was soll mir denn das Reden mit anderen bringen?“).

Kurz zusammengefasst: Es ist kein Defizitbild des Alters, wenn wir uns klarmachen, dass die Erfahrung von Krankheiten und Funktionseinbußen in deutlicher Weise den Alltag im höheren, vor allem im sehr hohen Alter bestimmen. Es entsteht das Bild einer hohen, auch psychischen Gefährdung durch Gesundheitseinschränkungen auf vielen Ebenen, das so in keiner anderen Lebensphase zu beobachten ist. Gleichzeitig gilt, dass ältere Menschen mit ihren Krankheitserfahrungen höchst unterschiedlich umgehen. Nie sollten wir von der Schwere einer Erkrankung oder funktionellen Behinderung auf psychische Belastungen schließen. Diese treten vielmehr erst im (professionellen) Kennenlernen eines älteren Menschen deutlich zutage – vielleicht sind sie aber auch erstaunlich gering.

5.4 Eine der schlimmsten Lebenserfahrungen: Psychologie der Verwitwung

Die geliebte Lebenspartnerin oder den geliebten Lebenspartner zu verlieren, gehört zu den stressreichsten kritischen Ereignissen unseres Lebens. Die Wahrscheinlichkeit, den Partner zu verlieren, ist bei den über 65-Jährigen etwa dreimal so hoch wie bei den unter 40-Jährigen; und bei Frauen über 65 Jahren aufgrund ihrer höheren Lebenserwartung sogar etwa viermal so hoch. Lassen wir wiederum zwei Fallgeschichten auf uns wirken (Tabelle 7).

Tabelle 7: Zwei Fallgeschichten – „gelungene" und „misslungene" Anpassung nach dem Tod des Ehegatten/der Ehegattin

Herr A.: „Eine gelungene Anpassung an die Erfahrung einer Verwitwung" (?)	*Frau B.: „Eine misslungene Anpassung an die Erfahrung einer Verwitwung" (?)*
Als vor drei Jahren unerwartet seine Ehepartnerin verstarb, wollte Herr A. eigentlich nichts anderes, als ihr möglichst bald nachzufolgen. Es gab keine Kinder und an dieser Stelle auch keine Verantwortlichkeiten. So erwog er sogar Möglichkeiten, freiwillig aus dem Leben zu gehen. Als Tiefbauingenieur hatte er zwar eine hochwertige berufliche Expertise, aber was sollte er jetzt, mit 78 Jahren, noch damit anfangen? Zufällig hörte er in einer TV-Sendung von einer Senioreninitiative, die weltweit die Expertise von Senioren dorthin vermittelt, wo sie in besonderer Weise gebraucht wird. Der dann erfolgte Anruf hatte Folgen: Herr A. hat zwischenzeitlich bei Brunnenbauprojekten in Burkina Faso, Georgien und Rumänien seine Erfahrung und sein Wissen erfolgreich und mit dem guten Gefühl, etwas mitbewirkt zu haben, eingebracht. Nur bedauerlich, dass seine Frau dies nicht mehr miterleben kann.	Frau B. ist 63 Jahre, und sie steht kurz vor ihrer Verrentung. Mit ihrem Mann hat sie viele Pläne für die Zeit nach dem Beruf geschmiedet. Ihr Mann ist bereits seit vier Jahren im Ruhestand. Sie haben keine Kinder und auch sonst gibt es nicht viele Verwandte oder Freunde. Unerwartet wird bei ihrem Mann eine sehr schwere Krebserkrankung diagnostiziert, die leider viel zu spät entdeckt wurde. Frau B. pflegt ihren Mann die nächsten Monate mit allem, was sie geben kann. Sie hat sogar einen vorzeitigen Übergang in die Rente eingeleitet, was sie unter normalen Umständen nie getan hätte. Ihr Mann stirbt nach elf Monaten; sie selbst ist vor drei Monaten aus dem Berufsleben ausgetreten. Ihre Trauer über den Verlust macht ihr sehr zu schaffen. Sie kann sich zu nichts aufraffen, fühlt sich einsam, alleine und zurückgelassen. Sie vernachlässigt sich selbst und ihre Wohnung zunehmend; auch nach zwei Jahren ist sie nicht wieder auf die Beine gekommen.

Stellen wir uns vor, Herr A. und Frau B. wären uns in einem professionellen Zusammenhang begegnet. Welche Interventionsbedarfe sehen Sie bei beiden?

Anregung zur Selbst-Reflexion:
Bitte versetzen Sie sich doch einmal in Herrn A. – Sehen Sie professionellen Interventionsbedarf?

____

____

____

Bitte versetzen Sie sich nun einmal in Frau B. – Sehen Sie professionellen Interventionsbedarf?

___

___

___

Ich weiß nicht, was Sie notiert haben. Ich kann mir aber vorstellen, dass Sie sich, versetzt in die Rolle einer professionell handelnden Person, gefordert sehen, etwas zu tun, etwas zu verändern, Hilfreiches anzubieten. Dennoch sollten wir (wie bezüglich der der Fallgeschichten weiter oben) auch hier vorsichtig sein, den Anpassungserfolg als „gelungen" oder „misslungen" zu bewerten. Herr A. z. B. hatte auf den ersten Blick „Glück", dass vieles gepasst hat, und er neue Rollen gefunden hat. Aber wir wissen nicht, wie lange seine neuen Engagements wirklich tragen werden. Vielleicht hat sich Herr A. in die neuen Aktivitäten gestürzt, aber wird schnell wieder auf seine Trauer zurückgeworfen – und findet keine neue Antwort? Frau B. könnte sich nach einer Zeit „länger als normal" doch noch einmal fangen, etwa durch eine Ansprache seitens ihrer Kirchengemeinde, die sie in neue soziale Netzwerke einführt und ihr neuen Lebenssinn verschaffen kann. So könnten es gute Ratschläge sein, Herrn A. zu ermutigen, ein Stück weit bei seiner Trauer zu bleiben und eventuell auch in Richtung neuer sozialer Beziehungen aktiv zu werden; Frau B. könnte vor allem von Informationen zu unmittelbar möglichen neuen Kontaktkreisen und Partizipationsformen profitieren, eventuell verbunden mit einer psychologischen Begleitung für eine gewisse Zeit.

Kann es im Leben schlimmer kommen als die Erfahrung des Verlusts „des" geliebten Menschen zu machen?

Forschungs-Highlight: *Luhmann et al. (2012)* haben anhand einer Meta-Analyse die Wirkung unterschiedlicher kritischer Lebensereignisse auf Wohlbefinden unter Einbezug aller zum damaligen Zeitpunkt vorliegenden Studien untersucht: Heirat, Scheidung, Verwitwung, Geburt eines Kindes, Arbeitslosigkeit, Wiedereintritt in die Arbeitswelt nach längerer Pause, Übergang in die nachberufliche Phase und Umzug/Migration. Es ist evident, dass es dabei auch um unterschiedliche Zeitpunkte in der Lebensspanne ging. Wichtig ist auch, dass in dieser Meta-Analyse eine möglichst gute statistische Vergleichsebene geschaffen wurde, d. h. man konnte die sehr unterschiedlichen Lebensereignisse direkt in ihren Wirkungen auf Wohlbefinden kurz- und längerfristig vergleichen. So fanden Luhmann et al., dass nach der Geburt eines Kindes im Vergleich zur Situation vor dem Ereignis das kognitive Wohlbefinden (Zufriedenheit mit dem Leben), vor allem in Bezug auf die Beziehungszufriedenheit, etwas nach unten geht, während das affektive Wohlbefinden („Ich bin glücklich") nach oben ausschlägt. Die Erfahrung einer Verwitwung hingegen war mit den relativ höchsten negativen Wirkungen kurzfristig (etwa erste sechs Monate) vor allem im kognitiven und abgeschwächter im affektiven Wohlbefinden verbunden. Erst etwa 20 Monate nach dem Ereignis erreichte das Wohlbefinden wieder das Niveau vor dem Eintritt des Ereignisses.

Die Besonderheiten des kritischen Lebensereignisses Verwitwung liegen darin, dass es unumkehrbar ist – es gibt kein Zurück. Gleichzeitig ist die Erfahrung der Verwitwung ein häufiges Ereignis, das typisch für die späte Lebensphase und das gleichzeitig durch unsere Kultur deutlich gerahmt ist: Der Tod eines geliebten Menschen gehört zum späten Leben und „muss", der kulturellen Erwartung entsprechend, in gewisser Weise „kompetent" bewältigt werden. Das haben, so könnte man sagen, Millionen von Älteren vor der eigenen Erfahrung eines solches Ereignisses geschafft; also sollte es auch mir gelingen. Wir wissen auch, dass die Einsicht „Ja, das gehört zum höheren Lebensalter, da muss es passieren, das gehört dazu" den psychischen Umgang mit dem kritischen Lebensereignis deutlich unterstützen kann. Es handelt sich um ein Ereignis „on time", mit dem man rechnen musste. Zudem sind die um das Ereignis gruppierten Rituale wie die Organisation der Beerdigung, Traueranzeige, Trauerfeier etc. hilfreich; sie erfordern die Bewahrung eines Alltagsbezugs, sie halten einen auch in tiefer Trauer gewissermaßen „very busy".

Grundsätzlich lassen sich in Bezug auf die Erfahrung einer Verwitwung psychische, verhaltensbezogene, soziale und physische Reaktionen unterscheiden (Börner et al., 2017):

- Typische *psychische Reaktionen* sind eine depressive Stimmung und Ängste, wie es nun weitergehen soll.
- Typische *Verhaltensweisen* sind Rückzug und die zumindest vorübergehende Aufgabe von Aktivitäten, die früher Freude gemacht haben (z. B. Reisen, kulturelle Aktivitäten).
- Typische *soziale Reaktionen* sind ein zumindest vorübergehender Rückzug aus sozialen Netzwerken und sozialen Aktivitäten wie gemeinsames Wandern oder Restaurant-Besuche.
- Hinsichtlich *physischer Reaktionen* können bestehende Krankheiten sich verstärken, das Immunsystem wird anfälliger und damit auch die Krankheitsanfälligkeit; es kann zu Fehl- und Mangelernährung kommen.

Allerdings kann die Erfahrung des Partnerverlusts in bestimmten Konstellationen auch zumindest mittelfristig eine gewisse Entlastung bringen, nämlich dann, wenn der Tod eine schwere, vielleicht mit hohem Pflegebedarf und starken Schmerzen verbundene Lebenssituation beendet. Das „Zwei-Prozess-Modell der Bewältigung“ der Erfahrung einer Verwitwung (siehe Börner et al., 2017) argumentiert, dass das allmähliche Leben-Lernen mit dem Verlust das Ineinandergreifen von zwei Prozessen benötigt. Auf der einen Seite geht es darum, den erfahrenen *Verlust* als Teil einer neuen Lebensrealität akzeptieren zu lernen; auf der anderen Seite steht man aber auch vor der Aufgabe der *Restauration* des Alltagslebens, d.h. es müssen neue Verhaltensmuster entwickelt werden, die an die Stelle der vormals durch den/die Partner:in bestimmten Verhaltensweisen treten können. Dass dies ein schwieriger und langwieriger Prozess ist (siehe noch einmal die oben skizzierte Meta-Analyse von *Luhmann et al., 2012*) versteht sich von selbst.

Praxistipp: Die Erfahrung einer Verwitwung führt relativ häufig zu einer allgemeinen Krisensituation, mit der sich Professionelle in sozialen Berufen konfrontiert sehen. Ein wichtiger Grundsatz in der Arbeit mit Älteren, die erst kürzlich einen Partnerverlust erfahren haben, ist, primär zuzuhören – und nicht mit vorschnellen Ratschlägen aufzuwarten. Eine wichtige Aufgabe ist das „Mut machen“ und die emotionale Unterstützung des „Durchhaltens“, denn fast alles spricht dafür, dass dieses kritische Lebensereignis am Ende als Teil eines „neuen“ Lebens integriert werden kann. Vermeiden Sie auch ein Denken in Termini von „erfolgreicher Bewältigung“. Für die meisten Betroffenen gibt es keinen solchen „Erfolg“, sondern den langwierigen Versuch, die neue Lebensrealität als nun unvermeidbar zu akzeptieren. Allerdings kann der oben beschriebene Prozess der Restauration von Ihnen durchaus sehr unterstützt werden, wenn Sie über hilfreiche Adressen, Institutionen und passende Angebote gut informiert sind. Dies wäre ein „Muss“ vor einem solchen professionellen Kontakt.

Kurz zusammengefasst: Es kann kein Zweifel daran bestehen, dass die Erfahrung der Verwitwung zu den schlimmsten Lebensereignissen überhaupt gehört. Und sie tritt vor allem im späten Leben und sehr viel häufiger bei Frauen als bei Männern auf. Zu berücksichtigen sind mehrdimensionale Folgen in Gestalt von psychischen, verhaltensbezogenen, sozialen und physischen Reaktionen. Gleichzeitig ist dieses schwere Lebensereignis in Jahrtausende kultureller Erfahrung des Zurück-Bleibens eingebunden. Verbunden ist diese kulturelle Rahmung mit der gesellschaftlichen Erwartung, dass eine Bewältigung zumindest bis zu einem gewissen Grad möglich ist und in der Regel auch gelingt.

5.5 Zur Psychologie des Wohnortwechsels im späten Leben – nicht ausschließlich, aber oft ins Pflegeheim

Umzüge können grundsätzlich in jedem Lebensalter als kritische Lebensereignisse gesehen werden. Ein vertrauter Ort wird aufgegeben, liebgewordene Gewohnheiten müssen verändert werden, wichtige soziale Interaktionspartner werden zurückgelassen, die neue Wohnung bzw. das neue Wohnumfeld besitzen viele unbekannte Elemente, die man in der Regel nicht alle vorher „abklopfen" kann. Wenn Sie nochmals an unsere Ausführungen zur Rolle von kognitiv-emotionalen Ortsbezügen nach oft jahrzehntelangem Wohnen bei Menschen höheren Lebensalters sowie an die zunehmenden Verletzlichkeiten vor allem des hohen Alters denken, dann wird schnell deutlich, dass das „Kritische" an einem Umzug im höheren Lebensalter in noch deutlicherer Form als im früheren Leben zutage tritt. Drei Formen von Umzügen sollten im höheren Lebensalter unterschieden werden:

- Umzug in eine neue Privatwohnung
- Umzug in eine alternative Wohnform
- Umzug ins institutionalisierte Wohnen, was heute in der Regel die Übersiedlung in ein Pflegeheim bedeutet

Grundsätzlich finden jenseits von 65 Jahren Umzüge deutlich seltener als in früheren Altersphasen statt, auch wenn sich hier bei jüngeren Kohorten eine höhere Umzugsbereitschaft abzeichnet (Oswald, in Druck). Die am meisten präferierte Umzugsform für Ältere ist ein Umzug „im Quartier", d. h. die neue Wohnung ist vielleicht barriereärmer, vielleicht auch kleiner, hat vielleicht Fahrstuhlverfügbarkeit, aber es bleibt das räumlich-soziale Umfeld weitgehend erhalten. Umzüge in entferntere Lagen sind häufig „Netzwerkwanderungen" in die Nähe von Kindern, allerdings so gut wie nie direkt in die Wohnung oder das Haus der Kinder. Man will heute in der Nähe von Kindern und Enkelkindern sein, aber auch Distanz halten. Der österreichische Altersforscher Rosenmayr hat das bereits in den 1960er Jahren sehr treffend mit dem Ausdruck „Intimität auf Abstand" bezeichnet.

Umzüge älterer Menschen in sog. neue Wohnformen sind zahlenmäßig nach wie vor in Deutschland eher selten. Der häufigste diesbezügliche Umzug ist jener in eine Form des Betreuten Wohnens. Betreutes Wohnen umfasst eine Vielzahl unterschiedlicher Lösungen, die alle ein relativ eigenständiges Wohnen im Eigentum oder mit Mietvertrag sowie die Möglichkeit eines Betreuungsvertrags anbieten. Sie sind in der Regel barrierearm gestaltet, können neu gebaut oder „im Bestand" umgesetzt sein. Sie sind nicht selten als eigenständige Wohnbereiche auch an Institutionen angegliedert. Bisweilen werden auch Gemeinschaftsräume vorgehalten oder es finden Gemeinschaftsveranstaltungen statt. Umzüge in Wohn-/Eigentümergemeinschaften, Mehrgenerationenwohnen oder Wohngruppen für Demenzkranke sind selten, aber sie besitzen eventuell Pioniercharakter und nehmen vorweg, was wir in der Zukunft häufiger sehen werden (Wahl & Steiner, 2021).

Umzüge ins institutionalisierte Wohnen sind schließlich ein kritisches Lebensereignis mit deutlich anderem Charakter als die bisher beschriebenen Umzugsformen.

Anregung zur Selbst-Reflexion:
Was kann an einem Umzug in ein Pflegeheim gut sein?

____

____

____

Und was ist problematisch?

____

____

____

Der Heimeinzug wurde lange als traumatisches Ereignis betrachtet und in frühen Studien wurden dramatische Erhöhungen von Desorientiertheit, Passivität, Depressivität und Mortalität festgestellt. Heute finden sich zwar derartige Aussagen immer noch, aber es ist doch auch eine gewisse „empirische Nüchternheit" in die Diskussion eingezogen *(Hildebrandt, 2012).* Ein sehr wesentlicher Punkt ist, dass Personen, die in ein Pflegeheim übersiedeln, eine hochspezifische Gruppe darstellen: Sie sind im Mittel deutlich über 80 Jahre alt, es sind primär Frauen, es sind mindestens 50 % an Demenz erkrankt, viele haben eingeschränkte soziale Netzwerke, viele sind funktional sehr eingeschränkt und nur noch schwer zu einem autonomen Alltagsleben in der Lage. Um valide Aussagen zu dieser Gruppe und ihrer Entwicklung über die Zeit unter Pflegeheimbedingungen zu machen, müsste man eine sehr ähnliche Gruppe von Personen als Vergleichsmaßstab haben, die nicht in ein Pflegeheim übergesiedelt sind. Das ist methodisch schwer umzusetzen. Mit anderen Worten: Was über längere Zeit betrachtet an der Bedingung Pflegeheim und was an anderen

Bedingungen, vor allem schweren Erkrankungen und prekären sozialen Netzwerken, liegt, ist schwer auseinanderzudividieren.

In jedem Fall wissen wir einiges dazu, was das Wohnen im Pflegeheim eher fördert, und was eher zu negativen psychologischen Entwicklungen wie Stresserleben, Angst, Rückzug und Unzufriedenheit führt.

Praxistipp: Sieben Sensibilitäten im Pflegeheim professionell kultivieren und fördern:

1. Sensibilität für die „Lesbarkeit" von Umwelt für Bewohner:innen mit unterschiedlichen Kompetenzgraden ist hilfreich: Unterschiedliche Farben für unterschiedliche Bereiche, Fotos an den Zimmertüren, große Kalender, gute und ausbalancierte Beleuchtung, möglichst keine Barrieren, welcher Art auch immer, bzw. entsprechend optimale Hilfsmittel (Griffe, erhöhter Toilettensitz usw.)
2. Sensibilität für Territorialität ist hilfreich: Wo ist Dein Bereich, wo meiner? Dies kann man durch Markierungen, Abgrenzungen durch Regale, Vorhänge etc. unterstützen.
3. Sensibilität für Privatheit ist hilfreich: Anklopfen, den Besitz der Bewohner:innen achten, Rücksichtnahme in jeder Beziehung, alles dafür tun, dass demente Ältere nicht in fremde Zimmer gehen.
4. Sensibilität für Personalisierung von Raum ist hilfreich: Eigene Möbel, Fotos, Bücher, „Lieblings-Gegenstände" aller Art aus dem „früheren" Leben.
5. Sensibilität für die Bedeutung von Angeboten in Richtung Mitverantwortung und Mitgestaltung ist hilfreich: Aufgaben übernehmen, Bewohner:innen an Planungen beteiligen, Vorschläge erbitten und aufgreifen.
6. Sensibilität für Rehabilitationspotenziale: Allgemein Bewegung fördern, Zusammenarbeit mit Sportwissenschaft, mehr tun als „nur" Sitztanz, die Dosis ist wichtig.
7. Sensibilität für psychische Belastungen: Darauf achten, wie sich bei Bewohner:innen ihre Stimmung verändert, Signale von Depression, Angst und Verwirrtheit ernst nehmen, Psychotherapie im Pflegeheim ist möglich, wenn man die entsprechenden Kontakte mit Professionen (z. B. niedergelassenen Psychotherapeut:/innen) fördert.

Das ist sicherlich keine erschöpfende Liste, aber es sind einige der naheliegenden Strategien, um die psychologische Eingewöhnung und das Gefühl des „Ich bin hier zu Hause" zu stärken.

Kurz zusammengefasst: Pflegeheime sind schwierige Orte in unserer Gesellschaft, die einer ganz besonderen professionellen Aufmerksamkeit bedürfen. Auf der einer Seite werden sie, so sagen jedenfalls die meisten Kenner:innen der

Szene, weiterhin gebraucht, denn ein solch intensives Betreuungssetting für schwer erkrankte Ältere kann wahrscheinlich kein anderes Format dauerhaft bieten. Auf der anderen Seite gibt es viele Herausforderungen, um Pflegeheime nicht nur als „Krankenheime“ zu betrachten, sondern als gestaltbare Lebens- und Wohnorte, die mit einem „Sich-zu-Hause-Fühlen“ verbunden sind. Sensibilität für diese Anforderung von der baulichen Umweltgestaltung bis hin zu psychischen Unterstützungsformen sind professionell gefragt.

6. Entwicklungsregulationsprozesse: Wie Ältere ihr Leben stabilisieren und optimieren

Bitte identifizieren Sie selbst, wo wir uns im allgemeinen Modell befinden (siehe auch Abbildung 2, S. 32). Genau, wir sind bei Entwicklungsregulation und dem Bestreben nach Bewältigung von Herausforderungen und Belastungen für gelingendes Alterns angelangt.

Eigentlich geht es in diesem Kapitel um sehr allgemeine Fragen von menschlicher Entwicklung. Können wir sie steuern? Inwieweit können wir die Richtung unserer Entwicklung gestalten? Da sind letztlich Menschenbilder von Freiheit und von Autonomie im Handeln angesprochen – in jeder Lebensphase. Im höheren Lebensalter scheinen sich allerdings diese Grundfragen des Mensch-Seins weiter zu verkomplizieren. Zum Beispiel könnte man argumentieren, dass bestimmte Kompetenzen wie geistige und motorische Leistungsfähigkeit die Voraussetzung dafür sind, dass wir unsere Freiheit aktiv gestalten können. Dann wären größere Gruppen von alten und vor allem Menschen im hohen Alter gewissermaßen nicht mehr frei in ihren Handlungen. Doch zunächst sind wieder Sie dran:

Statement	Richtig	Falsch
Ältere Menschen sind wie ein Fähnchen im Wind – die kleinsten Dinge werfen sie um.		
Die Umgangsformen mit seelischen Belastungen sind auch im höheren Lebensalter sehr unterschiedlich.		
Optimierungen sind im höheren Lebensalter praktisch nicht mehr möglich.		

6.1 Entwicklungsregulation im späten Leben – Potenzial und Grenzen

In einer allgemeinen Definition kann Entwicklungsregulation verstanden werden als die Gesamtheit von selbst- und fremdgesteuerten bzw. herbeigeführten Strategien, Stimuli und Erfahrungen sowie nicht steuerbaren Widerfahrnissen, die empirisch nachweislich Einfluss auf die eigene Entwicklung nehmen. Mit anderen Worten: Ich kann zum Ersten etwas direkt verändern und Einfluss auf die Umsetzung von mir wichtigen Lebenszielen nehmen. Beispiel: Ich nehme mir kurz nach der Verrentung vor, mich bei einer Tafel für bedürftigere Menschen als helfende Person anzubieten, ich stelle mich vor, vereinbare Arbeitszeiten – und es geht nächste Woche am Montag los. Das wäre so etwas wie Selbststeuerung. Zum Zweiten möchte eine stark gehbeeinträchtigte ältere Person einen Tag nach der Krankenhausentlassung gerne einen größeren Spaziergang unternehmen, doch die Tochter rät dringend ab, hält die Sturzgefahr für zu groß. Die ältere Person lässt sich überzeugen von diesem Akt der Fremdsteuerung. Zum Dritten wird eine ältere Person bereits mit 69 Jahren mit einem völlig unerwarteten Lebensereignis konfrontiert: Ein Glaukom (→ Netz) führt trotz bester Behandlung, weil zu spät erkannt, zu einem sehr heftigen und irreversiblen Sehverlust. Diese Entwicklungsdynamik wird auch als eine Aleatorik (alia = Würfel) bezeichnet, d.h. es sind Zufallseinflüsse mit ganz unterschiedlichen Ursachen, wie z.B. biologischen Abbauvorgängen, unglücklichen Stürzen wegen eines unebenen Gehwegs oder eines schweren Unfalls eines eigenen Kindes. Sicherlich kann man derartige Einflussfaktoren auch nicht voneinander trennen. Ich mag eine schwere Seheinschränkung erfahren, aber wie ich damit umgehe, hängt von meiner Persönlichkeit und den mir eigenen Bewältigungsformen ab.

Im Unterschied zu traditionellen Sichtweisen des Älterwerdens mit einer starken Betonung des „Erleidens", „Ertragens" und „Spielballs" von äußeren oder biologischen Kräften argumentiert die Entwicklungs- und Lebensspannenpsychologie, dass Menschen auch in der zweiten Lebenshälfte bis zu einem gewissen, aber bedeutsamen Grad „Produzent:innen der eigenen Entwicklung" bleiben (sinngemäß zitiert nach Lerner & Busch-Rossnagel, 1981).

Aber älter werdende Menschen sind natürlich auch keine Inseln. Deshalb muss Entwicklung generell und erst recht im späten Leben immer auch als Ko-Regulation gesehen werden. Ko-Regulation von Entwicklung bedeutet, dass Entwicklung auch von sozialen Interaktionspartner:innen, sozialen Normen, stark normierten Umwelten (wie Pflegeheimen) sowie räumlich-technischen Möglichkeiten und Grenzen mitbestimmt wird. Ko-Regulation ist aber nichts Schlechtes per se. Wenn eine Wohnung weitgehend barrierefrei umgestaltet wurde, dann bietet sie einem älteren Menschen mit starker Gehbehinderung neue Handlungsmöglichkeiten und stärkt das Gefühl, dass man in einer sicheren Umgebung wohnt. Wenn familiäre Pflegepersonen regelmäßig vorbeischauen und eine pflegebedürftige ältere Person beim Einkaufen und anderen alltäglichen Dingen unterstützen, dann eröffnet diese Ko-Regulation auch gleichzeitig neue Möglichkeiten der Selbst-Regulation, denn die betroffene ältere Person wird entlastet und sie fühlt sich gut versorgt. Und dies im Idealfall nur insoweit, wie eine solche Fremdsorge notwendig ist. In einer Lebensspannensichtweise kann man sagen, dass die frühe Kindheit und das hohe Alter wohl jene Lebensphasen sind, in denen Ko-Regulation die größte Rolle spielt. Das Zusammenwirken unterschiedlicher Kräfte im Entwicklungsgeschehen im späten Leben steht dabei vor einer Herausforderung, die in keiner anderen Lebensphase so deutlich wird: der Erfahrung multipler Verluste und dem Bestreben danach, diese Verluste nicht so weit in das eigene Selbst eintreten zu lassen, dass Zufriedenheit und Sinnerleben dauerhaft leiden.

6.2 Gutes Altern heißt auch, Verlusten zu widerstehen (Resilienz)

Resilienz ist in den letzten Jahren zu einem vielgebrauchten Zauberwort in unserer Gesellschaft geworden. Resilienz meint Widerstandsfähigkeit, also die Mobilisierung von unterschiedlichsten Ressourcen, um einer psychischen und/ oder körperlichen Bedrohung zu widerstehen.

Es ist an sich sicher, dass alle Menschen über Resilienz verfügen, aber es ist genauso sicher, dass unterschiedlichen Menschen unterschiedliche Resilienz-Kapazität zur Verfügung steht, und dass dies viel mit unterschiedlichen Person- und Umweltgegebenheiten sowie mit zielgerichteten und leider auch zufallsgesteuerten Prozessen zu tun hat. Man mag z.B. eine „Pferdenatur" entwickelt haben, aber dann kommen mehrere kritische Lebensereignisse in kurzer Folge zusammen (vielleicht eine Verwitwung, eine schwere Erkrankung und dann noch völlig unerwartet die COVID-19-Pandemie) und passgenaue soziale Unterstützung oder sonstige wirksame Hilfe bleiben aus. Dann kann bislang stabile Anpassung in eine Fehlanpassung umkippen.

Wie Menschen höheren Lebensalters mit möglicherweise „erdrückenden" Verlusten in zentralen Lebenssphären, die das Älterwerden mit sich bringt, umgehen, hat in den letzten etwa 30 Jahren viel Forschungsaufmerksamkeit in der Psychologie des Alterns gefunden (Staudinger & Greve, 2001). Kann man sich gegenüber dieser „Übermacht" an Verlusten überhaupt wehren? Oder muss man sich „ergeben"? Oder sind Ältere am Ende gar nicht so schlecht gerüstet, den unzweifelhaft mit zunehmendem Alter anwachsenden Verlusten etwas entgegenzusetzen? Um auf diese Weise das Leben auch noch mit 80 oder 90 Jahren durchaus zu genießen? Dafür spricht, dass, wie wir oben gesehen haben, nur eine relativ kleine Gruppe von Älteren an einer Depression erkrankt. Das könnte ein wichtiger Hinweis für Resilienz sein.

- Staudinger & Greve (2001): Sehr gelungene Zusammenschau der Thematik Resilienz im höheren Lebensalter.

Auf der anderen Seite hat sich in vielen Studien bestätigt, dass chronische Erkrankungen mit gravierenden Auswirkungen auf das Alltagshandeln mit einer höheren Depressionsrate einhergehen. Das gilt z. B. für ältere Menschen, die erst sehr spät in ihrem Leben einen schweren und irreversiblen Sehverlust erfahren haben (Wahl & Heyl, 2021). Sie können eventuell nicht mehr reisen, nur noch schwer die Aktivitäten des täglichen Lebens erledigen, nicht mehr „normal lesen" (sondern nur noch mit einem Bildschirmlesegerät). In Tabelle 8 finden sich, um dies anschaulich zu machen, drei unterschiedliche Formen des Umgangs mit einer schweren und nicht mehr umkehrbaren Seheinschränkung nach Wahl (1997).

Tabelle 8: Erfahrung einer schweren Sehbeeinträchtigung im höheren Lebensalter – Formen des Umgangs anhand von Originalzitaten von Betroffenen beschrieben (nach Wahl, 1997, S. 348 ff.).

Fallgeschichte Herr A. – „positiv angepasst"	*Fallgeschichte Frau B. – „negativ angepasst"*	*Fallgeschichte Frau C. – „ambivalent angepasst"*
„(...) und da habe ich jetzt das erste Mal eine Reise nach Irland gemacht. Und das war wunderschön. Und da habe ich auch gelernt, mit den Händen zu sehen."	„Ich fühl' mich so arm." „Ich wünsch' mir halt, dass ich bald sterb." „Dass ich das seelisch nicht fassen kann, dass mir das zugestoßen ist."	„Was soll ich Ihnen da sagen? Kann ich gar nicht sagen (...). Ich habe die Erwartung, dass ich vielleicht einmal besser d'rüber wegkomme, aber was soll aus mir werden, wenn mein Mann einmal stirbt?"

Tabelle 8 zeigt die hohe Unterschiedlichkeit im Umgang mit dieser Lebenserfahrung im höheren Lebensalter. Eine erste Gruppe von älteren Sehbeeinträchtigten war in der Lage, sehr gut mit der Behinderung umgehen zu können; sie verfügte über ein hohes Bewältigungspotenzial und damit auch über eine hohe Resilienz. Eine zweite Gruppe zeigte sowohl in der Verhaltenskompetenz als auch im Erleben sehr ungünstige Werte. Diese älteren Menschen bewegten sich an der Grenze ihrer Bewältigungsfähigkeit und hätten in viel größerem Ausmaß einer Stützung von außen bedurft, als sie tatsächlich erhielten. Sie erwiesen sich als relativ niedrig hinsichtlich ihrer Resilienz. Eine dritte Gruppe zeigte ein ambivalentes Anpassungsmuster mit befriedigenden Werten im emotionalen Erleben, jedoch eher geringer Verhaltenskompetenz. Bei älteren Menschen mit einer solch „durchwachsenen" Resilienz sind Voraussagen, in welche Richtung sie sich in den kommenden zwei bis drei Jahren entwickeln, am schwierigsten zu treffen. Sie können u. U. durch kleinere Belastungen aus der Bahn geworfen werden, aber wenn sie z. B. gut sozial eingebunden sind, auch längere Zeit mit der Ambivalenz ganz gut leben.

Forschungs-Highlight: In einer Untersuchung von Staudinger et al. (2010) wurden „extrem resiliente“ sowie „extrem vulnerable“ Menschen höheren Lebensalters verglichen. Dabei zeichneten sich die extrem Resilienten durch hohe Zufriedenheit trotz relativ hoher körperlicher Risiken und in Teilen schlechter sozioökonomischer Ausstattung aus. Die sehr verletzlichen Personen zeigten eine geringe Zufriedenheit trotz relativ niedriger körperlicher und sozio-ökonomischer Risiken. Die extrem Resilienten zeichneten sich ferner durch mehr positive Gefühlszustande, einen höheren Optimismus, klar definierte und realistische Lebensziele und geringere Neurotizismuswerte aus.

Dies zeigt uns erneut, dass Resilienz ein *relationales* Konzept darstellt, das sich je nach Konstellation von inneren und äußeren Faktoren durchaus sehr unterschiedlich darstellen kann. Dabei kann auch davon ausgegangen werden, dass z. B. ein hohes Maß an Neurotizismus eine hohe erbliche Komponente aufweist, d. h. diese Persönlichkeitsausprägung ist nur schwer zu beeinflussen. Auf der anderen Seite sind Faktoren wie soziales Umfeld oder auch Interventionen durchaus gestaltbar, finden statt – oder eben auch nicht.

6.3 Die Kunst alltäglichen Alterns: Selektive Optimierung mit Kompensation

Das bereits oben erwähnte Modell der selektiven Optimierung mit Kompensation (SOK-Modell) ist von den beiden Alternsforscher Paul B. und Margret M. Baltes bereits im Jahr 1990 vorgestellt worden. Seit dieser Zeit hat es sehr viel Forschungsaufmerksamkeit, aber auch in der Praxis viele Anwendungen gefunden.

Baltes und Baltes (1990; siehe als Literaturtipp auf S. 42) haben drei Prozesse beschrieben, deren orchestrierte Verwendung einen optimalen Ressourceneinsatz und somit eine erfolgreiche Entwicklung über die Lebensspanne begünstigt. Selektion bezeichnet dabei die Auswahl und Fokussierung auf eine Teilmenge potenzieller Entwicklungsmöglichkeiten. Optimierung meint die für die Aufrechterhaltung persönlich wichtiger Aktivitäten oder die für das Erreichen der ausgewählten Ziele notwendige Verbesserung von Ressourcen und Handlungsweisen. Kompensation zielt darauf ab, Entwicklungsverluste durch ausgleichende und stützende Strategien zu vermeiden oder zu verringern und so ein möglichst hohes Funktionsniveau zu gewährleisten.

Ein immer wieder angeführtes Beispiel für die Umsetzung dieses Modells ist der große Pianist Artur Rubinstein und seine musikalische Entwicklung im hohen Alter (siehe auch Abbildung 15). Denn mit zunehmendem Alter ist Rubinstein in der Wahl seiner Konzertstücke immer selektiver geworden. Schwierigen, vor allem schnellen Passagen, ist er begegnet, indem er die vorherigen

Abbildung 15: Das Modell der selektiven Optimierung mit Kompensation – das Beispiel des Pianisten Arthur Rubinstein (1887 – 1982)

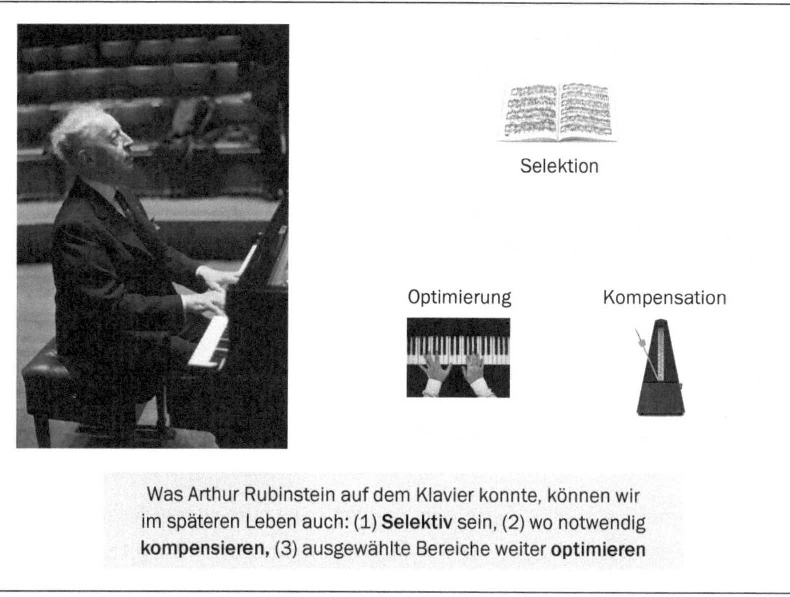

Bildnachweise: iStock ciud (Metronom); sutteerug (Klaviertasten); TPopova (Noten)

Stellen etwas verlangsamt hat und damit einen kompensatorischen Kontrasteffekt erzielte, sodass die nachfolgende Passage vergleichsweise schnell klang (Kompensation). Er war so in der Lage, sein Spiel weiterhin auf hohem Niveau zu halten oder sogar in Grenzen noch zu verbessern (Optimierung).

Nun könnte man sagen, ja, wer ist denn schon wie Rubinstein? Baltes und Baltes würden hierauf antworten: In gewisser Weise sind die meisten Menschen höheren Lebensalters „Rubinsteine", denn sie haben gelernt, auf der Klaviatur des Lebens mit Hilfe von Selektion, Kompensation und Optimierung recht virtuos zu spielen. Und bewahren auf diese Weise ein hohes Wohlbefinden auch dann, wenn Verluste eintreten.

Praxistipp: Im Nachhinein ist es sehr interessant, zu sehen, dass das SOK-Modell nicht nur immer wieder neue alternspsychologische Studien angeregt hat, sondern auch in den verschiedensten Praxiskontexten aufgegriffen wurde. Es ist eben sehr anschaulich, sehr handlich und sehr allgemein, lässt sich aber dennoch auch sehr gut mit ganz konkreten Inhalten füllen. Sie könnten das SOK-Modell als eine hilfreiche „Brille im Kopf" betrachten, wenn Sie mit älteren Menschen professional arbeiten. Selektivität kann Sie darauf blicken lassen, wie gut es Ihrem Gegenüber gelungen ist, für ihn wesentliche Ziele beizubehalten, aber andere, weniger wichtige, „fahren zu lassen". Gerade gut gebildete Männer im hohen Alter tun sich häufig schwer, Ziele loszulassen, nicht mehr so stark an Dingen zu „kleben", die ohnehin nun sehr schwierig geworden sind. Die Bereitschaft, verlorene Fähigkeiten auszugleichen, also die Fähigkeit zu Kompensation, ist für viele Ältere zwiespältig. Zum Beispiel kann auf der einen Seite die Nutzung eines Rollators das Gehen stabilisieren und sicherer machen; auf der anderen Seite zeigt man damit seiner Umwelt, dass man nun „alt und hilflos" ist. Und man zeigt es auch sich selbst. So kann ein professionelles Gespräch über die für eine konkrete Person höheren Lebensalters passende Mischung von Selektivitäten und kompensatorischen Anstrengungen und sich daraus ergebende neue Chancen, sich weiterzuentwickeln (Optimierung), sehr fruchtbar sein. Es geht bei „Optimierung" übrigens nicht um die „Super-Fortschritte" oder „Quantensprünge" im späten Leben. Oftmals sind es die kleinen, aber spürbaren und auch bedeutsamen Dinge: wieder einen etwas größeren Spaziergang machen können, den Wechsel der Jahreszeiten intensiver erfahren, stolz sein auf neuerworbene digitale Fähigkeiten oder ein leichter gewordener Kontakt mit den eigenen Enkelkindern.

Kurz zusammengefasst: Entwicklungsregulation ist eines der großen Potenziale des Älterwerdens. Allerdings sollte Entwicklungsregulation nicht mit Selbststeuerung von Entwicklung im späten Leben gleichgesetzt werden. Auch Ko-Regulation spielt eine erhebliche Rolle. Das SOK-Modell besitzt besondere Flexibilität, um Entwicklungsregulation weiter zu spezifizieren. Übergeordnet scheint das Konzept der Resilienz sehr geeignet, um ältere Menschen nicht als „Fähnchen im Wind" zu sehen, sondern als proaktiv handelnde Individuen, die über ein erhebliches Maß an Anpassungsmöglichkeiten an die Widrigkeiten des Alterns verfügen.

7. Entwicklungsergebnisse: Erreichtes, nicht Erreichtes, Verlorenes

Bitte identifizieren Sie selbst, wo wir uns im allgemeinen Modell befinden (siehe auch Abbildung 2, S. 32). Genau, wir sind bei Entwicklungsergebnissen angelangt. Vor allem geht es dabei um Wohlbefinden und Autonomie.

Nicht selten wird gesagt, ältere Menschen, vor allem Menschen im hohen Alter, seien unglücklich und häufig in tiefe Depression versunken. Oft hört man auch, Ältere hätten keine Kontrolle mehr über ihr Leben. Körperliche Lust und Zärtlichkeitsbedürfnisse stehen auch nicht gerade hoch im Kurs, wenn von Älteren die Rede ist. Vielleicht aber ist Ihnen schon einmal der Spielfilm „Wolke 7“ untergekommen, in dem genau diese Thematik tiefgründig und durchaus am Ende nicht nur im Sinne eines „Happy End“ betrachtet wird. Schauen Sie sich diesen Film einmal an! Aber nun sind Sie zunächst wieder dran:

Statement	Richtig	Falsch
Die Depressionsrate ist im höheren Lebensalter am höchsten.		
Ältere möchten keine Verantwortung mehr übernehmen.		
Selbständigkeit und Unselbständigkeit können auch umweltgemacht sein.		

7.1 Alles gut? – Entwicklung von Wohlbefinden und Lebenszufriedenheit

Ein hohes Wohlbefinden und positive Gestimmtheit gelten als wichtige Indikatoren einer guten Lebensqualität, egal in welcher Lebensphase wir uns befinden. Im höheren Lebensalter hat in diesem Zusammenhang das sog. Wohlbefindensparadox viel Forschungsaufmerksamkeit gefunden. Danach scheint es so zu sein, dass es älteren Menschen ganz überwiegend in ihrer eigenen Selbstsicht ziemlich gut geht, auch wenn bedeutsame Verluste eintreten.

7.1.1 Das Wohlbefindens-Paradox des höheren Lebensalters

Gehen wir doch gleich ins Extrem und ins hohe Alter – mit den Ergebnissen einer Studie, die von Wahl und Schilling (2018) berichtet werden. Untersucht wurden über 400 zum ersten Messzeitpunkt 80 Jahre und ältere Menschen, die alleine in einem Privathaushalt lebten. Sie wurden zu vier Erhebungszeitpunkt (T1 bis T4) über insgesamt acht Jahre hinweg immer wieder befragt. Bei Alltagsselbständigkeit wurde nach der Selbständigkeit in verschiedenen Aktivitäten des täglichen Lebens wie Selbstpflege oder Einkaufen gefragt und ein Gesamtwert berechnet. Lebenszufriedenheit wurde erhoben mit der Frage: „Wie zufrieden sind Sie gegenwärtig, alles in allem, mit Ihrem Leben?". Wichtige Ergebnisse zum Verlauf dieser beiden Variablen über acht Jahre hinweg sind in Abbildung 16 dargestellt.

Zum Ersten sieht man in Abbildung 16, dass sich bei den untersuchten Personen hohen Alters sehr unterschiedliche Verläufe in der Alltagsselbständigkeit und in der Lebenszufriedenheit feststellen lassen (jeder „Spaghetti" entspricht dem Verlauf einer Studienteilnehmerin bzw. eines Studienteilnehmers). Es gab in der Studie durchaus eine Reihe von über 80-Jährgen, die über den in diesem Altersbereich sehr langen Zeitraum von acht Jahren hinweg kaum Abfälle verzeichneten. Man könnte auch sagen, es dürften vor allem die im körperlichen Leistungsbereich relativ resilienten Älteren gewesen sein. Simpel ausgedrückt wäre eine weitere Sicht der Dinge die folgende: Menschen im hohen Alter sind zu einem bedeutsamen Teil nicht pflegebedürftig und relativ selbständig in

Abbildung 16: „Spaghetti"-Diagramme des Verlaufs von Alltagsselbständigkeit und Lebenszufriedenheit bei über 80-Jährigen über acht Jahre hinweg zu vier Zeitpunkten (modifiziert nach Wahl & Schilling, 2018, S. 334)

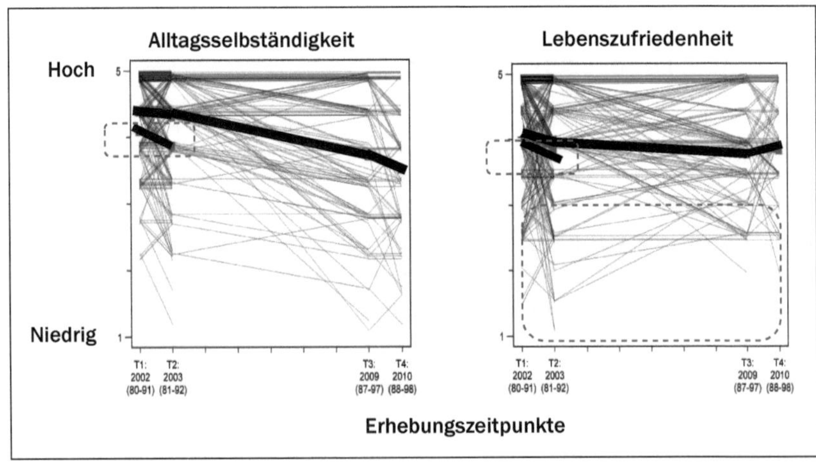

ihrem alltäglichen Leben. Gleichzeitig ist aber auch zu konstatieren, dass offensichtlich ein nicht unerheblicher Teil bedeutsame Abfälle in der Alltagsselbständigkeit zeigt, denn die Mittelwertlinie geht über acht Jahre hinweg deutlich nach unten.

Zweitens ist aber auch gut zu erkennen, dass sich die „Spaghetti"-Verteilung bei Lebenszufriedenheit deutlicher als bei Alltagsselbständigkeit auf den Wertebereich 3 bis 5 konzentriert und sich in diesem Bereich Abfälle und Zugewinne in etwa die Waage halten. Die Mittelwertlinie zeigt keinen Abfall in der Lebenszufriedenheit, sondern Stabilität. Der hervorgehobene Bereich unten in der Abbildung zur Lebenszufriedenheit ist wenig besetzt und zeigt im Unterschied zur Alltagsselbständigkeit eher Anstiege und Stabilität. Das können wir insgesamt so deuten, dass es einem bedeutsamen Teil der Menschen im hohen Alter recht gut zu gelingen scheint, ihre Lebenszufriedenheit auch bei Selbständigkeitsverlusten im Alltag hoch und stabil zu halten. Ein weiterer Beleg, wenn wir es allgemeiner sehen möchten, für psychische Resilienz selbst im hohen Alter.

Etwas Wasser muss nun allerdings auch in den „Resilienzwein" gegossen werden, und wir sollten nach unseren Ausführungen weiter oben zu den Vor- und Nachteilen von Längsschnittstudien (siehe Teil 2.3) nicht davon überrascht sein. Wir erkennen nämlich in den markierten Verläufen, dass schon zwischen Erhebungszeitpunkt T1 und T2 Personen aus der Stichprobe verschwanden, die klar unter dem Mittelwert der Verteilungen lagen. Das ist im Fall der Alltagsselbständigkeit besonders augenfällig. Mit anderen Worten: In Längsschnittstudien besteht stets die Gefahr, dass Personen mit ohnehin eher ungünstigeren Werte in ihrer Gesundheit, Alltagsfunktionalität oder Zufriedenheit die Stichprobe verlassen (z. B. „verweigern", aber auch versterben oder unbekannt verziehen, vor allem in Heime), was dann dazu führt, dass die verbleibenden Personen in der Stichprobe eine immer positivere Auswahl darstellen. Dennoch: Diese Methodenkritik ändert nichts daran, dass weltweit zwischenzeitlich in vielen Studien über unterschiedliche Beobachtungszeiträume hinweg immer wieder das Wohlbefindensparadox des Älterwerdens bestätigt worden ist.

7.1.2 Warum Zufriedenheit und Wohlbefinden im höheren Alter ziemlich stabil bleiben

Wie Ältere es hinkriegen, ihre Lebenszufriedenheit trotz vieler Verluste aufrechtzuerhalten, manchmal sogar einen Anstieg zeigen, haben wir bereits in Kapitel 6 in wichtigen Bereichen kennengelernt. Sie nutzen eben Möglichkeiten der Entwicklungsregulation, vor allem der Resilienz und der Orchestrierung von Selektivität, Optimierung und Kompensation. Gerade den Prozess der Selektivität wollen wir an dieser Stelle nochmals mit Zitaten von Personen aus unseren Studien hervorheben: Viele Menschen höheren Alters backen gewissermaßen kleinere Brötchen und adjustieren ihr Anspruchsniveau. „Einen schönen Kaffee mit meiner Freundin in der Altstadt trinken, das reicht mir. Ich muss nicht mehr durch die Welt reisen." Alte Menschen sind wählerisch: „Ich überlege mir sehr gut, was ich machen will und was nicht. Ich mache nur noch das, was geht und Freude bereitet." Sie geben Kontrolle ab: „Ich muss auch nicht mehr alles selbst bestimmen, lasse oft Gott einen guten Mann sein. Das genieße ich sehr. Die Kinder sind längst erwachsen und müssen selbst sehen. Da versuche ich mich ganz zurückzuhalten."

Schließlich geht es im höheren Lebensalter auch darum, nicht (mehr) Veränderbares zu akzeptieren: „Ich habe doch immer erwartet, dass es im Alter nicht mehr so gut geht. Das gehört doch schon immer zum Älterwerden. Das muss man halt lernen und annehmen." Und schließlich das Verbliebene auszukosten: „Sicher, der Beruf fehlt mir manchmal, aber ich genieße, dass ich nun mehr Zeit habe. Langweile kenne ich nicht." Hinzu kommen weitere Ressourcen des späten Lebens, wenn auch von Person zu Person in sehr unterschiedlichem Ausmaß. Wir haben dazu bereits in Teil 3.4 des Buches eingehend Stellung bezogen:

- *Spiritualität:* Ältere Menschen suchen häufiger als Jüngere Halt in Religion und Spiritualität: „Ich bin innerlicher geworden die letzten Jahre, beschäftige mich mehr mit dem Lebensende. Mein Leben war gut, aber nach mir geht die Welt weiter. Das ist gut so."
- *Generativität:* Ältere geben mit Freude und Engagement ihr Wissen und ihre Erfahrungen an nachfolgende Generationen weiter: „Ich hätte nie gedacht, dass mir die Opa-Rolle so guttut. Mit jungen Menschen was Sinnvolles machen, das ist fast das Schönste für mich geworden."
- *Dankbarkeit:* Ältere fühlen besonders stark so etwas wie Dankbarkeit: „Dass ich so alt werden durfte, hätte ich nie für möglich gehalten. Eigentlich reicht es jetzt. Ich bin dankbar für alles."

Die Liste der wichtigen Ressourcen und Strategien, die älteren Menschen gewissermaßen als „Toolbox" grundsätzlich zur Verfügung stehen, ist mit dem zuvor Gesagten noch lange nicht erschöpft. Aber es sind wohl die wichtigsten Modalitäten von Entwicklungsregulation spät im Leben.

7.2 Alles schlecht? – Verlust von Autonomie, Kontrolle und Teilhabe

Vor 32 Jahren (1991) erschien mein erstes Buch mit dem Titel *„Das kann ich allein!" – Selbständigkeit im Alter: Chancen und Grenzen.* Die Thematik der Selbständigkeit im höheren Lebensalter hat mich seit meiner Dissertation bei der bereits erwähnten Margret M. Baltes an der Freien Universität Berlin im Jahre 1989 nicht mehr losgelassen und ist auch bereits in das Buch von 1991 eingegangen. Eine der zentralen Fragen, die ich mir seit dieser Zeit bis heute immer wieder stelle, lautet: Wie stark ist Selbständigkeit oder, die Kehrseite, Unselbständigkeit im höheren Lebensalter kontextuell getrieben und nicht einfach eine Folge von Alter und Krankheit?

7.2.1 Unselbständig werden – oder gemacht werden?

Unsere Forschungen haben schon damals ziemlich eindeutig gezeigt, dass Unselbständigkeit oftmals bei Älteren deshalb auftritt, weil ihre Umwelt (pflegende Angehörige, professionelle Pflege, professionelle Akteur:innen) zu viel Unterstützung bietet und oft in einer Weise, dass sich die Betroffenen kaum dagegen wehren bzw. sich davon abgrenzen können (z. B. Baltes & Wahl, 1992). Man kann dies auch als *überprotektives Verhalten* bezeichnen, ein Zuviel an Unterstützung.

Verbunden damit ist nicht selten etwas, für das es keine gute deutsche Bezeichnung gibt: *„Elderspeak" (Schnabel et al., 2021).* Mit „Elderspeak" gemeint ist eine Überanpassung der eigenen Sprache daran, wie man angeblich mit Älteren sprechen sollte: langsam, einfach, laut, kurze Sätze, baby-mäßig. Und sprachliche Kommunikation wie z. B. „Wie geht es uns denn heute?" oder „Komm, Opa, jetzt geht es zum Frühstück" sind ja auch nichts anderes als Verniedlichungen des Alters und das Ausagieren einer eigenen Machtposition. Viele Gründe werden für „Elderspeak" und überzogenes Hilfeverhalten ins Feld geführt („Ich muss doch helfen, dafür bin ich Altenpflegerin geworden"; „Es geht schneller"; „Es gefällt Älteren", „Sie genießen das Bedient-Werden" usw.).

Praxistipp: Wir sollten diese Begründungen keineswegs einfach vom Tisch wischen. Aber aufmerksames Registrieren, bewusste Reflexion, Rückmeldung an Kolleg:innen, das eigene Verhalten hinterfragen – das sind aus meiner Sicht schon auch berufliche „Skills", die hier gefragt sind. Soziale Berufe, die mit älteren Menschen arbeiten, können auch hier Gutes bewirken: Nicht besserwisserisch etwas einfordern, sondern anteilnehmend Feedback geben, wenn man den Eindruck hat, dass dies grundsätzlich willkommen ist und gehört werden wird. Auch scheint das Bedürfnis nach Autonomie bei Älteren durchaus unterschiedlich zu sein. Es gibt ältere Menschen, die ein Zuviel an Autonomie nicht möchten, es sie eher stresst; die den „Service" wünschen. Würden wir also nur von außen beschreiben, würden wir vielleicht bei unterschiedlichen Älteren ein ähnliches Ausmaß an Selbständigkeit/Unselbständigkeit konstatieren können, aber es hätte sehr unterschiedliche Ursachen.

7.2.2 Kontrollüberzeugungen und gutes Altern

Das Gefühl, Kontrolle auszuüben (Kontrollüberzeugungen), gehört zu den Fundamentalbedürfnissen des Menschen. Gemeint sind das Erleben bzw. die Überzeugung, sich selbst als Ort der Kontrolle in Bezug auf das eigene Handeln zu sehen. Die Umsetzung dieses Bedürfnisses führt zu positiven Entwicklungen in den unterschiedlichsten Bereichen: höheres Wohlbefinden, höhere Zufriedenheit, bessere Anpassung an Neues (z. B. an die neue Pflegeheimumwelt), längerer Erhalt von Selbstständigkeit, bessere Gesundheit. Dabei geht es überhaupt nicht um „totale Kontrolle" oder die Vorstellung, wir könnten alles im Leben bestimmen. Aber ein Mindestmaß an Kontrolle ist sehr bedeutsam selbst in der Situation der Pflegebedürftigkeit.

Die beiden Lebenslauf- und Alternspsycholog:innen Jutta Heckhausen und Richard Schulz unterscheiden in ihrer Motivationalen Theorie lebenslanger Entwicklung (Heckhausen et al., 2010) zwischen primärer und sekundärer Kontrolle. *Primäre Kontrolle* bezieht sich auf die Möglichkeit, durch eigenes Verhalten aktiv gewünschte Veränderungen in der Umwelt herbeizuführen, sodass in der Umwelt bestehende Möglichkeiten und Anforderungen immer wieder mit eigenen Bedürfnissen aktiv in Einklang gebracht werden.

Sekundäre Kontrolle bezieht sich dagegen auf eine Veränderung der eigenen Person, der eigenen Wahrnehmung der Umwelt und eigener Ziele. Primäre Kontrolle wird nun, so die Erwartung von Heckhausen und Kollegen, immer schwieriger, je älter wir werden. Da ein Scheitern primärer Kontrolle nicht nur bedeutet, dass ein angestrebter Zielzustand nicht eintritt, sondern vor allem auch eine Gefährdung von Selbstbild und grundlegenden motivationalen Bestrebungen des Menschen darstellt (wir wollen, so nehmen Heckhausen und Schulz an, eigentlich bis unserem Tod primäre Kontrolle ausüben), muss durch geeignete Strategien das Vertrauen in die aktuelle und zukünftige Fähigkeit wiederhergestellt werden. Das machen wir mit sekundären Kontrollstrategien. Dies erlaubt eine effiziente Auswahl und Verfolgung von möglichen Zielen, was wiederum zu einer Erhöhung unseres primären Kontrollgefühls beiträgt – z. B. durch Erhöhung der Attraktivität gewählter Ziele, durch Abwertung nicht gewählter Alternativen oder auch durch eine Überschätzung eigener Kompetenzen. Letztlich heißt das: Wir müssen vor allem spät im Leben im Umgang mit unseren Zielen erfinderisch sein, um auch bei Verlusten gut klarzukommen. Das Nicht-mehr-Mögliche kleinreden, das Weiterhin-Mögliche ausgiebig loben. Sekundäre Kontrolle üben viele ältere Menschen zudem dadurch aus, dass sie andere in der Phantasie negativ darstellen: Die anderen sind alt, leben im Pflegeheim, sind krank und gebrechlich – man selbst ist weit davon entfernt und eigentlich noch gar nicht alt oder behindert. Wie mir immer wieder unsere sehbeeinträchtigten Studienteilnehmer sagten: lieber nicht sehen können als im Rollstuhl sitzen. Derartige soziale Abwärtsvergleiche mag man ein wenig schändlich finden. Sie sind aber sehr wirkungsvoll, und sie bleiben ja in der Regel „intern". Wo wir gerade von Pflegeheimen sprachen. Dazu ein „altes" Forschungs-Highlight, das aber immer noch gute Punkte für heute bereithält.

Forschungs-Highlight: Dieses Forschungs-Highlight könnte man fast als den historischen Beitrag in diesem Buch bezeichnen. Aber es ist in gewisser Weise immer noch aktuell. In einer der meist zitiertesten Studien der Alternspsychologie haben die beiden amerikanischen Psychologinnen Langer und Rodin (1976) folgendes Feldexperiment durchgeführt: In einem Altenheim mit mehreren Stockwerken haben sie den Heimleiter gebeten, auf dem einen Stockwerk (Bedingung I; heute würde man wohl Wohngruppe sagen) alle Bewohner:innen zusammenzurufen und eine Rede zu halten mit folgendem Tenor: ‚Sie sind für Ihr Leben hier im Heim verantwortlich, Sie sind eingeladen, so viel wie möglich mitzugestalten.' Auf einem zweiten Stockwerk (Bedingung II) fand ein ähnliches Ereignis statt, nur dass dieses Mal derselbe Heimleiter etwas mit folgendem Tenor sagte: ‚Es ist unsere Aufgabe, dass es Ihnen hier gut geht. Wir kümmern uns um all Ihre Belange. Überlassen Sie das alles uns.' Die Bewohner:innen waren dabei vor der Intervention (den beiden unterschiedlichen Reden des Heimleiters) und etwa vier Wochen nach der Intervention befragt und hinsichtlich ihres Verhaltens durch geschulte Projektmitarbeiter:innen beobachtet worden. Das Ergebnis: Die Älteren zeigten sich bei der Zweitmessung in der kontrollerhöhenden Bedingung I als zufriedener, aktiver und wacher. Diese Effekte traten in Bedingung II nicht auf, ja, es gab hier sogar einige Verschlechterungen.

Man kann aus dieser heute klassischen Studie Schlussfolgerungen für praktisch-professionelles Handeln ableiten, die damals wie heute Gültigkeit besitzen:

Praxistipp: Wagen wir es als Professionelle, die mit älteren Menschen arbeiten, ihnen so viel Handlungskontrolle wie möglich zu überlassen. Beziehen wir Ältere, so weit es irgend geht, in Entscheidungen mit ein. Bieten wir ihnen Alternativen, aus denen sie selbst auswählen können. Akzeptieren wir aber auch Entscheidungen, die wir als Professionelle eventuell nicht so gut finden. So scheint es auch kleinere Gruppen von älteren Menschen zu geben, für die eine möglichst hohe

Selbstständigkeit und Kontrolle nicht attraktiv sind. Auch das ist eine Facette der hohen Heterogenität älterer Menschen!

Kurz zusammengefasst: Auch in diesem Kapitel zeigen sich die Wechselspiele zwischen Gewinnen, Verlusten und Stabilität wieder sehr deutlich. Das Wohlbefindens-Paradox des Alterns gilt zwischenzeitlich als empirisch robust gesichert. Die meisten älteren Menschen schaffen es, ein relativ hohes Wohlbefinden bzw. eine hohe Lebenszufriedenheit bis weit ins hohe Alter hinein zu halten. Gleichzeitig bedeutet dies nicht, dass eintretende Verluste nicht bedeutsam sind. Hierbei hat sich über nun Jahrzehnte hinweg die Einsicht in der psychologischen Alternsforschung durchgesetzt, dass vor allem die Ausübung von Kontrolle in jeder Lebenssituation für ältere Menschen von großer Bedeutung ist.

IV Übergreifende Themen mit hoher Relevanz für die Alternspsychologie

In diesem Abschnitt des Buches werfen wir noch Blicke auf drei übergreifende Themen, die recht eng mit der psychologischen Alternsforschung zusammenhängen, aber auch in anderen Bereichen der Gerontologie eine große Rolle spielen:

- Drittes („Junges“) und Viertes („Altes“) Alter
- Gender und Altern
- Sterben, Lebensende und Tod

Zwei dieser Themen sind nicht explizit in unserem Rahmenmodell (Abbildung 2, S. 32) enthalten. Aber sie schwingen natürlich immer mit: So ist die Annahme naheliegend, dass individuelle Ressourcen, wie z. B. geistige Leistungen und natürlich auch die biologische Funktionsfähigkeit, sich im Dritten Alter deutlich besser darstellen als im Vierten Alter. Und Veränderungen gerade in der historisch-gesellschaftlichen Entwicklung wie die *Frauenbewegung* und *Frauenemanzipation* schreien gewissermaßen danach, Altern nicht einfach als geschlechtsneutral zu betrachten, sondern auch *Gender* in den Mittelpunkt der psychologischen Alternsforschung zu stellen. Mit Sterben und Tod sind wir am Ende lebenslanger Entwicklung angelangt. Kann es auch so etwas wie „gelingendes“ Sterben geben? Was wissen wir überhaupt in Bezug auf die letzte Phase des Lebens, die in den Tod führt? Doch zunächst sind Sie wieder dran:

Statement	**Richtig**	**Falsch**
Das hohe Alter ist die verletzlichste Lebensphase überhaupt.		
In fast allen Variablen stellen sich ältere Frauen anders dar als ältere Männer.		
Ältere Menschen denken häufig an Sterben und Tod.		

8. Ein sperriges Tandem: Drittes versus Viertes Alter

Es ist völlig unbestritten, dass Altern ein überaus heterogener Prozess ist, der sich von Person zu Person sehr unterscheiden kann, z. B. hinsichtlich seiner Geschwindigkeit, seiner Intensität und seiner Generalität im Sinne betroffener Ebenen von sozial zu biologisch, von kognitiv bis zu Zufriedenheit. Dies verbietet eine Rede von „den Alten" – so viel ist klar. Eine Antwort könnte sein: keinerlei Verallgemeinerungen – jede:r altert auf ihre/seine Weise, und das ist gut so. Dann wäre wissenschaftliche Arbeit zum Thema Altern kaum möglich, denn Wissenschaft will verallgemeinern und über Einzelfälle hinaus nachprüfbare Aussagen treffen. Man könnte auch statistisch an die Sache herangehen und mit Hilfe von sog. Clusteranalysen nach empirisch existierenden Subgruppen innerhalb der Population älterer Menschen Ausschau halten. Das kann im Rahmen abgegrenzter Fragestellungen durchaus viel Sinn machen, aber bislang konnte man auf solch suchendem („explorativen") Weg noch keine dauerhafte und replizierbare („robuste") Kategorisierung finden. Das hat z. B. damit zu tun, dass man sich stets entscheiden muss, nach welchen Kriterien man Subgruppen bildet. Nimmt man nur gesundheitliche, kommt man zu ganz anderen Subgruppen im Vergleich zu ökonomischen oder psychologischen Kriterien. Ja, man kann auch alles Mögliche in eine Clusteranalyse hineinstopfen, aber dann wird es schnell unübersichtlich oder man findet so viele kleinere Subgruppen, dass man nicht viel damit anfangen kann. Wir stehen gewissermaßen vor einem Dilemma: Auf der einen Seite wollen wir differenzieren und uns nicht nachsagen lassen, wir würden alles in einen Topf werfen. Auf der anderen Seite benötigen wir eine handhabbare Herangehensweise, die von vielen als hilfreich gesehen wird – am besten in wissenschaftlichen und praktischen Zusammenhängen.

Die wohl prominenteste Antwort auf diese Anforderung ist die Unterscheidung zwischen einem Dritten und Vierten Alter. Der englische Soziologe Peter Laslett (1995) hat das *Dritte Alter* als eine der zentralen Errungenschaften der Moderne beschrieben. In dieser Lebensphase, die in der Regel nach dem Übergang in die nachberufliche Zeit beginnt und mit dem Eintritt von Multimorbidität und vielfach-schweren Beeinträchtigungen endet, können, so Laslett, Ältere gewissermaßen schalten und walten, wie sie wollen. Sie befinden sich nicht mehr in den Zwängen des Berufs, sie fühlen sich dem mittleren Alter bzw. einer Gesamteinschätzung „Ich bin noch nicht alt" näher als dem, was später auf sie zukommt. In dieser historisch neuen Lebensphase, die sich durch den Anstieg der Lebenserwartung und durch eine wachsende Gesundheit und Funktionstüchtigkeit auch spät im Leben herausgebildet hat, gibt es zudem etwas, was traditionell nicht zum höheren Lebensalter gehörend gesehen, ja, fast per Definition ausgeschlossen wurde: persönliche Weiterentwicklung!

Demgegenüber ist die anschließende Lebensphase des *Vierten Alters* durch Mehrfacherkrankungen und schwerwiegende Funktionsbeeinträchtigungen geprägt. In dieser Lebensphase treten die Grenzen des Lebens klar zutage. Der uns schon bekannte Paul B. Baltes, der immer wieder zum Vierten Alter Stellung bezog (z. B. Baltes, 1997), hat davon gesprochen, dass in diesem Lebensabschnitt das „Mängelwesen Mensch“ (nach Arnold Gehlen → Netz) in seiner ganzen Radikalität aufscheint (siehe auch Wahl & Schilling, 2018). Man könnte wohl auch sagen: Auf das Dritte Alter können wir uns freuen – es dürfte heute im Mittel etwa 15–20 Jahre dauern. Das Vierte Alter müssen wir fürchten – und es wird uns statistisch betrachtet 3–5 Jahre unserer Lebenszeit „kosten“.

- Wahl & Schilling (2018): In diesem Kapitel haben wir die entwicklungspsychologischen Anforderungen des hohen (Vierten) Alters umfassend dargestellt.

Anregung zur Selbst-Reflexion:
Was finden Sie an der Unterscheidung Drittes/Viertes Alter gut?

Und was finden Sie weniger gut?

Ohne im Einzelnen zu wissen, was Sie alles aufgeschrieben haben, lässt sich doch sagen, dass die Unterscheidung Drittes/Viertes Alter bislang auf viel Zustimmung, aber auch auf deutliche Ablehnung in der psychologischen Alternsforschung und in der Alternsforschung ganz generell gestoßen ist. Die positive Bewertungsseite beruft sich vor allem auf die folgenden Argumente:

- Die Unterscheidung ist griffig, und sie bietet eine einfache und einleuchtende Möglichkeit, die viel zu pauschale Rede von „den Alten" zu differenzieren. Oft werden auch Altersgrenzen genannt, weil dies natürlich besonders konkret ist: Drittes Alter 65 bis 80 Jahre; Viertes Alter: 80+ Jahre.
- Die Unterscheidung weist auf die sehr unterschiedlichen Potenziale und Anforderungen hin, die mit dem heutigen Altern verbunden sind.
- Das Vierte Alter stellt die manchmal vergessene Gruppe der Menschen im hohen Alter in ambulanter oder stationärer Pflege in den Mittelpunkt.
- Die Unterscheidung führt die Interventionsforschung, auch die Politik für ältere Menschen, zu sehr unterschiedlichen „Antworten", z. B. niederschwellige Angebote der Freiwilligenarbeit für das Dritte Alter gegenüber innovativen Pflegeangeboten für das Vierte Alter.
- Im Hinblick auf die psychologische Alternsforschung weist die Unterscheidung auch darauf hin, dass mehr Studien zur Psychologie der Hochaltrigkeit benötigt werden, denn traditionell ist die Alternspsychologie eine Psychologie des Dritten Alters gewesen.

Auf der anderen Seite sind auch einige sehr bedeutsame kritische Aspekte der Unterscheidung zu bedenken:

- Die Unterscheidung kann leicht dazu führen, das Dritte und Vierte Alter als völlig distinkte Gruppen zu betrachten, aber es gibt viele Überlappungen. Z. B. zeigt ein durchaus nicht kleiner Teil des Vierten Alters kognitive Leistungen, die typisch für das Dritte Alter sind. Feste Altersgrenzen (siehe oben) sind verführerisch genau, aber eigentlich nur schwer begründbar.
- Eine starke Zweiteilung des höheren Lebensalters verhindert die Einsicht, dass statistisch gesehen immer mehr Menschen beide Lebensalter durchlaufen müssen.
- Die Zweiteilung kann dazu führen, dass sich Menschen im Dritten Alter von jenen im Vierten Alter distanzieren. „Sie sind alt, wir nicht." Das könnte die Gefahr eines *Ageism* sogar innerhalb der älteren Menschen selbst mit sich bringen.
- Akteur:innen im Gesundheitswesen wie Ärzt:innen oder Pflegekräfte können durch eine solche Kategorisierung älterer Menschen viele „Falsch-Positive" produzieren. Ein:e Patient:in ist im Vierten Alter, also kann man da nicht mehr viel machen, sollte es nicht übertreiben mit Training und Rehabilitation. Die Zuordnung „ist ja im Vierten Alter" könnte zu einer sich-selbst-erfüllenden Prophezeiung bei wichtigen Professionsgruppen, eventuell auch bei Ihnen, führen.
- Ähnliches gilt für die älteren Menschen selbst. Wenn die Unterscheidung immer mehr in den alltäglichen Sprachschatz eindringt, werden auch „Selbstetikettierungsprozesse" angestoßen. „Ja, ich bin jetzt im Vierten Al-

ter, da ist man dann richtig alt und verliert seine Selbständigkeit, wird dement". Erneut könnte es zu sich-selbst-erfüllenden Prophezeiungen, dieses Mal auf der Ebene des individuellen Alterns, kommen. Ebenso könnte es aber auch sein, dass man alles dafür tut, für sich selbst die Kategorisierung Drittes Alter beizubehalten, auch wenn diese zunehmend unangebracht ist. Gerade im hohen Alter befindliche, gut gebildete Männer, wir hatten es bereits weiter oben erwähnt, könnten dieser Gefahr unterliegen und sich damit ab einem gewissen Punkt andauernd in ihren Möglichkeiten überschätzen und überfordern.

Bitte erwarten Sie nicht von mir, dass ich Ihnen nun einen einfachen Weg aus dem Dilemma zeige, nämlich auf der einen Seite unseren notwendigen Differenzierungsansprüchen gegenüber älteren Menschen gerecht zu werden ohne auf der anderen Seite vorschnell Ältere in die eine oder andere Schublade zu stecken. Versuchen wir es mit einem Praxistipp.

Praxistipp: Wenn Sie einem älteren Menschen in Ihrer professionellen Rolle begegnen: Vermeiden Sie schnelle Einteilungen in Ihrem Kopf in Richtung „ist im Dritten Alter – alles gut" gegenüber „ist im Vierten Alter – alles schlecht". Bilden Sie sich ein Gesamturteil unabhängig vom chronologischen Alter. So kann es sogar gut sein, sich zu verbieten, vor einem Hausbesuch in der Akte nach dem Geburtsdatum zu schauen. Warum nicht lieber nachher? Nutzen Sie die Unterscheidung zwischen dem Dritten versus Vierten Alter nicht aktiv als Erklärung gegenüber älteren Menschen. Betrachten Sie diese eher als einen „professionellen Jargon", dem Sie konstruktiv-kritisch gegenüberstehen. Da ist einiges dran, und das mag Ihnen helfen, Handlungsbedarfe einzuschätzen einschließlich ihrer Dringlichkeit. Da sind aber auch Risiken in der Unterscheidung und deshalb sollte man stets eine kritische Distanz zu den Konzepten Drittes versus Viertes Alter bewahren.

Kurz zusammengefasst: Kategorien in unserem Kopf sind wichtig, damit wir die uns gegenüberstehenden Komplexitäten bewältigen können – auch im Rahmen professionellen Handelns. Diesbezüglich kommt man heute in der psychologischen Alternsforschung nicht an der Unterscheidung zwischen Drittem und Viertem Alter vorbei. Damit wird einerseits eine historisch neue Lebensphase mit vielen verbliebenen Entwicklungsmöglichkeiten fokussiert (Drittes Alter); auf der anderen Seite weist das Vierte Alter auf das wohl größte Zusammentreffen von irreversiblen Verlusten hin. Wir empfehlen dennoch einen bedachten und vorsichtigen Umgang mit diesen beiden Konzepten. Auf keinen Fall sollte man in der Praxis zu viel von ihnen ableiten.

9. Keine überzogenen Nivellierungen zwischen den Geschlechtern auch spät im Leben: Gender und Altern

Leider wird vieles in der psychologischen Alternsforschung weiterhin so behandelt, als ob es keine Geschlechtsunterschiede oder keine *LGBTIQ*-Personen gäbe. Das ist fahrlässig und weit weg von jeglicher Genderdebatte. Lassen Sie sich nicht darauf ein. Wir konzentrieren uns im Folgenden auf „traditionelle", aber dafür keineswegs unwichtige Unterschiede zwischen älteren Männern und Frauen. In Zukunft ist diese Debatte vor dem Hintergrund von *LGBTIQ*-Personen und Diversität generell sicher noch differenzierter zu führen.

Erstens ist zu bedenken, dass vor allem das Vierte Alter in hohem Maße von Frauen geprägt ist. Jenseits von 80 Jahren sind rund 70 % weiblichen Geschlechts, jenseits von 90 Jahren ca. 90 %, in Pflegeheimen ca. 80–90 %. Dass Frauen im Mittel vier bis fünf Jahre länger leben als Männer bedeutet auch, dass sie eine längere Zeit als Männer spät im Leben alleine verbringen. Anders ausgedrückt: Etwa zwei Drittel der Männer über 70 Jahre leben in einer Ehe/Partnerschaft, jedoch nur ca. ein Drittel der Frauen. Ältere Frauen verbringen den Lebensabend und sterben also viel häufiger als Männer „alleine". Allerdings bedeutet hier „alleine" primär das Leben und Wohnen in einem Ein-Personenhaushalt. Die „Weiblichkeit" des hohen Alters ist zunächst einmal ein objektiv-demografischer Sachverhalt.

Zweitens zeigen sich Unterschiede in der Art sozialer Beziehungsgestaltung zwischen Frauen und Männern. Generell unterhalten Männer und Frauen zwar grob gesehen Beziehungen zu denselben Personen bzw. Personengruppen – also Familie, Freunde und Verwandte. Aber es gibt auch geschlechtsspezifische Schwerpunktsetzungen innerhalb dieser Beziehungssysteme, die bis ins späte Leben zu Unterschieden führen (Wahl & Heyl, 2015). Während die Netzwerke von Frauen Partner:innen Familie und Freunde gleichermaßen umfassen, beziehen sich Männer in erster Linie auf ihre (in der Regel) Ehegattin, die wiederum als eine Art Bindeglied zu Familie und Freunden fungieren. Darüber hinaus ist die Wesensart der Beziehungen von Männern und Frauen recht unterschiedlich. Frauen scheinen auf der einen Seite mehr von ihren sozialen Beziehungen zu profitieren, da diese im Allgemeinen von einer größeren emotionalen Nähe gekennzeichnet sind als die Beziehungen von Männern. Auf der anderen Seite fühlen sich Frauen in diesen intensiveren Beziehungen aber auch eher für die Probleme ihrer Sozialpartner:innen und deren Lösung verantwortlich, was zu einer größeren Belastung führt. Frauen, auch ältere Frauen, scheinen also in ihren sozialen Beziehungssystemen gewissermaßen Positives und Negatives in stärkerem Maße als Männer in paralleler Weise zu erleben. Mehr Emotionalität und Vertrauen stehen neben höherer negativer Betroffenheit etwa im Falle von Partnerkonflikten. Schließlich gibt es auch Hinweise darauf, dass die Netzwerke von Männern einen Mangel an sozialer Unterstützung aufweisen, insbesondere dann, wenn das Bindeglied zu diesen Netzwerken, d.h. die (in der Regel) Ehepartnerin, nicht (mehr) verfügbar ist, wie nach einer Verwitwung.

Drittens besteht einer der wichtigsten Unterschiede zwischen älteren Frauen und Männern darin, dass Frauen sehr viel häufiger Pflegeaufgaben in der Familie übernehmen *(Wilz & Pfeiffer, 2019)*. Etwa 70 % jener, die solche familiären Hilfe- und Pflegerollen übernehmen, sind Frauen – und es sind zunehmend ältere Frauen über 65 Jahren. Man könnte auch sagen, dass vor allem die „jungalten" Frauen die „jung-alten", aber auch die „alt-alten" Männer pflegen. Bei den noch im Beruf stehenden Frauen im mittleren Alter kommt es häufig zu einem dreifachen Vereinbarungskonflikt: Die Kinder sind noch nicht aus dem Haus und bedürfen der Supervision, die eigene Berufstätigkeit fordert ihren Tribut und ein Elternteil ist pflegebedürftig geworden und benötigt intensive Unterstützung. Vieles spricht dafür, dass diese Hilfesysteme nicht selten an ihre Leistungsgrenzen kommen – und zu erheblichen körperlichen und psychischen Belastungen der vor allem betroffenen weiblichen pflegenden Angehörigen führen.

Praxistipp: Wenn Sie in einer professionellen Situation auf eine ältere Frau treffen, die auch in einer familiären Pflegesituation engagiert ist, sollten Sie immer davon ausgehen, dass dies mit bedeutsamen körperlichen und psychischen Problemen verbunden ist. In körperlicher Hinsicht sind es vor allem Rückenprobleme, die mit schwerer körperlicher Pflege verbunden sind. In psychischer Hinsicht finden sich häufig ein erhöhtes und andauerndes Stresserleben, erhöhte Depressivität und Schuldgefühle, dass man es vielleicht auf lange Sicht nicht schaffen wird, die Pflegeleistung aufrechtzuerhalten. Nicht selten werden Sie auch Scham finden, fremde und professionelle Hilfe wie ambulante Pflege zu aktivieren. Man möchte es selbst schaffen. Hier kann eine entscheidende Beratungsleistung darin bestehen, Mut dazu zu machen, ergänzend professionelle Hilfen überhaupt in Erwägung zu ziehen und dann auch aktiv anzugehen. Oftmals ist auch nicht bekannt, dass es Entlastungsangebote seitens der Krankenkassen gibt, z.B. ein Urlaub in Verbindung mit einer externen Kurzzeitpflege. Die Inanspruchnahme derartig hilfreicher Angebote ist manchmal nur möglich, wenn eigene Schuldgefühle bearbeitet werden und man den Eindruck hinter sich lassen kann, man lasse die angehörige Person alleine und „hängen". Hier können Sie in entsprechenden Gesprächen eine zentrale Rolle dabei spielen, dass ältere Angehörige, in der Regel Frauen, zu einer tragfähigen Entscheidung zur Annahme entlastender Angebote finden – ohne von Schuldgefühlen überwältigt zu werden.

Viertens kann man sagen, dass Altern deutlich höhere Anforderungen an alternde Frauen in Bezug auf Identitäts- und Selbtwerterhaltung stellt als an Männer. Das liegt vor allem daran, dass Frauen nach wie vor in stärkerem Maße als Männer negativen Altersstereotypen ausgesetzt (Rothermund & Mayer, 2009). Für Frauen ist die Kombination von Frau + „alt" eher eine Art doppelte Benachteiligung, für Männer eher nicht. Graues oder lichtes Haar bedeutet bei älteren Männern Seriosität und „Reife", bei älteren Frauen hingegen, dass sie eben „alt" und weniger attraktiv sind. Entsprechendes gilt bei anderen Veränderungen des Alterns wie Falten oder Hörschwierigkeiten.

- Rothermund & Mayer (2009): Sehr gelungene Darstellung der Themen Altersdiskriminierung und *Ageism*.

Fünftens führt das Zusammentreffen von sehr hohem Alter und Frau-Sein zu weiteren bedeutsamen Konsequenzen: Stürze sind vor allem „Frauenstürze", Demenzen sind vor allem „Frauendemenzen", Herz- und Krebserkrankungen treffen im hohen Alter vor allem Frauen. Und lebenslang erfahrene Benachteiligungen kulminieren in viel stärkerem Maße bei Frauen höheren Alters im Vergleich zu Männern. Ältere Frauen haben zumindest heute einen deutlich höheren Anteil an prekären Arbeitsverhältnissen bzw. an Teilzeitjobs hinter sich, was ihre späte materielle Lage negativ beeinflusst. Altersarmut ist damit vor allem Frauenarmut (Wahl et al., 2021).

Das sind wichtige Gender-Spezifika des Alterns, die auch die psychologische Alternsforschung zur Kenntnis nehmen muss. Allerdings, wenn wir im „Reich" der psychologischen Alternsforschung bleiben: In den meisten psychologischen Merkmalen gibt es keine Geschlechtsunterschiede (M. Baltes et al., 2001). Einzige Ausnahme: (Ältere) Frauen sind kognitiv gesehen im räumlichen Denken etwas schlechter als (ältere) Männer, Männer sind in verbalen Fähigkeiten den Frauen etwas unterlegen. Gleichzeitig berichten ältere Frauen wie Frauen in jeder Erwachsenenlebensphase über mehr depressive Symptome, und sie schätzen ihre Gesundheit subjektiv niedriger ein als Männer. Die Erklärung ist wohl auf mehreren Ebenen zu suchen: Frauen weisen häufiger als Männer mit zunehmendem Alter chronische Erkrankungen des Bewegungsapparates auf, was sich unmittelbar negativ auf die alltägliche Lebensqualität auswirkt. Frauen engagieren sich mehr in Pflegeaufgaben und sind in stärkerem Maße Diskriminierungen ausgesetzt. Und sie sind auch eher bereit, in Studien ehrlich über ihre psychische Situation zu berichten als Männer, die eher vermeiden, sich allzu schlecht und belastet darzustellen.

Kurz zusammengefasst: Wir brauchen auch eine gender-sensible psychologische Alternsforschung. In vielerlei Hinsicht scheinen Frauen in anderer Weise an ihr Älterwerden heranzugehen bzw. damit umzugehen. Gleichzeitig sind sie in biologischer Hinsicht anderen Erfahrungen ausgesetzt (Menopause, andere Krankheitsprofile) und werden gesellschaftlich hinsichtlich ihres Alt-Seins weniger positiv bewertet wie Männer. Dennoch dürfen die Unterschiede zwischen den Geschlechtern gerade spät im Leben auch nicht überzogen werden. Gerade im psychischen und kognitiven Bereich halten sich die Unterschiede in Grenzen, sind aber auch in begrenzter Weise vorhanden.

10. (K)ein Tabu: Lebensende und Sterben aus der Sicht der Alternspsychologie

In unserem Leben ist der Tod allgegenwärtig. Wir erleben den Tod anderer Menschen – von geliebten Menschen im Familienkreis, von uns fernstehenden Menschen in Bildern von Kriegen oder bei einem Unfallgeschehen auf der Autobahn. Tageszeitungen füllen Seiten mit Todesanzeigen und in Krimis geht es nicht mehr unter mindestens einem gewaltsam zu Tode gekommenen Menschen. Trotz dieser Allgegenwärtigkeit von Tod und Vergehen dürfen wir nicht vergessen, dass es im Laufe der biokulturellen Evolution unserer modernen Gesellschaften tatsächlich gelungen ist, dem Tod in gewisser Weise ein Schnippchen zu schlagen. Noch vor nicht allzu langer Zeit hat der Tod in jeder Lebensphase seine Beute eingefahren, nicht zuletzt in Gestalt einer hohen Kindersterblichkeit. Das liegt heute weit hinter uns, wir haben es tatsächlich geschafft, den Tod in einer Lebensphase „einzuzäunen“ – der Phase des höheren Lebensalters. Natürlich bedeutet dies nicht, dass heute nicht weiterhin in allen Lebensphasen der Tod eintreten kann; statistisch gesehen sterben wir jedoch heute mit der relativ höchsten Wahrscheinlichkeit jenseits von 65 Jahren. Ja, wir gehen, wenn wir ehrlich sind, doch fast davon aus, dass wir ein Anrecht darauf haben, lange zu leben und erst möglichst spät im Leben zu sterben. Würden wir es nicht am liebsten mit der bereits zu Anfang des Buches erwähnten, heute (Januar 2023) 101-jährigen Modedesignerin Iris Apfel halten? „Sterben? Ohne mich!“

Anregung zur Selbst-Reflexion:
Was wäre, wenn demnächst praktisch alle Menschen 100 Jahre alt würden?

____

____

____

10.1 Sterbeorte heute – Was ist daran psychologisch?

Immer wieder konfrontieren wir in diesem Buch objektive Sachverhalte mit subjektivem Erleben, also mit psychologischen Aspekten. Das wollen wir auch hier tun und uns zunächst klarmachen, wo heute gestorben wird. Die besten Daten dazu haben meines Wissens in letzter Zeit Dasch et al. (2015) vorgelegt; sie dürften auch bei der Fertigstellung dieses Buches (2022) noch recht aktuell sein (Tabelle 9). Nach diesen Ergebnissen sterben die meisten Menschen in Deutschland im Krankenhaus, gefolgt vom häuslichen Umfeld und Pflegeheim. Vor allem das Sterben in Pflegeheimen, die bisweilen ja auch durchaus den Charakter von Hospizen (→ Netz) besitzen, hat zwischen 2001 und 2011 deutlich zugenommen.

Tabelle 9: Sterbeorte in Deutschland – Veränderung zwischen 2001 und 2011 (Nach Dasch et al., 2015, S. 498)

	gesamt **N = 24 009** **% (n)**	**2001** **N = 11 585** **% (n)**	**2011** **N = 12 424** **% (n)**
häusliches Umfeld	25,2 (6 049)	27,5 (3 187)	23,0 (2 862)
Krankenhaus	54,2 (13 023)	57,6 (6 669)	51,2 (6 354)
Palliativstation	0,5 (124)	0,0 (0)	1,0 (124)
Alten- oder Pflegeheim	15,7 (3 779)	12,2 (1 414)	19,0 (2 365)
Hospiz	3,4 (808)	2,0 (232)	4,6 (576)
sonstiger Ort	0,6 (137)	0,6 (66)	0,6 (71)
keine Angabe	0,4 (89)	0,1 (17)	0,6 (72)

Was sagt uns dies psychologisch? Zum Ersten wird der weit verbreitete Wunsch nach dem Sterben zu Hause relativ selten realisiert. Da gibt es für viele ein wichtiges Lebensziel am Ende der Lebensspanne, das häufig nicht erreicht wird. Dies bedeutet, dass am Ende des Lebens ein „Herzenswunsch" vielfach nochmals umgedeutet werden muss – vom Sterbenden selbst und von Angehörigen im Sinne „Es ist auch gut für mich, im Krankenhaus zu sterben" oder „Es ist auch gut für mich, im Heim zu sterben". Gerade das häufige Sterben von Menschen höheren Lebensalters im Krankenhaus stellt besondere Anforderungen auch an „räumliche Würde" und Privatheit. Nach allem, was wir wissen, wird diesen Anforderungen sehr unterschiedlich von den jeweiligen Krankenhausbetreibern begegnet. Nicht immer so sensibel, wie es angebracht wäre.

Praxistipp: Haben Sie den Mut, einzuschreiten, wenn Ihnen im Kontext Ihrer professionellen Arbeit mit Älteren würdelose Zustände in Sterbesituationen, wo auch immer, begegnen. Erheben Sie Ihre Stimme und fordern Sie nach einer Verbesserung der Situation. Wenn möglich, bringen Sie eigene Vorschläge ein. Stimmen Sie sich dabei aber auch mit Angehörigen ab. Wenn diese sich beschweren, können Sie sich zurückhalten. Manchmal kann Ihre Aufgabe aber auch gerade darin bestehen, Angehörigen oder dem Sterbenden selbst eine Stimme zu geben, weil diese sich eventuell nicht trauen, ihre Bedürfnisse und Wahrnehmungen zu artikulieren.

10.2 Die Psychologie von Sterben und Tod (Thanatopsychologie)

Die *Thanatopsychologie* („Psychology of Death and Dying") will Verhalten und Erleben des Menschen in Bezug auf Sterben und Tod im Zuge seiner lebenslangen Entwicklung bis zum Lebensende besser verstehen (Kastenbaum, 2000; Strupp et al., 2019). Sie hat z. B. zum Gegenstand, dass Menschen wohl die einzigen Lebewesen sind, denen bereits früh im Leben ein Wissen hinsichtlich der eigenen Endlichkeit zur Verfügung steht. Die sog. *Terror-Management-Theorie* (Martens et al., 2005) argumentiert, dass die immer häufigere Sichtbarkeit von älteren Menschen in öffentlichen Räumen unserer Gesellschaft dazu führt, dass negative Altersstereotype nicht etwa abgebaut werden, sondern sogar neu entstehen. Menschen höheren Alters erinnern Jüngere an Tod und körperlichen Verfall, und diese Gedanken lehnen Jüngere ab und „bearbeiten" sie durch Ablehnung der Ursache, eben der heute vielfach auftretenden älteren Menschen. Es gibt in der Tat eine Reihe von Hinweisen dafür, dass Länder mit größeren Anteilen an Älteren weniger positive Sichtweisen des Älterwerdens aufweisen. Allgemein geht die Terror-Management-Theorie davon aus, dass die evolutionsbiologisch begründete Vorstellung der eigenen Unvergänglichkeit im Laufe unseres gesamten Erwachsenenlebens in Konflikt steht mit dem Bewusstsein, dass wir vergänglich sind und dem Tod nicht entgehen können. Die Thanatopsychologie beschäftigt sich darüber hinaus auch mit dem nur mittelbar von Tod und Sterben betroffenen Menschen, etwa einer Angehörigenperson eines sterbenden Menschen.

Eine wichtige Frage an die thanatopsychologische Forschung geht dahin, wie sich das Bewusstsein von Tod und Sterben im Rahmen einer Sichtweise lebenslanger Entwicklung darstellt. Man könnte auch sagen, es geht um eine Entwicklungspsychologie von Todesbewusstsein und Todesängsten. Studien zur Entwicklung eines ausgereiften Konzepts von Tod (Unumkehrbarkeit, also Irreversibilität des Todes, Universalität, d. h. alle Lebewesen müssen sterben; alle Körperfunktionen hören auf; Kausalität, also Ursachen sind biologisch, physikalisch; wird mich auch selbst zu einem Zeitpunkt in der Zukunft betreffen) haben gezeigt, dass etwa ab dem Alter von sechs Jahren ein zumindest partielles Verständnis von Tod vorliegt, etwa ab neun bis elf Jahren ein ausgereiftes Verständnis (Kastenbaum, 2000).

Eine wichtige Unterscheidung in Bezug auf die Erwachsenenlebensspanne ist jene zwischen Ängsten vor Sterben und Tod und der Akzeptanz von Sterben und Tod.

Forschungs-Highlight: In einer eigenen Studie hatten wir beides über einen Zeitraum von mehr als vier Jahren an einer Stichprobe von 124 Personen erhoben, die zu Beginn der Studie zwischen 87 und 97 Jahren alt waren. Mit anderen Worten: Alle waren im Vierten Alter und somit nahe an der Lebensgrenze (Abbildung 17). Man erkennt in Abbildung 17 gut, dass bei Personen im hohen Alter zwar die Angst vor dem Tod im Laufe des Älterwerdens deutlich schwankte, aber eher selten den Skalenmittelwert von 3 überschritt. Gleichzeitig war die Akzeptanz von Sterben/Tod sehr hoch. Fast alle beobachteten Werte lagen über dem zweithöchsten Skalenwert von 4.

Abbildung 17: Verlauf von Werten zu Todesangst (links) und Akzeptanz von Sterben/Tod in einer Stichprobe von 124 Personen, die mit 87–97 Jahren in die Studie eintraten (modifiziert nach Wettstein et al., 2015, S. 506)

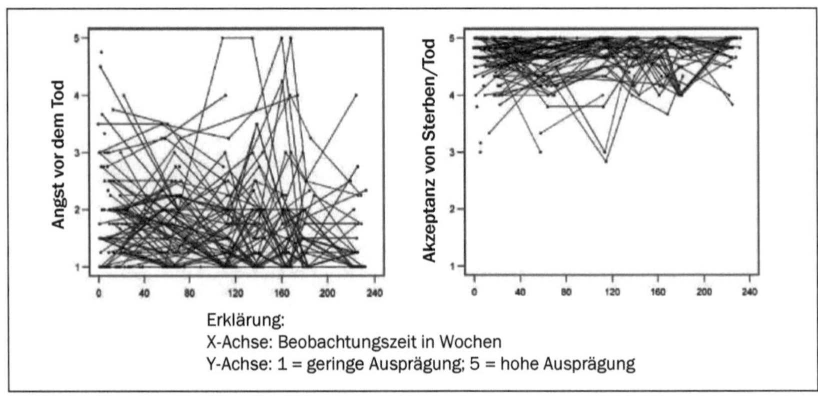

Dies passt in gewisser Weise gut zu einem Befund der Berliner Altersstudie (→ Netz) mit 70- bis 103-jährigen Personen einschließlich von Heimbewohner:innen (Staudinger et al., 2010). Hier wurde danach gefragt, in welche Lebens- und Alltagsbereiche Personen höheren Lebensalters ihre Energie investieren bzw. sich entsprechend engagieren. Dabei ergab sich folgende Rangfolge (S. 362):

1. Gesundheit
2. Wohlergehen der Angehörigen
3. Geistige Leistungsfähigkeit
4. Beziehung zu Freunden und Bekannten
5. Nachdenken über das Leben
6. Hobbys und andere Interessen
7. Unabhängigkeit
8. Sterben und Tod
9. Berufliche oder vergleichbare Tätigkeit (z. B. Ehrenamt)
10. Sexualität

Danach sieht es so aus, als ob das Nachdenken über Sterben und Tod selbst spät in unserem Leben eher deutlich nachgeordnet den Alltag im Alter bestimmt. Gesundheit liegt auf Platz 1, Sexualität auf Platz 10.

10.3 Zur Psychologie individuellen Sterbens

Sterben ist mit Sicherheit ein höchst individueller Prozess, vielleicht der individuellste Prozess unseres Lebens überhaupt. Dennoch wurden immer und werden Ansätze vorgestellt, um allgemeine Charakteristika von Sterbevorgängen einzugrenzen. Der wohl bekannteste Ansatz stammt von der Schweiz-US-Amerikanerin Elisabeth Kübler-Ross (z. B. 1969; → Netz), die vor allem auf ihren intensiven klinischen Erfahrungen mit schwerkranken Patient:innen aller Altersgruppen aufbaute. Kübler-Ross argumentierte, dass eine erste Phase, bei Konfrontation mit einer lebensbedrohenden Diagnose, in einem Akt der Leugnung besteht. Man will es nicht wahrhaben, es muss ein Irrtum vorliegen oder Ähnliches. In der zweiten Phase, so Kübler-Ross' Beobachtung, kann es zu so etwas wie Ärger kommen: „Warum ich? Warum jetzt? Das ist nicht gerecht." In der dritten Phase komme es häufig vor, dass eine Art Handel mit dem Sterbeprozess beginnt („bargaining"), etwa in Gestalt der Hoffnung, bestimmte Ereignisse (z. B. Geburt des Enkelkindes etc.) noch erleben zu wollen. In der vierten Phase komme es häufig zu Depressivität und Niedergeschlagenheit angesichts des nahen Lebensendes, das in einen Erlebens- und Erfahrungsprozess der Akzeptanz des Unausweichlichen übergeht. Phasenansätze wie jener von Kübler-Ross stehen stets schnell auch in der Kritik: Treten wirklich immer alle Phasen auf? Ist der Ablauf immer in dieser Abfolge zu beobachten? Muss er vielleicht so sein, um eine Erfahrung der tiefen Akzeptanz zu erreichen? Alle diese Fragen sind berechtigt. Ich würde dazu raten, dennoch einen solchen Ansatz als mögliches Schema einer klinisch sehr erfahrenen Person im Auge und Kopf zu behalten. Er kann uns Hinweise geben, Erfahrungen mit sterbenden Menschen besser zu verstehen oder auch einzuordnen.

Für sehr überzeugend halte ich Ansätze, die anhand von intensiven, gesprächsgestützten Erhebungen Verlaufsformen von Sterbeprozessen bei Menschen im hohen Alter abgebildet haben. Prototypisch steht für mich dabei eine schon ältere Studie von Andreas Kruse (1995), die ich aber nach wie vor für aktuell halte. Ganz bewusst möchte ich im Folgenden auch dieser Studie den Status eines Forschungs-Highlights in diesem Bereich, der von vielen Tabus und viel Desinteresse an der Thematik des Sterbens geprägt ist, verleihen.

Forschungs-Highlight: Kruse (1995) führte mit 50 Menschen im Alter von 58 bis 81 Jahren, die nahe an der Todesgrenze (Terminalstadium) waren, Explorationen in der Tradition der Bonner Gerontologischen Längsschnittstudie (BOLSA → Netz) durch, um Erlebensformen und Erfahrungen in dieser Extremsituation menschlicher Existenz abzubilden. Kruse führte seine Explorationsergebnisse zu den folgenden Verlaufsformen des Sterbens zusammen:

- *Verlaufsform 1:* „Akzeptanz des Sterbens und des Todes bei gleichzeitiger Suche nach jenen Möglichkeiten, die das Leben noch bietet." Charakterisierung des Verlaufs: Im Laufe der Zeit nahm die Bereitschaft des/der Patient:in zu, die Krankheit und den herannahenden Tod zu akzeptieren. Auf der Grundlage dieser Akzeptanz wuchs auch die Fähigkeit, jene Möglichkeiten, die das Leben noch bietet, dankbar aufzugreifen und zu verwirklichen.
- *Verlaufsform 2:* „Zunehmende Resignation und Verbitterung. die mit dazu beiträgt, dass das Leben nur noch als ‚Last' empfunden wird und die Endlichkeit des eigenen Daseins immer stärker in den Vordergrund des Erlebens tritt." Charakterisierung des Verlaufs: Die Patient:innen wurden im Laufe der Zeit zunehmend verbittert. Sie erlebten das Leben nur noch als „Last" und fühlten sich von anderen Menschen abgelehnt. Die physischen Schmerzen nahmen eine immer zentralere Stellung im Erleben dieser Patient:innen ein.
- *Verlaufsform 3:* „Linderung der Todesängste durch die Erfahrung eines neuen Lebenssinns und durch die Überzeugung, im Leben noch wichtige Aufgaben wahrnehmen zu können." Charakterisierung des Verlaufs: Das Erleben der Patient:innen war zunächst ganz von Schmerzen und Ängsten bestimmt. Jedoch gelang es ihnen allmählich wieder, sich stärker zu öffnen, an gemeinsamen Unternehmungen teilzunehmen und das Leben als eine „Aufgabe" wahrzunehmen. Sie fühlten sich für den weiteren Lebensweg des Ehepartners/der Ehepartnerin und der Kinder verantwortlich.
- *Verlaufsform 4:* „Bemühen, die Bedrohung der eigenen Existenz nicht in das Zentrum des Erlebens treten zu lassen." Charakterisierung des Verlaufs: Die Patient:innen scheuten eine bewusste Auseinandersetzung mit dem Sterben und dem Tod. Diese Tendenz zum „Nicht-wahr-haben-Wollen" war auch schon in früheren Abschnitten der Krankheit erkennbar, nahm aber mit der Schwere der Erkrankung zu.

- *Verlaufsform 5:* „Durchschreiten von Phasen tiefer Depression zu einer Hinnahme des Todes." Charakterisierung des Verlaufs: Bei diesen Patient:innen herrschte starke Niedergeschlagenheit und Resignation vor. Sie zogen sich immer mehr zurück und gaben früher ausgeübte Tätigkeiten und Interessen auf.

- Kruse (2021): Sehr profunde Auseinandersetzung mit dem letzten Jahr des Lebens, was wir dazu wissen, wie wir uns dazu als Professionelle positionieren können.

Hingewiesen sei schließlich auch noch auf das stark tabuisierte Thema des Suizids im höheren Lebensalter (Erlemeier, 2011). Suizid ist ein seltenes Ereignis, jedoch ist die Suizidrate jenseits von 65 Jahren am höchsten und nochmals deutlich höher bei älteren Männern. Methoden des Suizids sind im höheren Alter gewaltsamer und damit viel häufiger auch tatsächlich zum Tod führend im Vergleich zu Suizid im frühen Alter, bei dem der Appellcharakter eine bedeutsame Rolle spielt.

Praxistipp: Gehen Sie fest davon aus, dass Sie in der psychologischen Arbeit mit älteren Menschen immer wieder mit den Themen Sterben und Tod konfrontiert werden. Lassen Sie dabei eigene Ängste zu, besprechen Sie sie mit Ihren Kolleg:innen, nehmen Sie eventuell auch einmal Supervision (→ Netz) in Anspruch, um besser mit psychisch belastenden Berufssituationen klarzukommen. Fordern Sie eine solche im Zweifelsfall von Ihrem/Ihrer Arbeitgeber:in. Ermutigen Sie Angehörige, mit Ihnen über Erfahrungen und Herausforderungen im Zusammenhang mit Sterben und Tod zu sprechen, aber setzen Sie auch Grenzen dort, wo Sie merken, dass Ihre professionelle Rolle überzogen wird.

10.4 Die „Distanz vom Tod"-Forschung in der Alternspsychologie

Natürlich, wir favorisieren in diesem Buch ein differenziertes Bild des heutigen Alterns – mit durchaus bedeutsamen positiven Facetten. Dennoch gilt auch: Am Ende wird uns alles genommen, auch wenn die späte Entwicklung bis zu diesem Punkt heute mit Möglichkeitsräumen und einem Gestaltungsimpetus abläuft, die historisch völlig neu sind. Wir können, so banal es klingt, nicht ewig leben.

Die Alternspsychologie hat in den letzten etwa 20 Jahren diesem Gewinn-Verlust-Spiel des Lebens und Alterns eine wichtige Facette hinzugefügt. Die „Distanz vom Tod"-Forschung geht davon aus, dass es einen Zeitkorridor spät im Leben gibt, bei dem der Abstand vom Tod wichtiger für unterschiedliche

Aspekte (z. B. Kognition, Pflegebedarf) wird als das chronologische Alter, also der Abstand von der Geburt.

Einer der amerikanischen Alternspsychologen der ersten Stunde, Robert Kleemeier *(Kleemeier, 1962),* hat dieses Phänomen als *Terminal Decline* beschrieben. Dass am Ende des Lebens Verluste und nicht Gewinne zum Tod führen, ist trivial. Die Idee des „Terminal Decline" geht nun aber davon aus, dass wir in der Nähe des Todes einen beschleunigten Abfall in unterschiedlichen Funktionsbereichen wie z. B. der kognitiven Leistungsfähigkeit sehen, der vor allem durch eben diese Nähe zum Tod ausgelöst wird – und nicht vom chronologischen Älterwerden. Diese Idee fand später nicht nur im kognitiven und körperlichen Bereich empirische Unterstützung, sondern auch im Bereich des Erlebens und des *Wohlbefindens.*

Eine der ersten Studien in diesem Zusammenhang war jene von Denis Gerstorf und seiner Forschungsgruppe (2008). Hinsichtlich des chronologischen Alters wissen wir (siehe Teil 7.1.1), dass vieles für Stabilität des Wohlbefindens bis ins hohe Alter spricht (Wohlbefindensparadox). Was aber geschieht, wenn wir das Pferd gewissermaßen von hinten aufzäumen und den Verlauf des Wohlbefindens danach untersuchen, wie weit eine Person von ihrem Tod entfernt ist? Die Arbeit von Gerstorf et al. (2008) ging davon aus, dass dies schlicht noch niemand untersucht hatte. Datentechnisch benötigt man dazu allerdings Daten, die Wohlbefinden mehrfach vor dem Tod gemessen und dann auch erhoben haben, wann die betreffende Person verstorben ist. Gerstorf et al. (2008) griffen dazu auf das *Sozio-ökonomische Panel* (→ Netz) zurück, eine Survey-Studie, die bereits seit dem Jahr 1984 Daten sammelt, Individuen längsschnittlich verfolgt und auch ihren Tod dokumentiert. Einbezogen wurden mehr als 1 600 über 70-jährige Personen und von diesen standen Daten über 22 Jahre hinweg mit jährlichen Messungen der Lebenszufriedenheit zur Verfügung (siehe Abbildung 18).

Die Ergebnisse zeigten, dass sich der Verlauf des Wohlbefindens bei einer solchen Betrachtung durch den zeitlichen Abstand vom Tod statistisch besser beschreiben ließ als durch den zeitlichen Abstand seit der Geburt (also das chronologische Alter). Wie Abbildung 18 zeigt, folgte in der Nähe des Todes auf eine erste Phase mit bereits deutlichen Rückgängen eine zweite Phase von nun sehr klaren Verlusten an Lebenszufriedenheit. Dieses Muster trat nicht bei allen, aber doch bei vielen der beobachteten Individuen auf. Die Übergangszeit von einer wahrscheinlich präterminalen Phase zu einer terminalen Phase der Entwicklung der Lebenszufriedenheit lag etwa bei drei bis fünf Jahren vor dem Tod, unabhängig vom individuellen Sterbealter. Dieser Befund ist zwischenzeitlich mehrfach an unterschiedlichen Stichproben repliziert worden und somit recht robust. Diese „Distanz vom Tod"-getriebenen Befunde dürfen allerdings nicht so interpretiert werden, dass alternde Menschen, wenn es auf das Lebensende zugeht, todunglücklich oder depressiv werden. Es geht „nur" um

Abbildung 18: Verlauf von Lebenszufriedenheit in Abhängigkeit vom zeitlichen Abstand zum Tod (entnommen aus Gerstorf et al. 2008, S. 1154)

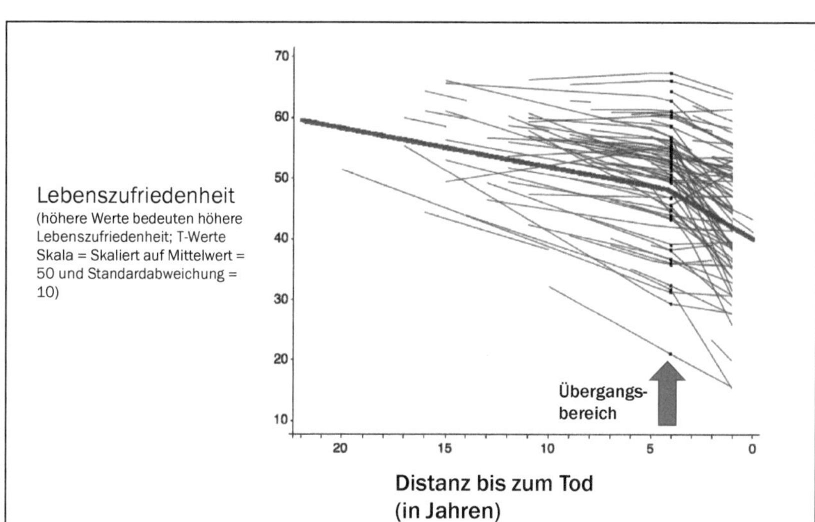

Bei der T-Wertskalierung (→ Netz) auf der Y-Achse bedeuten niedrigere Werte ein geringeres Wohlbefinden; hier wurden aus Gründen einer besseren Darstellbarkeit nur 100 zufällig ausgewählte Personen aus der Gesamtstichprobe dargestellt; die dicke Linie stellt den Mittelwert der Einzelverläufe dar

beobachtete Verschlechterungen des Wohlbefindens, die besser durch Unterschiede im Abstand vom Tod als durch Unterschiede im chronologischen Alter erklärt werden können. Und es sind eben nur statistisch gesicherte Zusammenhänge, die nicht auf alle alternden Menschen zutreffen. Das zeigt ja Abbildung 18 auch sehr deutlich. So ergaben weitere Arbeiten, dass die Steilheit der terminalen Abfälle von der allgemeinen Ressourcensituation (individuell und in Bezug auf die Umwelt; siehe nochmals Abbildung 2) abzuhängen scheint: Lebten z. B. die untersuchten älteren Menschen in einer ihre Lebensqualität und ihre Versorgungsbedarfe förderlichen Umwelt, dann verlief der terminale Abfall des Wohlbefindens weniger steil.

Zu fragen bleibt: Was geht hier an Prozessgeschehen vor sich? Eine Erklärung könnte darin liegen, dass die biologischen Verlustprozesse in der Nähe des Todes auch direkte Auswirkungen auf emotionales Erleben haben und dieses gewissermaßen abdämpfen. Damit einhergehend könnten in der Distanz zum Tod eintretende Rückgänge im Wohlbefinden adaptiv sein; sie könnten gewissermaßen auf das bevorstehende Ereignis des Todes vorbereiten, uns gewissermaßen einstimmen auf das Lebensende. Vielleicht sind also die mit aufwändigen Längsschnittdaten erfassten Veränderungen in zeitlicher Nähe zum Tod nichts anderes als eben ein Teil unseres Sterbeprozesses? Vielleicht ist der Sterbeprozess, ganzheitlich gesehen, eben immanent nicht nur eine Sache des Zusammenbruchs unserer biologischen Systeme, sondern auch unserer psycho-emotionalen Erlebensfähigkeit.

Kurz zusammengefasst: Ausgangspunkt für die professionelle Auseinandersetzung, Einfühlung und Beratung zum Thema Sterben und Tod sind die aktuellen Sterbeorte, also Allgemeinkrankenhäuser und Pflegeheime. Eine Art normative Kraft des Faktischen, die eigentlich fast alle für ihr eigenes Leben an sich nicht präferieren. Das fordert auch professionelles Handeln heraus, wie wir in Praxistipps gezeigt haben. Wichtig sind Befunde der psychologischen Alternsforschung, die unterstreichen, dass subjektiv erfahrene Lebensqualität im höheren und auch im hohen Alter nicht von den Themen Sterben und Tod dominiert wird. Die Akzeptanz des Lebensendes ist hoch. Individuelle Sterbeverläufe sind höchst unterschiedlich. Die rezente „Distanz vom Tod"-Forschung im Bereich der Psychologie unterstreicht, dass „finale" Entwicklung vom Ende des Lebens aus besser zu verstehen ist als unter Bezugnahme auf das rein chronologische Alter.

V Gelingendes Altern professionell fördern: Psychologische Interventionsgerontologie

11. Allgemeines zu psychosozialen Interventionen

Die große deutsche Entwicklungs- und Alternspsychologin Ursula Lehr, 2022 im Alter von 91 Jahren gestorben, hat Alters-Interventionen bereits 1979 definiert als das „Insgesamt der Bemühungen, bei physisch-psychischem Wohlbefinden ein hohes Alter zu erreichen". Die Entstehung der Interventionsgerontologie war ein sehr bedeutsamer Schritt in der Entfaltung der psychologischen Alternsforschung, denn lange Zeit ging man davon aus, Altern sei ein relativ unveränderliches, kaum beeinflussbares biologisches Abbauprogramm (Wahl et al., 2012). Die Interventionsgerontologie besitzt nicht nur eine eminent wichtige praktische Bedeutsamkeit, sondern trägt auch viel zu grundlegenden Einsichten zum Altern bei: Sie zeigt, was alles in Bezug auf den Verlauf des Alternsprozesses möglich ist bzw. wäre und gibt damit vielfältige Hinweise auf die ausgeprägte *Plastizität* des Alternsprozesses. Erkenntnisse über Plastizität im höheren Lebensalter sind zudem bedeutsam, um gegen das negative Altersstereotyp in unserer Gesellschaft anzukämpfen. Gesellschaftlich und versorgungsbezogen betrachtet unterstreicht sie die Bedeutung der Schaffung entsprechender Rahmen-, Trainings- und Anregungsbedingungen.

Kehren wir vor diesem Hintergrund noch ein letztes Mal in diesem Buch zu Abbildung 2 (S. 32), unserem allgemeinen Rahmenmodell, zurück.

Anregung zur Selbst-Reflexion:
Wo überall können aus Ihrer Sicht gemäß unserem Rahmenmodell lebenslanger Entwicklung Gero-Interventionen ansetzen?

____

____

____

____

____

Und auch hier, bei der nun letzten Bitte, Sie ein weiteres Mal zur Reflexion anzuregen, weiß ich nicht, was Sie alles notiert haben, aber wahrscheinlich gibt es Überschneidungen mit den folgenden Überlegungen. Zunächst würde es Sinn machen, in sehr langen Zeitintervallen zu denken und bereits die frühe Kindheit als Ziel von Gero-Interventionen zu betrachten: Reichhaltige Anregungen in der Kindheit, gute Schulbildung, emotional gute Erfahrungen früh im Leben, das alles sind Aspekte einer frühen Prävention, die Auswirkungen bis ins hohe Alter haben können (Wahl & Gerstorf, in Druck). Und natürlich ist immer auch die Biologie wichtig, z. B. wenn es darum geht, früh im Leben eintretende gesundheitliche Verluste so optimal wie möglich zu behandeln, damit Langzeiteinschränkungen möglichst vermieden oder abgemildert werden. An der genetischen Ausstattung können wir zwar nichts verändern, aber wir hatten ja bereits zu Anfang gesagt, dass die Vorstellung, unsere Gene würden „einfach so" ihre Wirkung entfalten, unsinnig ist. Vielmehr treten Gene, abgesehen von sehr seltenen Konstellationen, stets in intensive Wechselwirkung mit Umweltgegebenheiten. Diese können z. B. die Wirkung ungünstiger genetischer Ausstattungen verstärken oder abschwächen.

Individuelle und umweltbezogene Ressourcen sind nicht komplett veränderbar, aber sie können schon systematisch gestärkt und stabilisiert werden. Der Eintritt kritischer Lebensereignisse kann in der Regel nicht verhindert werden, aber der Umgang mit den Auswirkungen derartiger kritischer Lebensereignisse ist gestaltbar, nicht zuletzt durch professionelle Unterstützungsangebote. Psychotherapie ist ja an sich nichts anderes als ein Weg, das, was wir als Entwicklungsregulation beschrieben haben, zu unterstützen oder zu korrigieren. Was wir professionell mit Gero-Interventionen erreichen wollen, ist sehr häufig mit den „Outcomes" Wohlbefindens- und Autonomiewiederherstellung bzw. -bewahrung und -erhöhung verbunden; bisweilen geht es auch um professionelle Unterstützung bei der Auseinandersetzung mit Sterben und Tod. Bei all diesen Aspekten, das war durchgängig unsere Botschaft, ist eine lebensumspannende Entwicklungsperspektive hilfreich. Und sicherlich sind wir selbst als professionell Handelnde gleichsam automatisch immer auch „Kinder unserer Zeit", etwa indem wir aktuelle Fragen in Bezug auf unsere alternde Gesellschaft aufnehmen und dazu beitragen möchten. Aktuell ist dies vor allem die voranschreitende Digitalisierung, die auch die älteren Menschen mitnehmen muss. Gleichzeitig sind ältere Menschen ebenso „Kinder ihrer Zeit", etwa wenn sie nie die Gelegenheit in ihrem Leben hatten, digitale Kompetenzen zu erwerben.

Zusammenfassend: Unser in Abbildung 2 enthaltenes Rahmenmodell kann durchaus auch als Interventionsmodell mit dem Ziel einer Förderung gelingenden Alterns verstanden werden. Doch zunächst sind wieder Sie dran:

Statement	Richtig	Falsch
Psychotherapie funktioniert bei Menschen höheren Lebensalters nicht mehr.		
Kognitives Training in Gedächtnisleistungen generalisiert auf andere kognitive Fähigkeiten.		
Wohnraumanpassung und neue Technologien haben nichts mit Psychologie zu tun.		

Im Folgenden gehen wir zunächst auf Gero-Interventionen in Richtung Stärkung individueller Ressourcen und von Entwicklungsselbstregulation ein. In unserer Darstellung konzentrieren wir uns auf Gero-Interventionen mit deutlich psychologischen Aspekten. Zum Spektrum von Gero-Interventionen gehören natürlich auch im engeren Sinne pflegebezogene und medizinisch-geriatrische Interventionen sowie Aktivitäten auf kommunaler und gesellschaftlicher Ebene:

- Wahl, Tesch-Römer & Ziegelmann (2012): In diesem Buch geben wir einen umfassenden Überblick zu Gero-Interventionen (eine Neuauflage ist für 2023 geplant).

11.1 Stärkung individueller Ressourcen von älteren Menschen

11.1.1 Kognitives Training im höheren Lebensalter

Die mit dem Älterwerden einsetzenden geistigen Leistungsverluste wurden lange Zeit als unabänderlich hingenommen. Das ist heute anders. Bei kognitivem Training geht es darum, zentrale Denkleistungen (das schnelle Erkennen von Gemeinsamkeiten in Sachverhalten, logisches Denken oder die Durchführung von Rechenaufgaben) systematisch zu üben. Gedächtnisinterventionen zielen darauf ab, Behaltens- und Erinnerungsleistungen mittels in der Regel angeleiteter Übung systematisch zu optimieren. Zentral ist in Bezug auf kognitives Training die Überlegung, dass es im Zuge des normalen Alterns zu immer stärkeren Leistungseinbußen im kognitiven Bereich kommt (Martin & Kliegel, 2014), die zwar häufig im Alltag gut kompensiert werden, sich aber dennoch in spürbarer Weise negativ auf die allgemeine Lebensqualität auswirken können.

Wichtig zu sehen ist in Bezug auf Gero-Interventionen generell, aber speziell in Bezug auf kognitive Trainingsstudien, dass sie nicht nur eine eminent wichtige Anwendungskomponente besitzen. Vielmehr geben sie auch Aufschluss über die Plastizität des Verhaltens bzw. der kognitiven Leistungsfähigkeit und über Altersunterschiede in der Plastizität. Was würde geschehen, wenn wir Älteren die Gelegenheit böten, an einem sehr intensiven Training über Monate hinweg teilzunehmen? Könnten wir auf diesem Weg des „Testing-the-limits“ eventuell sogar Altersunterschiede ausgleichen? Was geschähe, wenn wir gleichzeitig auch jungen Menschen ein solch intensives kognitives Training verabreichten?

Forschungs-Highlight: Baltes und Kliegl (1992) haben genau dies am Beispiel eines Gedächtnistrainings in einer Studie umgesetzt (Abbildung 19). Sie instruierten Ältere (65 bis 89 Jahre) und Jüngere (19 bis 29 Jahre) in einer Methode, die sich als effiziente Gedächtnisstütze erwiesen hat, die sog. Methode der Orte. Dabei wird eine Abfolge vertrauter Orte, die man jederzeit im Gedächtnis in einer bestimmten Abfolge „besuchen“ kann (z. B. in Berlin: Brandenburger Tor, Reichstag, Alexanderplatz etc.), mit dem zu lernenden bzw. zu memorierenden Material durch andauernde Übung verknüpft. In der Studie waren dies Wortlisten, von denen man dann möglichst viele Wörter erinnern sollte. Die Studie bestand aus einer großen Anzahl von Trainingssitzungen über ein komplettes Jahr hinweg. Immer wieder wurde unter Anleitung geübt und geübt und geübt… Wie Abbildung 19 zeigt, war dies in der Gruppe der Älteren sehr erfolgreich, denn die zu Anfang erinnerten etwa zwei Wörter stiegen im Laufe des Trainingsjahres auf etwa 15 an – ein gewaltiger Anstieg für eine Gruppe von älteren Menschen. Allerdings: Die jungen Teilnehmer:innen ließen sich auch nicht „lumpen“ und steigerten ihre Ge-

Abbildung 19: Verlauf der Werte eines Intensivtrainings mit jüngeren und älteren Menschen (nach Baltes & Kliegl, 1992, S. 28; modifizierte Version nach *Hertzog et al., 2009*, S. 17)

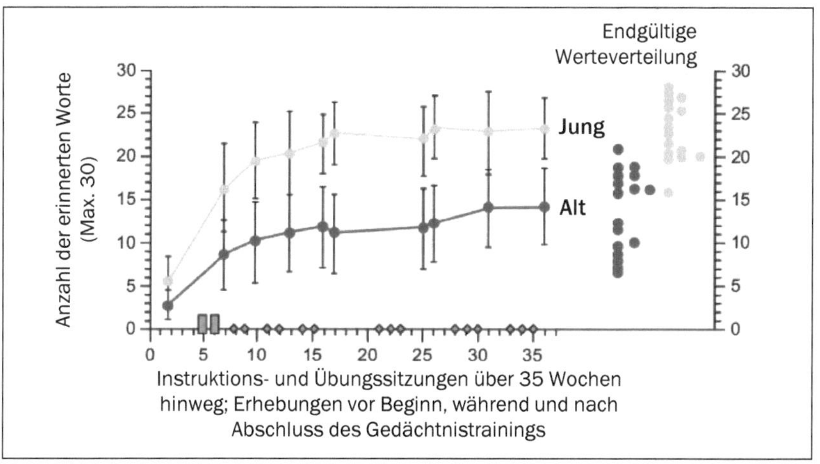

dächtnisleistung in noch deutlich stärkerem Umfang im Laufe des Trainingsjahres. Am Ende gab es kaum noch eine Überlappung in der Verteilung der Leistungen in den beiden Gruppen. Die erfolgreichste ältere Person steigerte ihre Leistung auf etwa 20 erinnerte Wörter; die beste jüngere Person erinnerte am Ende etwa 30 Wörter. Baltes und Kliegl zogen damals aus den Befunden den Schluss, dass die Plastizität des kognitiven Systems auch im höheren Lebensalter ausgeprägt ist und häufig im Alltag unterschätzt wird. Auf der anderen Seite spricht vieles dafür, dass selbst ein hochintensives Training Altersunterschiede nicht aufholen kann. Diese Grundeinsicht gilt bis heute.

Eine sehr wichtige Neuerung im Bereich des kognitiven Trainings bei Menschen höheren Lebensalters war dann ab etwa Mitte der 1990er Jahre die Durchführung von großen, randomisierten Studien mit längerfristig angelegten Nachuntersuchungen. Randomisiert bedeutet, dass Personen aus einer definierten Grundgesamtheit (z. B. ältere Menschen ab 65 Jahre ohne schwerwiegende kognitive Defizite) per Zufall einer Interventions- und einer Kontrollbedingung ohne Intervention zugewiesen werden. So kann recht rigoros die Wirkung der Intervention im Vergleich zu einer „unbehandelten" Kontrollgruppe abgebildet werden. Durch die vermehrte Durchführung derartiger Studien hat sich die Evidenzlage im Bereich der kognitiven Trainingsinterventionen deutlich verbessert (siehe Überblick in Diehl & Wahl, 2020). Die Erfolge von kognitiven Trainingsstudien sind vor allem im Bereich des normalen Alterns relativ konsistent und erfolgversprechend. Besonders erwähnenswert ist, dass es mit Hilfe kognitiver Trainingsverfahren gelingt, tatsächlich jene Intelligenzfaktoren zu verbessern, die als fluid bezeichnet werden, d. h. jene, die besonders „altersanfällig" sind (siehe Teil 3.1). Eine typische fluide Leistung ist z. B. das schnelle Erkennen von bestimmten Mustern in Buchstaben- oder Zahlenreihen. In solchen Leistungen sind die alternsbezogenen Verluste besonders groß und deshalb ist die Erkenntnis wichtig, dass sich immer wieder deutliche Verbesserungen in solchen Leistungen als Konsequenzen von Trainings nachweisen ließen. Auch im Bereich von methodisch gut kontrollierten Gedächtnistrainingsstudien liegen empirische Belege für den Erfolg von systematischer Gedächtnisübung vor, welche die Befunde von Baltes und Kliegl (1992) vielfach bestätigt haben, auch wenn die Effekte sich bei weniger intensiven Trainingsstudien in Grenzen halten.

Zwei Wermutstropfen dieser ermutigenden Ergebnisse müssen allerdings im Auge behalten werden. Zum Ersten sind kognitive Trainings bei bereits eingetretenen bedeutsamen kognitiven Beeinträchtigungen bzw. bei dementiellen Erkrankungen (→ Netz) in ihrer Wirkung, soweit sie überhaupt noch systematisch durchführbar sind, begrenzt (Willis & Belleville, 2016). Allerdings sollten wir auch nicht zu pessimistisch sein. So haben Schwenk et al. (2010) zeigen können, dass ältere Menschen mit Demenz von einem sog. *Dual-*

Task-Training, dem gleichzeitigen Trainieren von kognitiven und motorischen Leistungen, durchaus hinsichtlich ihrer Alltagskompetenz profitieren können. Besonders in Frühstadien der Erkrankung scheinen derartige Trainings erfolgversprechend zu sein und einen gewissen die kognitiven Leistungen stabilisierenden Effekt zu besitzen.

Zum Zweiten besteht ein robustes Ergebnis der kognitiven Trainingsforschung darin, dass wir in der Regel nur Effekte in jenen Leistungen sehen, die gezielt und intensiv trainiert wurden. Wir haben also leider in der Regel keinen bedeutsamen Transfereffekt, d. h. die Verbesserung generalisiert nicht auf andere kognitive Leistungen. Wenn man Gedächtnisleistungen trainiert, erhält man nur dort einen Effekt, und wenn man Aufmerksamkeitsleistungen trainiert, eben auch nur in diesen usw. Erneut ist dies allerdings kein Grund zum Pessimismus, denn Langzeituntersuchungen großer kognitiver Trainingsstudien haben gezeigt, dass solch fokussierte Verbesserungen umschriebener kognitiver Leistungen durchaus langfristig den Erhalt von Alltagskompetenz unterstützen können (Rebok et al., 2014).

11.1.2 Psychotherapie bei und psychosoziale Beratung von älteren Menschen

Psychotherapie will psychische Probleme durch zielgerichtete verbale Interaktion und/oder Trainings- und Edukationsansätze dauerhaft abmildern bzw. dauerhaft psychische Gesundheit herstellen. Sie stellt keine einheitliche Behandlungsmethode dar, sondern es stehen Behandlungen auf der Grundlage unterschiedlicher sog. Schulen zur Verfügung. *Psychoanalytische* (→ Netz) Ansätze setzen den Schwerpunkt auf ungelöste Konflikte aus früheren Lebenssituationen. Sie gehen davon aus, dass die Aufarbeitung derartiger Konflikte sich positiv auf die Bewältigung aktueller psychischer Probleme wie Depressionen oder Ängste auswirkt. Aus psychoanalytischer Sicht können auch Menschen sehr spät im Leben noch an ungelösten innerpsychischen Konflikten, pathologischen Beziehungserfahrungen und Traumatisierungen leiden, und es können auch im höheren Lebensalter wesentliche Verbesserungen im Sinne niedrigerer Depression und Angst und höherer Lebenszufriedenheit erzielt werden (Heuft, et al., 2000).

Die *Verhaltenstherapie* versucht demgegenüber eine Veränderung beobachtbaren Verhaltens durch spezielle Übungsprogramme (Opterbeck & Zank, 2012). Die kognitive Verhaltenstherapie zielt auf eine Veränderung kognitiver Strukturen, wie Gedanken, Einstellungen, Bewertungen, die Verhalten und Erleben entscheidend beeinflussen. Wenn eine ältere Person z. B. von dem Gedanken bestimmt wird, dass ihr Leben nichts mehr wert ist und keine positiven Erfahrungen im höheren Lebensalter mehr möglich sind, dann kann es sehr bedeutsam sein, wenn diese Person lernt, diese Gedanken eher zu unterdrücken und gleichzeitig durch gezieltes, neues Verhalten, das möglicherweise erst eingeübt werden muss, neue Erfahrungen mit positiver Emotionalität zu machen.

Die *systemische Therapie* (v. Sydow, in Druck) geht davon aus, dass ältere Menschen immer auch Teil sozialer Systeme sind, d. h. für ihr Erleben und Verhalten sind z. B. Partner:in, Kinder und Enkelkinder durchaus bedeutsam. Pflegende Angehörige können eine besonders wichtige Rolle in einem solchen System spielen, z. B. durch Übernahme von Pflegeaufgaben, die aber eventuell von der pflegebedürftigen Person abgelehnt oder übermäßig in Anspruch genommen werden. Hier wird also angestrebt, auch die Perspektive anderer Menschen mit in das therapeutische Geschehen aufzunehmen.

Die Wirksamkeit dieser Behandlungen bei Älteren ist heute durch eine Reihe von „Outcome"-Studien belegt (Pinquart & Sorensen, 2015). Höheres Lebensalter ist also in keinem Fall ein Indikator dafür, bei Psychotherapien von einer geringeren Erfolgsaussicht auszugehen. Allerdings muss derzeit noch von einer massiven Unterversorgung älterer Menschen im Bereich Psychotherapie ausgegangen werden. Einem geschätzten psychotherapeutischen Behandlungsbedarf von etwa 10 % bei über 65-Jährigen steht eine reale Inanspruchnahme von höchstens 1–2 % gegenüber. Die Gründe sind vielfältig. So scheint es auf Seiten von Psychotherapeut:innen immer noch einen gewissen Therapie-Nihilismus zu geben, also die unberechtigte Vorstellung, dass die Erfolgsaussichten psychotherapeutischer Behandlungen bei älteren Menschen gering sind. Zum anderen ist Psychotherapie für viele heute Ältere eine noch nicht wirklich verankerte Behandlungsform, denn man ist ja nicht „verrückt". Derartige Sichtweisen dürften sich allerdings bei zukünftigen Kohorten von Älteren deutlich verändern.

11.1.3 Förderung von Selbständigkeit, Autonomie und Krankheits-Selbstmanagement

Wir hatten bereits weiter oben auf das Feldexperiment von Langer und Rodin (1976) in einem amerikanischen Altenheim hingewiesen (Teil 7.2.2). Diese Interventionsstudie gibt uns bis heute wichtige Hinweise darauf, wie wichtig es für Ältere ist, das Gefühl zu bewahren, dass sie ihr Leben selbst gestalten können. Die Ergebnisse zeigten, dass die Bewohner:innen in der „kontrollerhöhenden" Interventionsgruppe nach Abschluss der Intervention wesentlich aktiver und zufriedener waren als die Teilnehmer in der Vergleichsgruppe.

Ergebnisse zur großen Bedeutung des Erlebens von Kontrolle und Selbstbestimmung bei unterschiedlichen Gruppen von älteren Menschen liegen bereits recht lange vor. Schon *Lachman (2006)* konnte in ihrem Übersichtsartikel viele Studie anführen, die belegen, dass ältere Personen mit einem hohen Gefühl der Selbstbestimmung weniger depressive und chronische Symptome, weniger funktionale Gesundheitsprobleme und insgesamt eine bessere Gesundheit aufweisen. Die heute verfügbare Evidenz deutet ferner darauf hin, dass ein höheres Ausmaß an persönlicher Kontrolle positive Wirkungen auf das Immunsystem besitzt.

Es sind vor allem sog. *Self-Management-Programme*, die ältere Menschen darin unterstützen können, eine möglichst weitgehende Kontrolle über ihre Krankheitssymptome, ihr Alltagsleben und damit das Gefühl von Selbstwirksamkeit zu erhalten bzw. wieder zurückzugewinnen (Steverink et al., 2012; Wahl & Kessler, 2010). Dabei können die folgenden Strategien zum Einsatz kommen:

- Übungen bzgl. des achtsamen Umgangs und der systematischen Aufmerksamkeit bzgl. Krankheitssymptomen und deren Auslösern
- Besseres Verstehen der Zusammenhänge zwischen Gedanken (Kognitionen) und Gefühlen; hier geht es vor allem darum, zu lernen, wie negative Emotionen durch negative Gedanken ausgelöst werden können (z. B. „Jetzt ist mein Leben vorbei, und es hat ohnehin alles keinen Sinn mehr")
- Nutzung von Elementen des Problemlösen (sog. „Problem-solving Therapy"): Hier geht es vor allem darum, Alltagsziele genau zu spezifizieren (z. B. „Ich möchte wieder einmal ein Café besuchen") und dann die Schritte zum Erreichen dieser Ziele anhand definierter Unterziele einzuüben
- Muskelentspannung, z. B. progressive Muskelentspannung (→ Netz), und Atemübungen zur besseren Kontrolle von alltäglichen Stresssituationen
- Ergänzen lassen sich derartige Interventionen durch Elemente des kognitiven Trainings (siehe oben) oder auch der systematischen Verbesserung der Nutzung von Hilfsmitteln und Wohnraumanpassungen (siehe unten)

Durchgeführt werden solche Programme häufig und aus gutem Grund in Gruppensettings, z. B. angeschlossen an geriatrische Rehabilitationskliniken oder im Rahmen stationärer kardiovaskulärer Rehabilitation, z. B. nach Herzinfarkt oder Schlaganfall. Das Gruppenformat hat den Vorteil der Erfahrung der eigenen Schwierigkeiten mit der jeweiligen chronischen Erkrankung im Rahmen der Gruppe, was vielfach positive Wirkungen auslösen kann (Modellwirkung der anderen Gruppenteilnehmer; Rückmeldefunktion der Gruppe). Bewährt haben sich etwa zweieinhalbstündige Sitzungen einmal pro Woche über einen Zeitraum von sechs bis acht Wochen hinweg. Gefragt bei der Durchführung sind vor allem Psycholog:innen, Sozialarbeiter:innen, Sozialpädagog:innen und Ärzt:innen.

Leider sind derartige Programme, obwohl gut und positiv evaluiert (Steverink et al., 2012) in unserem Versorgungssystem noch relativ selten anzutreffen. Ich hoffe sehr, dass sich dies in den nächsten Jahren deutlich verändert und auch die Krankenkassen derartige Angebote zumindest teilfinanzieren. Sie haben wahrscheinlich eine wichtige sekundärpräventive Bedeutung, verhindern z. B. übermäßige Arztbesuche oder unnötige Krankenhausaufenthalte.

11.1.4 Interventionen zur Förderung von körperlicher Aktivität

Wir handeln diese Interventionen hier nur kurz ab, weil sie stark sportwissenschaftlichen und geriatrisch-rehabilitativen Charakter besitzen und bereits vielfach beschrieben wurden *(Clemson et al., 2019; Mechling, 2005).* In unserem Zusammenhang der Rolle der Alternspsychologie ist es wichtig, darauf hinzuweisen, dass sich in diesen Programmen nicht nur positive Effekte im Hinblick auf Indikatoren der körperlichen Leistungsfähigkeit und Motorik finden (z. B. höhere Ausdauer, Besserung von Balance, Rückgang der Sturzrate); es finden sich auch deutliche Effekte im Hinblick auf eine Stabilisierung bzw. Verbesserung der kognitiven Leistungsfähigkeit und des Wohlbefindens. Darüber hinaus ist die Aufrechterhaltung einer ausreichenden körperlichen Bewegung (siehe z. B. die aktuellen Empfehlungen der Weltgesundheitsorganisation aus 2020 → Netz) natürlich in hohem Maße von motivationalen Faktoren abhängig. Für über 65-Jährige werden empfohlen:

- *Ausdauerbelastung:* Mindestens 150–300 Min. moderate Ausdauerbelastungen oder mindestens 75–150 Min. intensive körperliche Belastungen pro Woche
  → Stärkung Herz-Kreislauf-System, kognitive Leistung, Prävention
- *Krafttraining:* An mindestens zwei Tagen pro Woche kräftigende Übungen für alle größeren Muskelgruppen
  → vor allem um Stürze zu vermeiden
- *Sitzzeit:* Sitzende Zeit reduzieren und durch körperliche Aktivität jeder Art ersetzen
  → zusätzliche Stärkung der eben beschriebenen gesundheitlichen Effekte

Praxistipp: Ermutigen Sie ältere Menschen, wo immer Sie Gelegenheit haben, körperlich aktiv zu bleiben bzw. zu werden. Machen Sie dabei Älteren keine Angst („Sonst landen Sie im Pflegeheim"), sondern arbeiten sie mit positiven Botschaften („Das wird Ihnen helfen, auch Ihre geistige Leistung zu erhalten"; „Sie tun damit auch etwas dafür, dass Sie, so lange es geht, Ihre Tochter besuchen können" usw.). Vor allem im Zuge des Übergangs von einem Krankenhausaufenthalt nach Hause kann es, insbesondere bei alleinlebenden Älteren, überaus bedeutsam sein, sie zu ermutigen, ein Sturzpräventionstraining oder ein anderes körperliches Trainingsprogramm in Anspruch zu nehmen. Gelingt es Ihnen, ergänzend auch noch ein psychosozial angelegtes Selbst-Management-Programm zu vermitteln, haben Sie alles richtig gemacht.

11.2 Stärkung umweltbezogener Ressourcen von älteren Menschen

11.2.1 Stärkung der sozialen Integration und der sozialen Umwelt älterer Menschen

Hierzu sind mindestens drei Aspekte zu beachten: Zum Ersten geht es um die Verbesserung der sozialen Integration von älteren Menschen selbst; zum Zweiten um die Stärkung des Tuns von pflegenden Angehörigen; zum Dritten um hilfreiche Interventionen in Bezug auf professionelle Personen im Umfeld von älteren Menschen.

Die Verbesserung der sozialen Integration zielt insbesondere auf Menschen höheren Alters mit Einsamkeitsrisiken ab. Eine der wichtigsten Interventionen ist hierbei zugehendes Verhalten, denn einsame Menschen wollen sich häufig nicht als „einsam“ zeigen, z. B. bei Sozialstationen oder Beratungsstellen. Einsamkeit bleibt oft „versteckt“. Zu nennen sind insbesondere *präventive Hausbesuche,* d. h. das Angebot einer aktiven Kontaktaufnahme mit einem Unterstützungsangebot. Nach vorliegenden großen Studien in Deutschland können solche Angebote durchaus positive Langzeiteffekte zeigen, jedoch ist nach wie vor die Frage der Akzeptanz eine heikle. In der sogenannten LUCAS-Studie (für Longitudinal Urban Cohort Ageing Study; *Pröfener et al., 2016*) wurde die höchste Akzeptanz bei älteren Personen gefunden, die alleinlebend, eher nicht und gering einsam, sozial interessiert und weiblichen Geschlechts waren. Die Zielgenauigkeit dieses wertvollen Ansatzes bedarf also weiterer Verbesserung.

Praxistipp: Wenn Sie in einer Kommune arbeiten, in der ein Angebot in Richtung präventiver Hausbesuche besteht, dann kann es eine wichtige Aufgabe von Ihnen sein, ältere Menschen mit Risikokonstellationen, die Sie im Rahmen Ihrer professionellen Tätigkeit kennenlernen (z. B. Entlassungsmanagement im Allgemeinkrankenhaus), sehr zu ermutigen, derartige Angebote nachzufragen und sich darauf einzulassen. Auch die Nutzung von digitalen Medien zur Unterstützung sozialer Vernetzung und sozialer Unterstützung können eine hilfreiche Rolle spielen. Dazu mehr unter 11.2.2.

Pflegende Angehörige spielen in unserem Pflegesystem eine überaus bedeutsame Rolle. Fast vier Millionen Menschen leisten in Deutschland informell Hilfe für pflegebedürftige Angehörige. Der Anteil derjenigen, die sich durch die von ihnen übernommenen Pflegetätigkeiten „stark belastet“ fühlen, dürfte bei mindestens einem Drittel liegen. Es geht um körperliche Belastungen, wie Rückenprobleme, Schlaflosigkeit und andauernde „Alarmbereitschaft“; ebenso geht es um psychische Belastungen, wie die Sorge, den Bedarfen der zu pflegenden Person nicht gerecht zu werden, aber auch nicht mehr selbst „richtig leben“ und sich „etwas gönnen“ zu können *(Wilz & Pfeiffer, 2019).* Etwa 70 % der informellen Pflege, wir sagten es bereits weiter oben, wird von Frauen, vor allem Ehegattinnen, Töchter und Schwiegertöchter, übernommen. Da das gesamte Pflegesystem in Deutschland auf dem Engagement der familiären Pflege aufbaut, besteht hier ein permanenter Bedarf nach Stützung, Förderung und Entlastung. Ein großer Teil der Pflege wird zudem heute von „jungen“ Älteren selbst übernommen. Man könnte etwas holzschnittartig auch sagen: Das Dritte Alter pflegt zunehmend das Vierte Alter.

Interventionen für solche Unterstützungssysteme sind aber leider noch alles andere als zielgenau. Die beschriebenen Belastungen verlangen nach multidimensionalen Interventionen, etwa durch Teilnahme an Rückenschulen, Pflegeweiterbildungen, Informationsvermittlung etwa zu Demenzerkrankungen und hochwertigen psychosozialen Unterstützungsprogrammen. Die Nutzung von virtuellen Austauschformen mittels digitaler Informations- und Kommunikationstechnologien kann ebenso hilfreich sein wie die Nutzung digitaler Möglichkeiten zur Unterstützung und Erleichterung der Pflegetätigkeiten (siehe unten, 11.2.2).

Praxistipp: Es ist sehr gut möglich, dass Sie im Zuge Ihrer professionellen Arbeit auch mit pflegenden Angehörigen in Kommunikation treten. Nehmen Sie sich die Zeit, deren Lebenssituation genau kennenzulernen. Schätzen Sie deren Belastungsgrad durch die Pflegeleistungen ab, fragen Sie auch gezielt nach. Ermutigen Sie dazu, fremde Hilfe anzunehmen und vor allem auch die psychischen Belastungen nicht zu tabuisieren. Im Gegenteil: Unterstützen Sie bei der Vermittlung von Hilfsangeboten; unterstützen Sie auch dabei, sich über digitale Hilfsmittel für die Pflege gut zu informieren. Hier können Sie z. B. auf die wichtige Bundesarbeitsgemeinschaft der Seniorenorganisation (BAGSO → Netz) und die Homepage der Deutschen Alzheimergesellschaft (→ Netz) verweisen.

Ferner ist immer wieder wichtig, sich zu verdeutlichen, dass es ein ganzes Set von Professionellen ist, das mit unterschiedlichen Segmenten des Arbeitens mit Älteren befasst ist: Pflegefachkräfte, Ergotherapeut:innen, Physiotherapeut:innen, Ärzt:innen für Allgemeinmedizin, Logotherapeut:innen (vor allem nach Schlaganfall und entsprechenden Sprachausfällen), Psychotherapeut:innen, Heimleiter:innen, Vertreter:innen der zugehörigen Ämter von Kommunen und natürlich auch Sozialpädagog:innen und Sozialarbeiter:innen. Gleichzeitig spielen bei vielen professionellen Interaktionen auch die Angehörigen des älteren Menschen, bisweilen auch unterschiedliche Angehörige, eine wichtige

Rolle. Da kann Ihnen eine wichtige Vermittlungs- und Moderationsrolle zukommen. Nehmen Sie diese an; vernetzen Sie lieber einmal mehr als einmal weniger unterschiedliche Professionen untereinander, denn Austausch zwischen Professionen ist in Deutschland immer noch ein großes Problem („Die eine Hand weiß nicht, was die andere tut").

Praxistipp: Es kann auch vorkommen, dass Sie für betroffene ältere Menschen in unterschiedlichen Lebenslagen Partei ergreifen sollten. Ältere Patient:innen im Allgemeinkrankenhaus, vor allem an Demenz erkrankte Patient:innen, werden bisweilen herablassend und mit zu wenig Würde bedacht („Komm' Opa, wir gehen zur Toilette"). Auch werden ältere Patient:innen manchmal von der Medizinischen Profession pauschalisierend behandelt („Sie sind halt jetzt 90 Jahre, da sind andere längst gestorben"). Achten Sie auch auf Altersdiskriminierung in nichtmedizinischen und pflegerischen Kontexten, z. B. im öffentlichen Personennahverkehr („Wir machen jetzt E-Ticketing und können auf Ältere keine Rücksicht nehmen"). Schreiten Sie behutsam, aber zielgenau und mit deutlicher Stimme ein!

11.2.2 Interventionen in der physisch-räumlichen und technisch-digitalen Umwelt

Diese Interventionen sind auf den ersten Blick eher keine Gero-Interventionen im engeren Sinn. Es geht um Wohnanpassungsmaßnahmen, Hilfsmittelnutzung, seniorenfreundliche Gestaltung von Mobilität und dem kommunalen Umfeld sowie den Einsatz von digitalen Unterstützungs- und Assistenzsystemen (Überblick in Claßen et al., 2014). Allerdings können derartige Interventionen auch mit wichtigen psychischen Erlebensweisen einhergehen wie z. B. höheres Gefühl von Sicherheit, von Autonomie und Selbstwirksamkeit, höhere Zuversicht, dass man die Zukunft wird meistern können, oder dem Gefühl, pflegende Angehörige zu entlasten.

Bei Hilfsmittelnutzung ist es sehr wichtig, dass eine gute Einweisung und Instruktion stattfinden: z. B. Bildschirmlesegeräte für Ältere mit schweren Seheinschränkungen, moderne Hörgeräte – das sind heute durchaus komplexe Systeme, deren volles Potenzial und damit Zufriedenheit nur durch gute Schulung und gezieltes Nutzungstraining ausgeschöpft werden kann. Ermutigen Sie dazu! Förden Sie den Kontakt mit den jeweiligen Professionen (z. B. ophthalmologische Rehabilitation, Hörgeräteakustik). Derartige Geräte sind für Lebensqualität sehr relevant, jedoch können Nutzungsprobleme auch schnell zu Frustration und anschließender Nicht-mehr-Nutzung führen. Ist dieser Punkt erreicht, wird es oftmals sehr schwierig, nochmals ein stabiles Nutzungsverhalten aufzubauen. Das sollte natürlich möglichst im Vorfeld vermieden werden.

Wohnraumanpassung kann sehr hilfreich sein, um Selbständigkeit im Alltag länger zu erhalten und Mobilität zu stärken. Es geht um kleinere und größere Umbaumaßnahmen wie z. B. Verbreiterung von Türen für Rollstuhlbeweglichkeit, bodengleiche Dusche, Haltegriffe, erhöhter Toilettensitz, bessere Beleuchtung, Entfernung von Bodenschwellen. Obwohl derartige Wohnanpassungen zumindest teilweise nicht teuer sein müssen und auch Finanzierungen durch die Pflegeversicherung möglich sind, lehnen viele Ältere sie ab, weil sie nichts mehr in ihrer Wohnung verändern möchten, Lärm und Unordnung befürchten oder denken, dass dies alles sich für sie ja nicht mehr lohnt.

Praxistipp: Halten Sie dagegen, vermitteln Sie gute Informationen, weisen sie auf kommunale Beratungsstellen hin, ermutigen Sie dazu, sich auf Wohnanpassung einzulassen. Bieten Sie eventuell auch ein Gespräch an zusammen mit Angehörigen oder Professionellen, die sich mit Wohnanpassung auskennen.

Schließlich verweisen wir an dieser Stelle nochmals auf die wichtige Rolle von digital gestützten Technologien und Assistenzsystemen (siehe oben Teil 4.3). So haben beispielsweise randomisierte Studien gezeigt, dass technische Systeme (z. B. Tablet-gestützte App-Nutzung) mit Hilfe vielfältiger Anregung und sozialen Vernetzungsmöglichkeiten Einsamkeit bei alleinlebenden älteren Menschen signifikant reduzieren und soziale Unterstützung verstärken können *(Czaja et al., 2018).* Auch lassen sich neue Kommunikationsmedien (z. B. Video-Konferenz) nutzen, um pflegenden Angehörigen effizient bei Belastungen zu helfen bzw. diese mit anderen Betroffenen zu vernetzen (Franke et al., 2019). Gerade auch nach der COVID-19-Pandemie hat sich überaus deutlich vor allem für die in Pflegeheimen lebenden Menschen meist hohen Alters gezeigt, wie wichtig es gewesen wäre, digitale Vernetzungsmöglichkeiten zur Verfügung zu haben. Damit hätte wahrscheinlich so manche negative Folge von sozialer Isolation vermieden werden können.

Praxistipp: Wenn Sie in Ihrem professionellen Handeln Gelegenheit haben, nutzen Sie die Chance, ältere Menschen zu ermutigen, digitale Medien auszuprobieren und damit Erfahrungen zu sammeln. Werben Sie für die Möglichkeiten, die neue Technologien, Apps und Videogespräche bringen können, ohne diese undifferenziert anzupreisen. Das kann auch bei Fragen der Entlastung von pflegenden Angehörigen sehr hilfreich werden.

Kurz zusammengefasst: Die Annahme einer durchaus vorhandenen Plastizität bis ins hohe Alter ist zentral für unser Altersbild und für Gero-Interventionen. In diesem abschließenden Inhaltsteil des Buches haben wir gezeigt, dass es viele empirische Belege aus den unterschiedlichsten Bereichen dafür gibt, dass wir in der professionellen Arbeit mit Älteren zu Recht davon ausgehen können, dass es leider oftmals unterschätzte Veränderungspotenziale in den unterschiedlichsten Bereichen gibt. Es geht um die Stärkung zentraler individueller Ressourcen wie der geistigen Leistungsfähigkeit ebenso wie um eine breit angelegte Sicht auf soziale, physisch-räumliche und technologische Umwelten des Alterns und diesbezügliche Optimierungen.

Schluss-Impuls

„Alter ist Zukunft" – so betitelte Paul B. Baltes einen seiner letzten Vorträge vor seinem Tod im Jahre 2007 (→ Netz), gehalten in Zürich. Unsere Gesellschaft altert weiter und damit ergeben sich auch neue Herausforderungen für soziale Berufe. Wir haben in diesem Buch argumentiert, dass nicht zuletzt psychologische Kenntnisse und Erkenntnisse notwendig und hilfreich sind, um hier einen guten Job zu machen.

Die vorliegenden Ergebnisse der psychologischen Alternsforschung unterstreichen die Bedeutung einer differenzierten Sicht von Alter und Altern, welche weder in überzogener Weise positiv noch negativ getönt ist. Sie unterstützen auf vielfältige Weise die Stärken älterer Menschen bzw. substanzieller Teilgruppen derselben, ohne die Schwächen von ebenso bedeutsamen Teilgruppen zu vernachlässigen. So wissen wir, dass die alterskorrelierten Verluste im Bereich der Informationsverarbeitungsgeschwindigkeit im Alltag lange Zeit weitgehend und oftmals im sozialen Miteinander kompensiert werden. Auch bei Selbstständigkeitsrisiken greifen Ältere zu vielfältigen und kreativen Formen der Kompensation, um sich ein relatives Höchstmaß an Kompetenz zu bewahren. Ebenso scheinen im Bereich des subjektiven Wohlbefindens und der Bewahrung einer positiven Emotionalität viele ältere Menschen über eine erstaunliche Widerstandskraft zu verfügen, wenn bedrohliche Ereignisse wie schwere chronische Erkrankungen oder der Tod von Angehörigen eintreten. In Bezug auf soziale Beziehungen zeigen neuere Befunde ebenso die Zielgerichtetheit und „Proaktivität" von Älteren, auch von Menschen im hohen Alter, in der Sicherstellung ihrer sozial emotionalen Bedürfnisse.

Die Schattenseiten von Alter und Altern häufen sich demgegenüber dann, wenn Menschen vom „Dritten" ins „Vierte" Alter jenseits von 80 bis 85 Jahren übergehen. Wahrscheinlich wird es angesichts des zukünftig zu erwartenden weiteren Anstiegs der „fernen" Lebenserwartung noch viel stärker der Fall sein, dass der Übergang von einem „aktiven" Dritten Alter in ein verletzliches Viertes Alter zu einer der großen und schwierigen Herausforderungen werden wird. Hier liegen sowohl für die einzelne Person als auch für die Gesellschaft neue Herausforderungen, zu deren Bewältigung Befunde der psychologischen Alternsforschung einen gewichtigen Beitrag leisten können.

Ich möchte Sie abschließend sehr ermutigen, die Erträge der psychologischen Alternsforschung aufzugreifen, sollten Sie in Ihrem jetzigen oder späteren Berufsfeld die Freude und Verantwortung haben, mit älteren Menschen zu arbeiten.

Feedback-Teil: Hat sich was getan bei Ihnen?

Zunächst die „Alterswaage“: Wie schätzen Sie Gewinne und Verluste des Alterns nun, nach der Lektüre des Buches, ein?

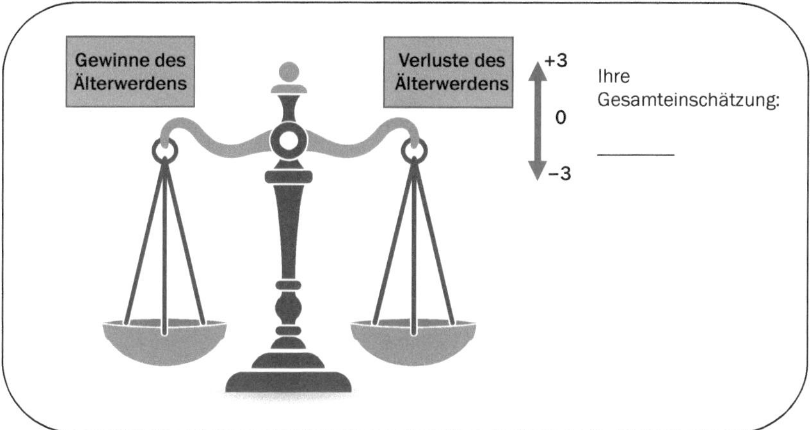

Vergleichen Sie Ihren jetzigen Wert mit dem vom Anfang des Buches (S. 20). Möchten Sie sich dazu noch etwas notieren. Dann bitte hier:

Ihr Wissen zu psychologischem Altern: Was haben Sie richtig, was falsch eingeschätzt?

Vergleichen Sie Ihre Antworten oben im Text mit den nun folgenden richtigen Antworten. „Richtig“ bedeutet hier vor allem das, was wir aus den derzeit vorliegenden besten Studien zur Thematik wissen. Die nachfolgend genutzte Reihenfolge von Statements entspricht jener im Buch, nur eben direkt aneinandergereiht.

Nach vorhandener Evidenz	**Richtig**	**Falsch**
Statements: Geistige Leistung		
Die meisten Menschen über 70 Jahre leiden an einer ernsthaften Beeinträchtigung ihrer geistigen Leistungsfähigkeit.		X
Das Gedächtnis wird mit zunehmendem Alter immer schlechter.	X	
Die meisten Menschen höheren Alters können nichts Neues mehr lernen.		X
Statements: Persönlichkeit		
Ältere Menschen leiden unter Persönlichkeitsverfall.		X
Persönlichkeit und Gesundheit gehen gerade spät im Leben Hand in Hand.	X	
Im höheren Lebensalter werden Menschen starrsinniger.		X
Statements: Alterssichtweisen und Altersbilder		
„Ich bin so alt, wie ich mich fühle“ ist nur eine Redewendung. Mehr nicht.		X
Die meisten Menschen höheren Alters fühlen sich genau so alt, wie sie sind.		X
Altersdiskriminierung ist weiterhin ein Problem in unserer Gesellschaft.	X	
Statements: Soziale Beziehungen		
Soziale Netzwerke werden mit dem Altern generell immer kleiner.	X	
Einsamkeit ist für die meisten älteren Menschen ein großes Problem.		X
Negative Erfahrungen in sozialen Beziehungen sind für ältere Menschen kein Problem mehr.		X

Nach vorhandener Evidenz	Richtig	Falsch
Statements: Wohnen		
Nur der kleinere Teil der Älteren wohnt noch in einer Privatwohnung.		X
Für Ältere sind nur Lage und Ausstattung ihrer Wohnung wichtig.		X
Die meisten Älteren würden gerne in eine seniorengerechte Wohnung umziehen, wenn sie könnten.		X
Statements: Digitale Technologien		
Neue digitale Medien und Systeme überfordern die Lernmöglichkeiten des hohen Alters.		X
Ältere lehnen durchweg Technik ab.		X
Smarte Technologien können pflegende Angehörige bedeutsam entlasten.	X	
Statements: Kritische Lebensereignisse		
Der Übergang in die nachberufliche Phase ist heute mit vielen Risiken behaftet.		X
Wie mit Verwitwung umgegangen wird, ist von Mensch zu Mensch relativ ähnlich.		X
Umzüge sind spät im Leben immer schädlich.		X
Statement: Entwicklungsregulation		
Ältere Menschen sind wie ein Fähnchen im Wind – die kleinsten Dinge werfen sie um.		X
Die Umgangsformen mit seelischen Belastungen sind auch im höheren Lebensalter sehr unterschiedlich.	X	
Optimierungen sind im höheren Lebensalter praktisch nicht mehr möglich.		X
Statements: Entwicklungsergebnisse		
Die Depressionsrate ist im höheren Lebensalter am höchsten.		X
Ältere möchten keine Verantwortung mehr übernehmen.		X
Selbständigkeit und Unselbständigkeit können auch umweltgemacht sein.	X	
Statements: Übergreifende Themen des Alterns		
Das hohe Alter ist die verletzlichste Lebensphase überhaupt.	X	
In fast allen Variablen stellen sich ältere Frauen anders dar als ältere Männer.		X
Ältere Menschen denken häufig an Sterben und Tod.		X

Nach vorhandener Evidenz	Richtig	Falsch
Statements: Psychologisch gestützte Interventionen		
Psychotherapie funktioniert bei Menschen höheren Lebensalters nicht mehr.		X
Kognitives Training in Gedächtnisleistungen generalisiert auf andere kognitive Fähigkeiten.		X
Wohnraumanpassung und neue Technologien haben nichts mit Psychologie zu tun.		X

Glossar

Aging in Place: Das lange Wohnen am selben Ort führt bei älteren Menschen zu einer häufig tiefen Bindung an die eigene Wohnung. Hier will man bleiben, komme, was wolle.

Alltagsintensivstudien: Diese international als „Ecological Momentary Assessment" (EMA) bezeichnete Untersuchungsart beinhaltet, für eine kürzere Zeit, oft eine nach Zufall ausgewählte Woche, an jedem Tag Daten zu erheben, oftmals sogar mehrmals an einem Tag. Dabei kann es z. B. um Stresserleben, emotionale Befindlichkeit oder kognitive Leistung gehen.

Altersstereotype: Stereotype stellen generalisierte kognitive Repräsentationen von Mitgliedern einer sozialen Gruppe dar. So wird die Kategorie „alter Mensch" oft mit negativen Eigenschaften (z. B. Krankheit, Einsamkeit, Gedächtnisverlust) und seltener mit positiven Eigenschaften (z. B. Weisheit, Wärme) assoziiert.

Armutsquote: Armut wird häufig definiert als Anteil an Personen mit einem Einkommen von weniger als 60 % des Medians des Einkommens der gesamten Bevölkerung. Median ist jener Wert, der genau die Mitte von der Größe sortierten Messwerten (z. B. Einkommen) bildet.

Defizitbild des Alterns: Damit ist die Vorstellung gemeint, dass Älterwerden primär und nahezu ausschließlich mit Verlusten verbunden ist, mit dem Tod als endgültigem Verlust des Lebens.

Distale, proximale Einflüsse auf Entwicklung: Distale Einflüsse sind lange vor dem aktuellen Entwicklungsstand einer Person in einer Variable X (z. B. Gesundheit) eingetreten, können dennoch deutliche Auswirkungen haben (z. B. traumatische Kindheitserfahrungen); proximale Einflüsse sind erst kürzlich, vielleicht die letzten Jahre vor der Ist-Situation, eingetreten bzw. laufen parallel zum aktuellen Entwicklungsstand in einer Variable X (z. B. eine seit drei Jahren vorliegende Verrentung).

„Distanz vom Tod"-Forschung: Die „Distanz vom Tod"-Forschung geht davon aus, dass es einen Zeitkorridor spät im Leben gibt, bei dem der Abstand vom Tod wichtiger für unterschiedliche Aspekte (z. B. Kognition, Pflegebedarf) werden könnte als das chronologische Alter, also der Abstand von der Geburt.

Drittes/Viertes Alter: In der Lebensphase des *Dritten Alters,* die in der Regel nach dem Übergang in die nachberufliche Zeit beginnt und mit dem Eintritt von Multimorbidität und vielfach-schweren Beeinträchtigungen endet, fühlen sich Ältere dem mittleren Alter näher als dem, was später auf sie zukommt. Demgegenüber ist die anschließende Lebensphase des *Vierten Alters* durch Mehrfacherkrankungen und schwerwiegende Funktionsbeeinträchtigungen geprägt.

Einsamkeit: Einsamkeit zeichnet sich vor allem durch das intensive und sehr belastende subjektive Erleben aus, dass man im sozialen Austausch nicht das erhält, was man dringend benötigt. Einsamkeit ist also ein prototypischer subjektiver Aspekt von sozialen Beziehungen bzw. deren Fehlen.

Elderspeak: Mit „Elderspeak" gemeint ist eine Überanpassung der eigenen Sprache dahingehend, wie man angeblich mit Älteren sprechen sollte: langsam, einfach, laut, kurze Sätze, baby-mäßig.

Entwicklungsregulation: Entwicklungsregulation kann verstanden werden als die Gesamtheit von selbst- und fremdgesteuerten bzw. herbeigeführten Strategien, Stimuli und Erfahrungen sowie nicht steuerbaren Widerfahrnissen, die empirisch nachweislich Einfluss auf die eigene Entwicklung nehmen.

Gelingendes Altern: Gelingendes Altern meint einerseits den „Ausgang" von Entwicklung spät im Leben zu einem bestimmten Zeitpunkt, aber gleichzeitig immer auch den Prozess des Älterwerdens. Ähnlich wie bei Vexierbildern, bei denen wir zwei unterschiedliche Dinge wahrnehmen können, können wir auf einen Menschen höheren Lebensalters entweder mit der Brille „Wo steht er gerade?" oder „Welcher Prozess ist da gerade am Laufen"? schauen.

Gero-Transzendenz: Der schwedische Alternsforscher Lars Tornstam versteht Gero-Transzendenz nicht als Rückzug, sondern als existentielle Umorientierung. Dies gehe einher mit einer Relativierung der Bedeutung der körperlichen Sphäre generell und einem Gefühl des Sich-zunehmend-mit-dem-Kosmos-Vereinigens.

Interventionsgerontologie: Nach Ursula Lehr das „Insgesamt der Bemühungen, bei physisch-psychischem Wohlbefinden ein hohes Alter zu erreichen".

Kognitives Training: Bei kognitivem Training geht es darum, zentrale Denkleistungen (das schnelle Erkennen von Gemeinsamkeiten in Sachverhalten, logisches Denken oder die Durchführung von Rechenaufgaben) systematisch zu üben.

Kohorteneffekte: Kohorteneffekte sind beobachtbare Altersunterschiede in einer Variable X (z. B. geistige Leistung) zwischen zu einem Zeitpunkt untersuchten Menschen, die in starkem Maße darauf zurückgehen, dass die verglichenen Menschen unterschiedlichen Alters mit sehr verschiedenen historisch-kulturellen Umwelten konfrontiert waren (z. B. unterschiedliche Bildung, die sich auf späte geistige Leistungen auswirken kann). Manchmal wird auch von unterschiedlichen *Generationen* gesprochen.

Kontrollüberzeugung: Gemeint sind das Erleben bzw. die Überzeugung, sich selbst als Ort der Kontrolle in Bezug auf das eigene Handeln zu sehen.

Konvoi-Modell: Das Konvoi-Modell der amerikanischen Alternspsychologin Toni Antonucci besagt, dass Menschen im Laufe ihres Lebens einen mehr oder weniger ausgeprägten sozialen „Geleitschutz" für sich selbst aufbauen (oder eben nicht aufbauen), von dem sie dann auch spät im Leben zehren können (oder eben nicht).

Ko-Regulation von Entwicklung: Ko-Regulation von Entwicklung bedeutet, dass Entwicklung auch von sozialen Interaktionspartner:innen, sozialen Normen, stark normierten Umwelten (wie Pflegeheimen) sowie räumlich-technischen Möglichkeiten und Grenzen mitbestimmt wird.

Kritische Lebensereignisse: Sie treten zu einem bestimmten Zeitpunkt an einem bestimmten Ort auf (zum Beispiel Tod eines Freundes, Geburt eines Kindes). Sie sind häufig Übergänge, die nicht oder nur schwerlich rückgängig gemacht werden können (zum Beispiel Umzug in ein Seniorenheim, Übergang in nachberufliche Phase). Sie in der Regel von intensiven Emotionen begleitet (z. B. Ängste, Gefühle der Verunsicherung, der Bedrohung, von Euphorie).

Längsschnittstudien: In Längsschnittstudien erfolgen über längere Zeiträume hinweg, häufig viele Jahre, mehrfache Beobachtungen/Messungen an denselben Studienteilnehmenden.

Lebenserwartung: Sie meint die zu einem gegebenen historischen Zeitpunkt, in einem definierten kulturell-politischen Kontext und zu einem bestimmten Alter (z. B. bei Geburt, mit 65 Jahren) verbleibende mittlere Lebenszeit.

Lebensspannenpsychologie: Lebensspannenpsychologie geht davon aus, dass das Verstehen von Entwicklung einer Perspektive des gesamten Lebens, also der Zusammenschau aller Lebensphasen, bedarf. Sie steht vor der Herausforderung, Entwicklungsprozesse und -ergebnisse über lange Zeiträume hinweg theoretisch und empirisch miteinander zu verknüpfen.

Mechanik und Pragmatik der geistigen Leistung: Zur Mechanik der geistigen Leistungsfähigkeit zählen Prozesse, die auf biologisch-neurophysiologischen Grundlagen beruhen, wie etwa die Informationsverarbeitungsgeschwindigkeit des Gehirns und die Genauigkeit des Informationsabrufs. Die Pragmatik der geistigen Leistung baut demgegenüber stark auf erworbenen Wissenselementen auf und entfaltet sich durch fortlaufende Erfahrungen und deren Verarbeitung.

Meta-Analysen: Bei einer Meta-Analyse werden die Ergebnisse möglichst aller publizierten Studien neu zusammengeführt. Das Ergebnis kann man als die beste Evidenz, die zu einem Zeitpunkt existiert, betrachten.

Methoden: Wissenschaftliche Methoden zu nutzen bedeutet, allgemein in der betreffenden Wissenschaftsrichtung (z. B. in der Psychologie) anerkannte Vorgehensweisen einzusetzen, die unabhängig von den Anwendenden bei sonst gleichen Bedingungen zum selben „Output" führen.

Multidimensionalität (von Entwicklung): Das Konzept der Multidimensionalität hebt auf die Notwendigkeit ab, den Prozess des Älterwerdens in seiner Gesamtheit und selbst in seinen, unser Thema, unterschiedlichen psychologischen Facetten als mehrschichtig anzusehen. Grob stehen das biologische Altern des Körpers, Veränderungen im sozialen Status, unterschiedliche Erwartungen der Gesellschaft an junge gegenüber ältere Menschen sowie Aspekte der psychischen Entwicklung nebeneinander.

Multidirektionalität (von Entwicklung): Multidirektionalität weist auf die „Ungleichzeitigkeit des Gleichzeitigen" in der psychischen Entwicklung über die Lebensspanne und im höheren Lebensalter hin, d. h. Verlust, Stabilität und Wachstum (Gewinn) können in paralleler Weise auftreten und zwischen unterschiedlichen Bereichen durchaus sehr deutlich variieren.

Person-Umwelt-„Agency": Dieses Konzept meint Handlungsbereitschaft und Handeln in Bezug auf Wohnen im höheren Lebensalter (z. B. nach draußen gehen, sich sicher in der Wohnung bewegen, das Bad barrierefrei umbauen, eventuell auch bewusst umziehen).

Person-Umwelt-„Belonging": Dieses Konzept meint, dass die Wohnung für ältere Menschen ein Hort der Sicherheit, des Vertraut-Seins, von Heimatgefühlen, von Sich-zu-Hause-Fühlen, also einen „Gefühlsraum" darstellt.

Persönlichkeitspsychologie: Eine der grundlegenden Annahmen der Persönlichkeitspsychologie ist, dass in dem Konzept Persönlichkeit vor allem die Verschiedenheit von Menschen in grundlegenden Charaktereigenschaften zum Ausdruck kommt. Die Differenzen zwischen Menschen werden fokussiert; deshalb wird auch von der „Differentiellen Psychologie" gesprochen.

Pflegebedürftigkeit: Sie meint schwerwiegende und dauerhafte Formen der Inanspruchnahme von fremder informeller (häufig: Familie) und professioneller Hilfe (Pflege, ärztliche Versorgung).

Plastizität: Plastizität meint die durch Lernen/Training dauerhaft aktivierte Nutzung von *Reservekapazitäten,* also Funktions- oder Erlebensmöglichkeiten, die bislang aus unterschiedlichen Gründen brachlagen. Plastizität kann prinzipiell auf der Verhaltens-, Emotions- oder Kognitionsebene sowie auf der biologischen Ebene vorliegen.

Psychotherapie: Psychotherapie will psychische Probleme durch zielgerichtete verbale Interaktion und/oder Trainings- und Edukationsansätze dauerhaft abmildern bzw. dauerhaft psychische Gesundheit herstellen.

Qualitative Erhebungsmethoden: Qualitative Vorgehensweisen möchten (älteren) Studienteilnehmer:innen so viele Freiheitsgrade wie möglich anbieten, um sich selbst, ihr Verhalten, ihr Erleben und Denken möglichst unverstellt in den Prozess der Datensammlung einzubringen. Es geht um ein möglichst gutes Verstehen dessen, was ältere Menschen meinen bzw. erleben; es geht um eine dezidierte Einnahme der Perspektive von Studienteilnehmern als einer wissenschaftlichen Methode, die so nicht von quantitativen Verfahren geleistet werden kann.

Quantitative Erhebungsmethoden: Sie sind das präferierte Vorgehen in der psychologischen Alternsforschung. Sie basieren auf der Annahme der Messbarkeit auch von psychischen Eigenschaften der unterschiedlichsten Art. Messen bedeutet hierbei die Zuordnung von Zahlen zu Objekten oder Ereignissen gemäß einer bestimmten Regel. Objekte oder Ereignisse können beispielsweise zu beobachtende Verhaltensweisen oder Antworten auf Fragen („Items") sein.

Querschnittstudien: Es wird zu einem bestimmten historischen Zeitpunkt eine Stichprobe von Individuen gezogen mit dem Ziel, diese z. B. im Hinblick auf den Zusammenhang einer Variable X (z. B. Intelligenz) mit einer anderen Variable Y (z. B. Alter) zu untersuchen.

Resilienz: Resilienz meint Widerstandsfähigkeit, also die Mobilisierung von unterschiedlichsten Ressourcen, um einer psychischen und/oder körperlichen Bedrohung zu widerstehen.

Selektive Optimierung mit Kompensation (SOK): Baltes und Baltes haben im SOK-Modell drei Prozesse beschrieben, deren orchestrierte Verwendung einen optimalen Ressourceneinsatz und somit eine erfolgreiche Entwicklung über die Lebensspanne begünstigt. Selektion bezeichnet dabei die Auswahl und Fokussierung auf eine Teilmenge potenzieller Entwicklungsmöglichkeiten. Optimierung meint die für die Aufrechterhaltung persönlich wichtiger Aktivitäten oder die für das Erreichen der ausgewählten Ziele notwendige Verbesserung von Ressourcen und Handlungsweisen. Kompensation zielt darauf ab, Entwicklungsverluste durch ausgleichende und stützende Strategien zu vermeiden oder zu verringern, um so ein möglichst hohes Funktionsniveau zu gewährleisten.

Self-Management-Programme: Diese unterstützen Ältere darin, eine möglichst weitgehende Kontrolle über ihre Krankheitssymptome, ihr Alltagsleben und damit das Gefühl von Selbstwirksamkeit zu erhalten bzw. wieder zurückzugewinnen.

Sozial-emotionale Robotik: Damit sind Robotik-Assistenzsysteme zur Unterstützung sozial-emotionalen Erlebens von älteren Menschen mit schweren kognitiven Beeinträchtigungen gemeint. Bekanntestes Beispiel ist hier das Robotertier *Robbe Paro.*

Sozio-emotionale Selektivität: Die sozio-emotionale Selektivitätstheorie von Laura Carstensen postuliert, dass bei Menschen, die ihre Zukunftsperspektive als ausgedehnt wahrnehmen, z. B. im jüngeren Erwachsenenalter, Motive der Informationssuche im Fokus stehen. Wird die Zukunftsperspektive jedoch als begrenzt empfunden, was vor allem im höheren Lebensalter, aber auch z. B. bei einer schwerwiegenden Erkrankung der Fall sein kann, steht die Emotionsregulation im Vordergrund.

Subjektives Alternserleben: Es meint die Art und Weise, wie älter werdende Menschen ihr eigenes Altern erleben und interpretieren. Am häufigsten genutzt wurde dabei die Antwort auf die Frage: „Wie alt fühlen Sie sich gerade?". Man spricht vom subjektiven Alter.

Technikakzeptanz-Modell: Das Technikakzeptanz-Modell (TAM) geht davon aus, dass die Intention, eine konkrete Technologie zu nutzen, der beste Prädiktor für eine tatsächliche Nutzung darstellt. Diese hängt ab, so das TAM, von der empfundenen *Nützlichkeit* der Technik („perceived usefulness") und der empfundenen Leichtigkeit der Nutzung der Technik („perceived ease of use").

Thanatopsychologie: Die Thanatopsychologie will Verhalten und Erleben des Menschen in Bezug auf Sterben und Tod im Zuge seiner lebenslangen Entwicklung bis zum Lebensende besser verstehen.

Wohlbefindens-Paradox des Alterns: Dieses besagt, dass es älteren Menschen ganz überwiegend in ihrer eigenen Selbstsicht ziemlich gut geht, auch wenn bedeutsame Verluste im Zuge des Alterns eintreten.

Literatur

Asendorpf, J. B. (2015). *Persönlichkeitspsychologie für Bachelor* (3. Auflage). Heidelberg: Springer.

Baas, S., Schmitt, M. & Wahl, H. W. (2008). *Singles im mittleren und höheren Erwachsenenalter: Sozialwissenschaftliche und psychologische Befunde.* Stuttgart: Kohlhammer.

Baltes, M. M., Freund, A. M. & Horgas, A. L. (2001). Men and women in the Berlin Aging Study. In P. B. Baltes & K. U. Mayer (Eds.), *The Berlin Aging Study: Aging from 70 to 100* (S. 259–281). Cambridge: Cambridge University Press.

Baltes, M. M. & Wahl, H.-W. (1992). The dependency-support script in institutions: Generalization to community settings. *Psychology and Aging, 7,* 409–418. https://doi.org/10.1037/0882-7974.7.3.409.

Baltes, P. B. (1990). Entwicklungspsychologie der Lebensspanne: Theoretische Leitsätze. *Psychologische Rundschau, 41,* 1–24. doi nicht identifizierbar.

Baltes, P. B. (1997). On the incomplete architecture of human ontogeny: Selection, optimization, and compensation as foundation of developmental theory. *American Psychologist, 52*(4), 366–380. https://doi.org/10.1037/0003-066x.52.4.366.

Baltes, P. B. & Baltes, M. M. (1990). Psychological perspectives on successful aging: The model of selective optimization with compensation. In P. B. Baltes & M. M. Baltes (Eds.), *Successful aging: Perspectives from the behavioral sciences* (pp. 1–34). New York, NY: Cambridge University Press.

Baltes, P. B. & Kliegl, R. (1992). Further testing of limits of cognitive plasticity: Negative age differences in a mnemonic skill are robust. *Developmental Psychology, 28*(1), 121–125. https://doi.org/10.1037/0012-1649.28.1.121.

Staudinger, U. M. & Baltes, P. B. (1996). Weisheit als Gegenstand psychologischer Forschung. *Psychologische Rundschau, 47,* 57–77. doi nicht identifizierbar.

Bundesministerium für Familie, Senioren, Frauen und Jugend (BMFSFJ) (2019). *Freiwilliges Engagement in Deutschland. Zentrale Ergebnisse des Fünften Deutschen Freiwilligensurveys* (FWS 2019).

Boerner, K. Stroebe, M., Schut, H. & Wortman, C. B. (2017). Grief and bereavement: Theoretical perspectives. In N. Pachana (Ed.), *Encyclopedia of geropsychology* (pp. 979–986). New York, NY: Springer.

Brose, S. & Zank, S. (2019). Sexualität im Alter. In K. Hank, F. Schulz-Nieswand, M. Wagner & S. Zank (Hrsg.), *Alternsforschung. Handbuch für Wissenschaft und Praxis* (S. 521–536). Baden-Baden: Nomos.

Carstensen, L. L. (2006). The influence of a sense of time on human development, *Science, 30,* 1913–1915. https://doi.org/10.1126/science.1127488.

Christensen, K., Thinggaard, M., Oksuzyan, A., Steenstrup, T., Andersen-Ranberg, K., Jeune, B., McGue, M. & Vaupel, J. W. (2013). Physical and cognitive functioning of people older than 90 years: A comparison of two Danish cohorts born 10 years apart. *Lancet, 382,* 9903, 1507–1513. https://doi.org/10.1016/S0140-6736(13)60777-1.

Czaja, S. J., Boot, W. R., Charness, N., Rogers, W. A. & Sharit, J. (2018). Improving social support for older adults through technology: Findings from the PRISM randomized controlled trial. *The Gerontologist, 58,* 467–477. https://doi.org/10.1093/geront/gnw249.

Claßen, K., Oswald, F., Doh, M., Kleinemas, U. & Wahl, H.-W. (2014). *Umwelten des Alterns: Wohnen, Mobilität, Technik und Medien.* Stuttgart: Kohlhammer.

Clemson, L., Munro, J., Singh, M. F., Schwenk, M. & Nerz, C. (2019). *Trainer-Manual-Aktiv und Sicher Durchs Leben Mit Dem LiFE Programm.* Berlin Heidelberg: Springer.

Costa, P. T., Jr. & McCrae, R. R. (1992). *Professional manual: Revised NEO Personality Inventory (NEO-PI-R) and NEO Five-Factor Inventory (NEO-FFI).* Odessa, FL: Psychological Assessment Resources.

Dasch, B., Blum, K., Gude, P. & Bausewein, C. (2015). Sterbeorte. Veränderung im Verlauf eines Jahrzehnts: Eine populationsbasierte Studie anhand von Totenscheinen der Jahre 2001 und 2011. *Deutsches Ärzteblatt, 112,* 496–504; https://doi.org/10.3238/arztebl.2015.0496.

Deary, I. J., Whiteman, M. C., Starr, J. M., Whalley, L. J. & Fox, H. C. (2004). The impact of childhood intelligence on later life: Following up the Scottish mental surveys of 1932 and 1947. *Journal of Personality and Social Psychology, 86,* 130–147. https://doi.org/10.1037/0022-3514.86.1.130.

Debreczeni, F. A. & Bailey, P. E. (2020). A systematic review and meta-analysis of subjective age and the association with cognition, subjective well-being, and depression, *The Journals of Gerontology, Series B: Psychological Sciences and Social Sciences.* gbaa069, https://doi.org/10.1093/geronb/gbaa069.

Deutsche Alzheimergesellschaft (2021). Broschüre „Tablets, Sensoren & Co. Technische und digitale Hilfen für das Leben mit Demenz", siehe Online-Shop der Deutschen Alzheimergesellschaft (kostenlos).

Diehl, M. K. & Wahl, H.-W. (2020). *The psychology of later life: A contextual perspective.* Washington: American Psychological Association Books.

Drewelies, J., Huxhold, O. & Gerstorf, D. (2019). The role of historical change for adult development and aging: Towards a theoretical framework about the how and the why. *Psychology and Aging, 34,* 1021–1039. https://doi.org/10.1037/pag0000423.

Ejlskov, L., Bøggild, H., Kuh, D. & Stafford, M. (2020). Social relationship adversities throughout the life course and risk of loneliness in later life. *Ageing and Society, 40*(8), 1718–1734. https://doi.org/10.1017/S0144686X19000345.

Elsässer, V., Miche, M. & Wahl, H.-W. (2017). Psychologische Aspekte des Alterns. In D. Sturma & D. Lanzerath (Hrsg.). *Ethik in den Biowissenschaften – Sachstandsberichte des DRZE* (S. 59–105). Freiburg/München: Karl Alber.

Erlemeier, N. (2011). *Suizidalität und Suizidprävention im höheren Lebensalter.* Stuttgart: Kohlhammer.

Filipp, S.-H. & Aymanns, P. (2018). *Kritische Lebensereignisse und Lebenskrisen. Vom Umgang mit den Schattenseiten des Lebens* (2., aktualisierte Auflage). Stuttgart: Kohlhammer.

Flammer, A. (2017). *Entwicklungstheorien. Psychologische Theorien der menschlichen Entwicklung* (5. Unveränderte Auflage). Bern: Hogrefe.

Franke, A., Otto, U., Kramer, B., Jann, P. M., van Holten, K., Zentgraf, A. & Bischofberger, I. (2019). Das Potenzial neuer Technologien zur Unterstützung von Pflege über eine räumliche Distanz. *Pflege, 32*(6), 324–333. https://doi.org/10.1024/1012-5302/a000700.

Fuller, H. R., Ajrouch, K. J. and Antonucci, T. C. (2020), The Convoy Model and Later-Life Family Relationships. *J Fam Theory Rev, 12,* 126–146. https://doi.org/10.1111/jftr.12376.

Gerstorf, D., Ram, N., Estabrook, R., Schupp, J., Wagner, G. G., Lindenberger, U. (2008). Life satisfaction shows terminal decline in old age: Longitudinal evidence from the German Socio-Economic Panel Study (SOEP). *Developmental Psychology, 44,* 1148–1159.

Hansen, S., Kaspar, R., Wagner, M., Woopen, C. & Zank, S. (2021). Lebensqualität im hohen Alter. *Zeitschrift für Gerontologie und Geriatrie, 54,* 71–75. https://doi.org/10.1007/s00391-021-01980-x.

Heckhausen, J., Wrosch, C. & Schulz, R. (2010). A motivational theory of life-span development. *Psychological Review, 117,* 32–60. https://doi.org/10.1037/a0017668.

Hertzog, C., Kramer, A. F., Wilson, R. S. & Lindenberger, U. (2009). Enrichment effects on adult cognitive development: can the functional capacity of older adults be preserved and enhanced? *Psychological Science in the Public Interest, 9,* 1–65. https://doi.org/10.1111/j.1539-6053.2009.01034.x.

Heuft, G., Kruse, A. & Radebold, H. (2000). *Lehrbuch der Gerontopsychosomatik und Alterspsychotherapie.* München: UTB Reinhardt.

Hildebrandt, J. (2012). Sozialarbeit im Kontext Alten- und Pflegeheim. In: Kleiner, G. (Eds.), *Alter(n) bewegt.* Springer VS. https://doi.org/10.1007/978-3-531-94258-2_13.

Hoppmann, C. A. & Gerstorf, D. (2016). Social interrelations in aging: The sample case of married couples. In K. W. Schaie & S. L. Willis (Hrsg.), *Handbook of the psychology of aging* (8. Auflage, S. 263–277). San Diego, CA: Elsevier. https://doi.org/10.1016/B978-0-12-411469-2.00014-5.

Höpflinger, F. (2002). Generativität im höheren Lebensalter. Generationensoziologische Überlegungen zu einem alten Thema. *Zeitschrift für Gerontologie und Geriatrie, 35,* 328–334. https://doi.org/10.1007/s00391-002-0100-y.

Huxhold, O. & Engstler, H. (2019). Soziale Isolation und Einsamkeit bei Frauen und Männern im Verlauf der zweiten Lebenshälfte. In C. Vogel, M. Wettstein & C. Tesch-Römer (Hrsg.), *Frauen und Männer in der zweiten Lebenshälfte: Älterwerden im sozialen Wandel* (S. 71–89). Wiesbaden: Springer VS. https://doi.org/10.1007/978-3-658-25079-9.

Jokisch, M. R. (2022). *Altern in einer digitalisierten Gesellschaft: Studien zur Selbstwirksamkeit, Technikakzeptanz und dem Obsoleszenzerleben bei älteren Erwachsenen.* Dissertationsschrift, Universität Heidelberg.

Kahn, R. L. & Antonucci, T. C. (1980). Convoys over the life course: Attachment, roles, and social support. In P. B. Baltes & O. G. Brim, Jr. (Eds.), *Life-span development and behavior* (Vol. 3, S. 253–286). New York, NY: Academic Press.

Kaspar, R. (1993). *Die Bedeutung der Technik für das Erleben von Einsamkeit im höheren Lebensalter.* Diplomarbeit, Universität Heidelberg.

Kastenbaum, R. (2000). *The psychology of death* (3. Auflage). New York: Springer Publ.

Kizilhan & Klett (2021). *Psychologie für die Arbeit mit Migrant*innen.* Weinheim/Basel: Beltz Juventa.

Klaus, D. & Mahne, K. (2919). Partnerschaft und Familie im Alter. In: K. Hank, F. Schulz-Nieswandt, M., Wagner & S. Zank (Hrsg.). *Handbuch Alternsforschung* (S. 357–390). Baden-Baden: Nomos.

Kleemeier, R. W. (1962). Intellectual changes in the senium. *Proceedings of the Social Statistics Section of the American Statistical Association, 1,* 290–295. https://doi.org/10.1080/15427600701663122.

Kolland, F., Wanka, A. & Gallistl, V. (2019) Technik und Alter – Digitalisierung und die Ko-Konstitution von Alter(n) und Technologien. In: K. Schroeter, C. Vogel & H. Künemund (Hrsg.), *Handbuch Soziologie des Alter(n)s.* Springer Reference Sozialwissenschaften. Wiesbaden: Springer VS. https://doi.org/10.1007/978-3-658-09630-4_23-1.

Kremer-Preiß, U. (2012). Aktuelle und zukunftsträchtige Wohnformen für das Alter. In H.-W. Wahl, C. Tesch-Römer & J. Ziegelmann (Hrsg.). Angewandte Gerontologie: *Interventionen für ein gutes Altern in 100 Schlüsselbegriffen* (S. 554–561). Stuttgart: Kohlhammer.

Kruse, A. (2021). *Das letzte Lebensjahr. Zur körperlichen, psychischen und sozialen Situation des alten Menschen am Ende seines Lebens* (2., erweiterte Auflage). Stuttgart Kohlhammer.

Kruse, A. (1995) Menschen im Terminalstadium und ihre betreuenden Angehörigen als „Dyade". Wie erleben sie die Endlichkeit des Lebens, wie setzen sie sich mit dieser auseinander? *Zeitschrift für Gerontologie und Geriatrie, 28,* 264–272. doi nicht identifizierbar.

Kruse, A. & Schmitt, E. (2000). *Wir haben uns als Deutsche gefühlt. Lebensrückblick und Lebenssituation jüdischer Emigranten und Lagerhäftlinge.* Heidelberg: Springer.

Kübler-Ross, E. (1969). *On death and dying.* New York: Scribner.

Lachman, M. E. (2006). Perceived control over aging-related declines: Adaptive beliefs and behaviors. *Current Directions in Psychological Science, 15,* 282–286. https://doi.org/10.1111/j.1467-8721.2006.00453.x.

Langer, E. J. & Rodin, J. (1976). The effects of choice and enhanced personal responsibility for the aged: a field experiment in an institutional setting. *Journal of Personality and Social Psychology, 34*(2), 191–198. https://doi.org/10.1037//0022-3514.34.2.191.

Laslett, P. (1995). *Das Dritte Alter – historische Soziologie des Alterns.* Weinheim/München: Juventa.

Lehr, U. M. (1979). Gero-Intervention – das Insgesamt der Bemühungen, bei psychophysischem Wohlbefinden ein hohes Lebensalter zu erreichen. In U. Lehr (Hrsg.), *Interventionsgerontologie* (S. 1–49). Darmstadt: Steinkopff.

Leipold, B. & Greve, W. (2012). Krise und Bewältigung. In H.-W. Wahl, C. Tesch-Römer & J. P. Ziegelmann (Hrsg.), *Angewandte Gerontologie. Interventionen für ein gutes Altern in 100 Schlüsselbegriffen* (2. Aufl., S. 90–95). Stuttgart: Kohlhammer.

Lerner, R. M. & Busch-Rossnagel, N. A. (Eds.) (1981). *Individuals as producers of their development: A life-span perspective.* New York, NY: Academic Press.

Levy, B. R. (2009). Stereotype embodiment: A psychosocial approach to aging. *Current Directions in Psychological Science, 18,* 332–336. https://doi.org/10.1111/j.1467-8721.2009.01662.x.

Levy, B. R., Slade, M. D., Kunkel, S. R. & Kasl, S. V. (2002). Longevity increased by positive self-perceptions of aging. *Journal of Personality and Social Psychology, 83,* 261–270. https://doi.org/10.1037/0022-3514.83.2.261.

Luhmann, M., Hofmann, W., Eid, M. & Lucas, R. E. (2012). Subjective well-being and adaptation to life events: a meta-analysis. *Journal of Personality and Social Psychology, 102*(3), 592–615. https://doi.org/10.1037/a0025948.

Luo, Y., Hawkley, L. C., Waite, L. J. & Cacioppo, J. T. (2012). Loneliness, health, and mortality in old age: A national longitudinal study. *Social Science & Medicine, 74,* 907–914, https://doi.org/10.1016/j.socscimed.2011.11.028.

Mahne, K., Wolff, J. K., Simonson, J. & Tesch-Römer, C. (2017). Altern im Wandel: zwei Jahrzehnte Deutscher Alterssurvey. In K. Mahne, J. K. Wolff, J. Simonson & C. Tesch-Römer (Hrsg.), *Altern im Wandel: zwei Jahrzehnte Deutscher Alterssurvey* (DEAS) (S. 11–28). Wiesbaden: Springer VS. https://doi.org/10.1007/978-3-658-12502-8.

Martens, A., Goldenberg, J. L. & Greenberg, J. (2005). A terror management perspective on aging. *Journal of Social Issues, 61,* 223–239. https://doi.org/10.1111/j.1540-4560.2005.00403.x.

Martin, M. & Kliegel, M. (2014). *Psychologische Grundlagen der Gerontologie* (4. Auflage). Stuttgart: Kohlhammer.

Martin, P. & Martin, M. (2002). Proximal and distal influences on development: Introducing the model of developmental adaptation. *Developmental Review, 22,* 78–96. https://doi.org/10.1006/drev.2001.0538.

Mechling, H. (2005). Körperlich-sportliche Aktivität und erfolgreiches Altern. *Bundesgesundheitsblatt – Gesundheitsforschung – Gesundheitsschutz, 48,* 899–905. https://doi.org/10.1007/s00103-005-1105-7.

Operbeck, I. & Zank, S. (2012). Verhaltenstherapie im Alter. In H.-W. Wahl, C. Tesch-Römer & J. P. Ziegelmann (Hrsg.), *Angewandte Gerontologie. Interventionen für ein gutes Altern in 100 Schlüsselbegriffen* (2. Aufl., S. 362–369). Stuttgart: Kohlhammer.

Oswald, F. (in Druck). Umzug im Alter. In Gellert, P. & Wahl, H.-W. (Hrsg.), *Interventionsgerontologie in 100 Schlüsselbegriffen: Stand und Entwicklungen* (Neuauflage). Stuttgart: Kohlhammer.

Oswald, F. & Wahl, H.-W. (2005). Dimensions of the meaning of home in later life. In G. D. Rowles & H. Chaudhury (Eds.), *Home and identity in later life. International perspectives* (pp. 21–46). New York: Springer Publ.

Palmore, E. B. (1988). *The facts on aging quiz.* New York: Springer.

Pinquart, M. & Sörensen, S. (2015). Meta-analysis in clinical geropsychology. In N. A. Pachana & K. Laidlaw (Eds.), *The Oxford handbook of clinical geropsychology* (pp. 62–83). New York, NY: Oxford University Press.

Pinquart, M. & Wahl, H.-W. (2021). Subjective age from childhood to advanced old age: A meta-analysis. *Psychology and Aging, 36,* 394–406. https://doi.org/10.1037/pag0000600.

Plugge, M. (2021). Successful ageing in the oldest old: objectively and subjectively measured evidence from a population-based survey in Germany. *Eur J Ageing* 18, 537–547. https://doi.org/10.1007/s10433-021-00609-7.

Pröfener, F., Anders, J. & Dapp, U. et al. Akzeptanz des präventiven Hausbesuchs bei älteren Personen mit Frailty. *Zeitschrift für Gerontologie & Geriatrie, 49,* 596–605 (2016). https://doi.org/10.1007/s00391-016-1127-9.

Pu, L., Moyle, W., Jones, C. & Todorovic, M. (2019). The Effectiveness of Social Robots for Older Adults: A Systematic Review and Meta-Analysis of Randomized Controlled Studies, *The Gerontologist, 59,* Issue 1, e37–e51. https://doi.org/10.1093/geront/gny046.

Radebold, H. (2015). *Die dunklen Schatten unserer Vergangenheit. Hilfen für Kriegskinder im Alter* (6. Auflage). Klett-Cotta.

Rebok, G. W., Ball, K., Guey, L. T., Jones, R. N., Kim, H.-Y., King, J. W., Marsiske, M., Morris, J. N., Tennstedt, S. L., Unverzagt, F. W. & Willis, S. (2014). Ten-year effects of the ACTIVE cognitive training trial on cognition and everyday functioning in older adults. *Journal of the American Geriatrics Society, 62,* 16–24. https://doi.org/10.1111/jgs.12607.

Roberts, B. W. & DelVecchio, W. F. (2000). The rank-order consistency of personality traits from childhood to old age: A quantitative review of longitudinal studies. *Psychological Bulletin, 126,* 3–25. https://doi.org/10.1037//003-2909.126.1.3.

Rohrer, J. M., Brümmer, M. Schupp, J. & Wagner, G. G. (2021). Worries across time and age in the German Socio-Economic Panel study. *Journal of Economic Behavior & Organization, 181,* 332–343. https://doi.org/10.1016/j.jebo.2018.02.012.

Rothermund, K. & Mayer, A. K. (2009). *Altersdiskriminierung: Erscheinungsformen, Erklärungen und Interventionsansätze.* Stuttgart: Kohlhammer.

Salomon, J. A., Wang, H., Freeman, M. K., Vos, T., Flaxman, A. D., Lopez, A. D. & Murray, C. J. (2012). Healthy life expectancy for 187 countries, 1990–2010: a systematic analysis for the Global Burden Disease Study 2010. *The Lancet, 380(9859),* 2144–2162. https://doi.org/10.1016/S0140-6736(12)61690-0.

Schaie, K. W. (2013). *Developmental influences on adult intelligence: The Seattle Longitudinal Study* (2nd ed.). New York, NY: Oxford University Press.

Schmidt, L. & Wahl, H.-W. (2019a). Alter und Technik. In: K. Hank, F. Schulz-Nieswandt, M., Wagner & S. Zank (Hrsg.). *Handbuch Alternsforschung* (S. 537–556). Baden-Baden: Nomos.

Schmidt, L. & Wahl, H.-W. (2019b). Predicting performance in technology-based tasks in older adults with mild cognitive impairment and healthy controls: The role of self-efficacy and obsolescence. *The Gerontologist, 59,* 90–100. https://doi.org/10.1093/geront/gny062.

Schmidt, L. & Wahl, H.-W. (2022). *Studienbrief: Gesellschaft im demografischen Wandel – Bedeutung der psychologischen Alternsforschung.* Hamburger Fern-Hochschule.

Schnabel, E.-L., Wahl, H.-W., Schmidt, T., Streib, C. & Schick, M. (2021). Elderspeak in acute hospitals? The role of context, cognitive and functional impairment. *Research on Aging, 43,* 416–427. https://doi.org/10.1177/0164027520949090.

Specht, J. (2018). *Charakterfrage. Wer wir sind und wie wir uns verändern.* Reinbek bei Hamburg: Rowohlt.

statista (2018). *Armutsgefährdungsquote von Senioren in Deutschland von 2005 bis 2019.* https://de.statista.com/statistik/daten/studie/785537/umfrage/armutsgefaehrdungsquote-von-senioren-in-deutschland/. download am 11.04.2022.

Staudinger, U. M. (2007). Lebensspannen-Psychologie. In M. Hasselhorn & W. Schneider (Hrsg.), *Handbuch der Entwicklungspsychologie* (S. 71–82). Göttingen: Hogrefe.

Staudinger, U. M., Freund, A. M., Linden, M. & Maas, I. (2010). Selbst, Persönlichkeit und Lebensgestaltung: Psychologische Widerstandsfähigkeit und Vulnerabilität. In U. Lindenberger, J. Smith, K. U. Mayer & P. B. Baltes (Hrsg.), *Die Berliner Altersstudie* (3., erweiterte Auflage, S. 345–374). Berlin: Akademie-Verlag.

Staudinger, U. M. & Greve, W. (2001). Resilienz im Alter. In Deutsches Zentrum für Altersfragen (Hrsg.), *Personale, gesundheitliche und Umweltressourcen im Alter: Expertisen zum Dritten Altenbericht der Bundesregierung* (Band 1, S. 95–144). Opladen: Leske + Budrich.

Steverink, N. (2012). Selbstmanagement und psychisches Wohlbefinden bei älteren Menschen. In H.-W. Wahl, C. Tesch-Römer & J. P. Ziegelmann (Hrsg.), *Angewandte Gerontologie. Interventionen für ein gutes Altern in 100 Schlüsselbegriffen* (2. Aufl., S. 310–316). Stuttgart: Kohlhammer.

Strupp, J., Grobe, B., Eisenmann, I., Schmidt, H. & Voltz, R. (2919). Lebensende. In: K. Hank, F. Schulz-Nieswandt, M., Wagner & S. Zank (Hrsg.). *Handbuch Alternsforschung* (S. 313–338). Baden-Baden: Nomos.

Sydow, K. v. (in Druck). Systemische Psychotherapie mit älteren Menschen. In Gellert, P. & Wahl, H.-W. (Hrsg.), *Interventionsgerontologie in 100 Schlüsselbegriffen: Stand und Entwicklungen* (Neuauflage). Stuttgart: Kohlhammer.

Tornstam, L. (2005). *Gerotranscendence. A developmental theory of positive aging.* New York: Springer.

Wahl, H.-W. (2022). So facettenreich wie nie: Diversität des Alterns als Herausforderung für Wissenschaft, Gesellschaft und die Älteren selbst. *imBlick* (Zeitschrift des Landesseniorenrats Baden-Württemberg), 4–5.

Wahl, H.-W. (2017). *Die neue Psychologie des Alterns. Überraschende Erkenntnisse über unsere längste Lebensphase.* München: Kösel (Random House).

Wahl, H.-W. (2018). *Aktiv in den Ruhestand. Planen, gestalten, genießen.* Broschüre für Techniker Krankenkasse, Hamburg.

Wahl, H.-W. (1997). *Ältere Menschen mit Sehbeeinträchtigung: Eine empirische Untersuchung zur Person-Umwelt-Transaktion.* Frankfurt a. M.: Peter Lang.

Wahl, H.-W. (1991). *„Das kann ich allein!" Selbständigkeit im Alter: Chancen und Grenzen.* Bern: Hans Huber.

Wahl, H.-W. & Kessler, E.-V. (2010). Chronische körperliche Erkrankungen und funktionelle Beeinträchtigungen im Alter: Psychologische Anforderungen und Versorgungsimplikationen. In G. Stoppe (Hrsg.), *Die Versorgung psychisch kranker alter Menschen. Bestandsaufnahme und Herausforderung für die Versorgungsforschung* (S. 103–112). Berlin: Deutscher Ärzteverlag.

Wahl, H.-W., Mombaur, K. & Schubert, A. (2021). Robotik und Altenpflege: Freund oder Feind? *Pflegezeitschrift, 11,* 62–65. https://doi.org/10.1007/s41906-021-1156-x.

Wahl, H.-W., Förstl, H., Himmelsbach, I & Wacker, E. (2021). *Das lange Leben leben – aber wie? Interdisziplinäre Blicke auf Altern heute und morgen.* Stuttgart: Kohlhammer.

Wahl, H.-W. & Gerstorf, D. (in Druck). Zur Rolle früherer Lebenserfahrungen für Gesundheit und Krankheit im höheren Lebensalter. In: J. Bauer, M. Denkinger, C. Becker & R. Wirth (Hrsg.). *Handbuch Geriatrie.* Stuttgart: Kohlhammer.

Wahl, H.-W. & Heyl, V. (2008). Verluste und Entwicklungsrisiken des höheren Lebensalters. In F. Petermann & W. Schneider (Hrsg.), *Angewandte Entwicklungspsychologie* (Enzyklopädie der Psychologie; S. 859–884). Göttingen: Hogrefe.

Wahl, H.-W. & Heyl, V. (2015). *Gerontologie: Einführung und Geschichte* (2., völlig überarbeitete Auflage). Stuttgart: Kohlhammer.

Wahl, H.-W. & Heyl, V. (2021). Sehbeeinträchtigung im Alter: Gerontologische Grundlagen. In S. Lauber-Pohle & A. Seifert (Hrsg.), *Sehbeeinträchtigung im Alter – Alltagserleben, Rehabilitation und Motivation* (S. 13–28). Wiesbaden: VS Springer.

Wahl, H.-W. & Lang, F. (2004). Aging in context across the adult life course: Integrating physical and social environmental research perspectives. In H.-W. Wahl, R. Scheidt & P. Windley (Hrsg.). *Annual Review of Gerontology and Geriatrics, 23* („Aging in context: Socio-physical environments", S. 1–33). New York: Springer.

Wahl, H.-W. & Oswald, F. (2016). Theories of environmental gerontology: Old and new avenues for ecological views of aging. In V. L. Bengtson & R. Settersten, R. A. (Eds.), *Handbook of theories of aging* (3rd edition; pp. 621–641). New York: Springer Publ.

Wahl, H.-W & Schilling, O. (2018). Hohes Alter (Überarbeitung des Kapitels aus der 7. Auflage). In W. Schneider & U. Lindenberger (Oerter/Montada), *Entwicklungspsychologie* (8. Auflage, S. 319–344). Weinheim/Basel: Beltz.

Wahl, H.-W. & Steiner, B. (2021). Innovative Wohnformen. In J. Pantel, J. Schröder, C. Sieber, C. Bollheimer, A. Kruse (Hrsg.), *Praxishandbuch der Altersmedizin. Geriatrie – Gerontopsychiatrie – Gerontologie.* (S. 701–707) Stuttgart: Kohlhammer. (leicht verändert; Erstfassung 2014).

Wahl, H.-W., Tesch-Römer, C. & Ziegelmann, J. P. (Hrsg.) (2012). *Angewandte Gerontologie. Interventionen für ein gutes Altern in 100 Schlüsselbegriffen* (2. vollständig überarbeitete und erweiterte Aufl.). Stuttgart: Kohlhammer.

Westerhof, G., Miche, M., Bothers, A., Barrett, A., Diehl, M., Montepare, J., Wahl, H.-W. & Wurm, S. (2014). The influence of subjective aging on health and longevity: A meta-analysis of longitudinal data. *Psychology and Aging, 29*(4), 793–802. https://doi.org/10.1037/a0038016.

Wettstein, M., Schilling, O. K., Reidick, O. & Wahl, H.-W. (2015). Four-year stability, change, and multidirectionality of well-being in very-old age. *Psychology and Aging, 30,* 500–516. https://doi.org/10.1037/pag0000037.

Wettstein, M. & Wahl, H.-W. (2021). Die Corona-Pandemie und ihre psychosozialen Konsequenzen für ältere Menschen in Deutschland: Ein Zwischenresümee aktuell verfügbarer Evidenz. In E. Lines (Hrsg.), *Post-Pandemic Populations. Die soziodemografischen*

Folgen der COVID-19-Pandemie in Deutschland (S. 42–51). Bundesministerium für Familie, Senioren, Frauen und Jugend & Population Europe Secretariat.
World Health Organization (WHO) (2015). *World Report on Ageing and Health.* Geneva, Switzerland: World Health Organization.
Willis, S. L. & Belleville, S. (2016). Cognitive training in later adulthood. In K. W. Schaie & S. L. Willis (Eds.), *Handbook of the psychology of aging* (8th ed., pp. 219–243). San Diego, CA: Academic Press. https://doi.org/10.1016/B978-0-12-411469-2.00012-1.
Wilz, G. & Pfeiffer, K. (2019). *Pflegende Angehörige.* Göttingen. Hogrefe.
Wrzus, C., Hänel, M., Wagner, J. & Neyer, F. J. (2013). Social network changes and life events across the life span: A meta-analysis. *Psychological Bulletin, 139,* 53–80. https://doi.org/10.1037/a0028601.